作者简介

杨秀治 教育学博士，现任北京教育学院学前教育学院院长、副教授。曾任山东教育学院教管分院副院长、北京教育学院校长研修学院副院长。2012年入选北京市优秀人才资助计划，赴美国哥伦比亚大学教师学院做访问学者1年。主持省部级重点课题多项，出版著作和教材8部，在核心期刊上发表论文30多篇。多次荣获省市教学优秀奖和优秀教师称号。

漫话教育

杨秀治◎著

人民日报学术文库

人民日报出版社

图书在版编目（CIP）数据

漫话教育 / 杨秀治著 . —北京：人民日报出版社，
2017.7
ISBN 978－7－5115－4858－0

Ⅰ.①漫… Ⅱ.①杨… Ⅲ.①教育理论—理论研究
Ⅳ.①G40

中国版本图书馆 CIP 数据核字（2017）第 188985 号

书　　名：漫话教育
著　　者：杨秀治

出 版 人：董　伟
责任编辑：马苏娜
封面设计：中联学林

出版发行：人民日报出版社
社　　址：北京金台西路 2 号
邮政编码：100733
发行热线：（010）65369509　65369527　65369846　65363528
邮购热线：（010）65369530　65363527
编辑热线：（010）65369522
网　　址：www. peopledailypress. com
经　　销：新华书店
印　　刷：三河市华东印刷有限公司

开　　本：710mm×1000mm　1/16
字　　数：278 千字
印　　张：17
印　　次：2017 年 9 月第 1 版　　2017 年 9 月第 1 次印刷

书　　号：ISBN 978－7－5115－4858－0
定　　价：68.00 元

前　言

教育关乎人的身心发展、关乎家庭的幸福、关乎民族的未来。社会越发展，教育越重要，因此，人们越来越重视教育。但是，教育不仅很重要，而且是一种复杂的社会现象。正如人们经常说的那样，教育事关千秋万代、涉及千家万户，谈教育千言万语，看教育千差万别，办教育千辛万苦，办好教育要千方百计、千军万马。

其实，自从有了人类，就有了教育，就有了人们对于教育的探索与思考。人们一直对诸如"教育是什么""为什么人的发展水平不一样""教育对人的身心发展到底有什么作用""怎样才能确保教育的有效性""如何提高学习成绩"等问题进行着不懈的求索与回答。在求索与回答的过程中，形成了民间的教育诉求与政府的教育政策之间的冲突与融合，形成了实践者的教育智慧与学者的学术观点的矛盾与统一。

广大的教育工作者，特别是教育理论的研究工作者与教学工作者在消解这两者的矛盾与冲突、促进两者走向融合与统一的过程中做出了巨大的贡献，如出版了诸多的著作，发表了大量的论文。但是我们发现，图书市场上全面论述教育的著作大致分为两类：一类是学术性著作，以大学教育研究人员编写的教科书为代表，强调学术性、逻辑性、体系性，比较晦涩难懂，可读性、趣味性不够；一类是经验性著作，以中小学实践工作者基于自身教育探索形成的专著为代表，实践性、可读性、针对性较强，而学术性、指导性又显得薄弱。因此，迫切需要一类通俗易懂的教育理论科普读物，把学术性与应用性、科学性与思想性、逻辑性与趣味性等有机地结合起来。

本书就是为了弥补这个缺失而做的一个初步的尝试。本书借用案例解析的方式和通俗易懂的语言解读事关千秋万代、涉及千家万户的教育。从神秘的大脑、狼孩的启示、高尔顿定律和神童诗人的沉浮等几个方面说起，来解释人的身心发展是如何实现的；从白痴与天才、早慧与晚成、男人与女人等几个方面入手，来说明人的个别差异与教育的力量；以"神童"的沉浮、夏令营中的较量、来自少管所的控诉和汤姆、约翰、雅克、卡尔等各类博士帽为例，从横向和纵向两个方面来概览教育；以桑代克的饿猫实验、南风和北风的典故、柏克赫斯特的学习合同等为基础，来阐述教育教学是怎样实现的；从独木桥和立交桥来分析人才的标准，并以中外名人为例来说明成才的个人品质；最后，介绍了几位中外教育家的教育思想和世界教育改革的趋势。

与市场上已有的著作相比，本书具有以下三个特点：

一是从日常生活和学校教育中常见的教育现象中管窥教育规律。从大教育的角度看，教育科学并不是深奥神秘的学问，教育和学习活动是贯穿家庭、学校和社会生活之中的，日常生活和学校教育无处没有教育活动，无时不发挥着教育的影响。本书从人成长和发展中常见的各种具体教育问题出发，如智力发展的关键期、人的生物节律、英才早慧、大器晚成、学习的个别差异等，来揭示教育规律，为教育和学习实践活动提供理论依据。

二是以真实的教育实践逻辑构建教育知识体系。为了便于理解教育，本书依据教育实践逻辑来构建教育知识体系，重点讨论了大脑的结构与功能、环境和教育的价值与作用、人的发展的个别差异，家庭教育、社会教育和学校教育各自的实施方式·方法和具体措施；需要与动机、坚持与毅力、兴趣与勤奋、情绪与性格等非智力因素和记忆力、注意力、观察力、想象力、思维力等智力因素对于学习成功的意义及其培养策略，世界主要国家的学校教育实践、中外教育名家的教育思想和世界教育发展趋势等教育问题。

三是用通俗易懂的语言来阐释教育的深奥道理。本书基本写法是用故事导引或者用事例开端引出要说明的教育事实和相应道理，试图用通俗易懂的语言深入浅出地分析教育问题，探索教育规律，解读教育理论，使教育理论工作者、教育实践工作者，乃至没有教育专业知识背景的广大家长和青少年学生，以及所有其他对教育问题感兴趣的人，都可以阅读，在轻松的阅读中体验教育和学习的真谛。

总之，作者真诚地希望，通过这样的科普性读物，使一切与教育相关的人们能够正确地理解教育，正确地实施教育和开展学习，从而实现预期的成效。

杨秀治
2017 年 3 月

目　录
CONTENTS

第一部分

人的身心发展是如何实现的？

　　人具有自然属性和社会属性，但"人就其现实性而言，是一切社会关系的总和"①。人的身心发展既受制于自身的遗传，也受环境、教育和主观能动性等多种因素的影响。遗传为人的身心发展提供必要的物质基础，提供发展的可能性，其中大脑是人的身心发展的生理基础，具有极大的潜能，同时大脑也在人的身心发展中不断优化。狼孩的故事、刘连仁的经历和神童的沉浮则告诉我们，环境和教育决定人的身心发展的现实性，其中教育起主导作用；人的主观能动性是人的身心发展的内部因素，是人的身心发展的内部动力。

一　聪明的汉斯

——教育是人类特有的现象

　　教育是培养人的活动，随着社会的产生而产生，随着社会的发展而发展。广义的教育泛指增进人们的知识、技能、身体健康，影响人们的思想观念的所有活动；狭义的教育，主要指学校教育，是教育者根据一定的社会要求，有目的、有计划、有组织地对受教育者的身心施加影响，促使他们朝着期望方向变化的活动。无论是广义的教育还是狭义的教育都只存在于人类社会之中。

---

① 中共中央马克思恩格斯列宁斯大林著作编译局．马克思恩格斯选集（第一卷）［M］．北京：人民出版社，2012：18.

1

　　20世纪初的一天上午，在柏林颇有名望的奥斯廷公爵邀请一些教授、学者，到自己家的草坪上观看一场精彩的表演。奥斯廷登场亮相了，紧跟在身后的是一匹高大的白马。客人们不明就里，纷纷交头接耳，只见奥斯廷对白马说："汉斯，你准备好了吗？"白马似乎听懂了主人的话，轻轻地点了点头。紧接着，奥斯廷对汉斯进行算术测验。"汉斯，你算算，3加4等于几呀？"汉斯侧着脑袋，略加思索，使用一只前蹄有力地敲击石阶，整整敲了7下。3加4等于7，一点没错，汉斯算对了。奥斯廷满意地点了点头，然后看看自己的怀表，对汉斯说："现在是9点半，请问，再过多少分钟是10点钟呢？"话音刚落，汉斯便举起蹄，在石阶上连续敲击了30下。"棒极了！"客人中间响起了阵阵喝彩声。表演持续了一个小时，奥斯廷提出一个又一个问题，汉斯每次都答得一点不错。"聪明的汉斯"一时成为当地家喻户晓的"人物"。

　　在今天，类似汉斯的表演已司空见惯，狗算算术、小鸟认字等已成为马戏团中的保留项目。但在当时，人们对动物行为的研究很少，很多人不明白个中道理。实际上，动物的表演都是长期训练的结果，都是靠人用一些观众不易发现的暗号来暗示动物，或者以某种食物、威胁来诱导动物，使其得出正确的答案。

　　汉斯的精彩表演使我们看到动物界的学习现象。动物是可以学习的，可以教育的。但不同动物的学习能力并不相同。我们常说的心理能力，是在单细胞动物发展到多细胞动物，逐步产生了神经系统以后产生和发展的。腔肠动物（如水母、水螅等）是最低等的多细胞动物。其神经散漫地分布于全身，但无一中心，一处受到刺激就会引起全身性的收缩反应。它们已经有了感觉的萌芽。环节动物（如蚯蚓）与节足动物（如蜜蜂、蜘蛛）头部神经节更加集中，出现了初级神经中枢，可以接受有关刺激产生触觉、味觉、视觉、嗅觉等感觉，比腔肠动物进了一步。低等脊椎动物（如鱼类、爬行类、两栖类、鸟类）的大脑皮层有了一定的发展，具有比较完善的感觉器官和运动器官，有了初步的记忆能力，可以对整个情境进行分析和综合而产生反映事物整体属性的知觉，依靠个体经验形成行为熟练。高等脊椎动物（即哺乳类动物，包括啮齿类、食肉类和灵长类动物）的神经系统有了更进一步的发展，大脑两半球的面积增大，两半球由胼胝体连接起来，大脑皮层随着进化水平而逐渐增厚，并有了明显的沟回。神经系统的发展使哺乳类动物不仅有了各种感觉和知觉，而且有了一定的记忆和表象，有了思维的萌芽，能够从事简单的思维活动和言语活动。这是动物学习的基础。

在学习能力中，记忆力和思维力是至关重要的。科学家的研究表明，高等脊椎动物特别是灵长类动物的记忆力和思维力已经有了较高的水平。

俗话说："猫记千，狗记万，小鸡还记二里半。"狗的记忆力非常好。据说法国文学大师维克多·雨果有一条狗名叫"男爵"，和他终日形影不离。法伦泰侯爵在出使俄国前，向雨果提出一个请求，希望把"男爵"送给他。雨果慷慨地答应了。这样"男爵"就离开了雨果，和法伦泰侯爵一起来到莫斯科。但到了莫斯科之后，"男爵"就逃走了，并于几个月之后回到了巴黎雨果的住所。不但狗、象、兔等哺乳动物有记忆力，就连蜜蜂、章鱼、星鸦等低等脊椎动物也有一定的记忆力。有一次，试验员给养在水池中的章鱼扔了一个大牡蛎。章鱼很想吃里面的肉，但费了几个小时的劲也没能打开外壳，只好作罢。一周之后，试验员又将一只大牡蛎扔进水池，这一次章鱼看了一眼就不再理睬了，看来它还记得一周前的经历。

关于动物思维能力的实验研究更多。在《桑代克和他的饿猫》中，我们曾介绍了桑代克的尝试错误说和苛勒的顿悟说。无论是尝试错误，还是顿悟，都有思维的参与。特别是顿悟，依靠的主要是思维。但动物的思维主要停留在具体思维水平上。例如，黑猩猩喜食白蚁，如何获取洞穴中的白蚁呢？它选择白蚁喜食的树枝插到其洞穴中，等到白蚁爬食树枝时，黑猩猩就拉出树枝，吃掉上面的白蚁。但是，黑猩猩却从来不知道保存树枝以备后用，每次都要现找树枝，这说明其思维还没有认识到现在和将来的关系。

动物经过训练，可以学会一些技能，甚至能学会手势语和人交谈。1966年，美国内华达大学的心理学家曾用北美聋哑人的一套手势语，训练一个10个月大的黑猩猩。到7岁时，黑猩猩学会了160多个手势语，对某些手势语词还能活学活用，运用到"开抽屉"、"开箱子"等情境中。在实验过程中，黑猩猩显示出很强的好奇心，喜欢探究新鲜事物，喜欢模仿人的扫地、擦地板等动作。但这种模仿只是对外部动作的简单模仿，而不了解其中的意义。它们模仿人扫地的动作，但不知把垃圾扫向何方，也不知道什么东西是有用的，什么东西是没有用的。它们模仿人在黑板上写字，只知在黑板上乱涂，并不理解文字的逻辑及意义。

动物不但可以学习，而且还能通过游戏活动传授给下一代生活的本领。

母马在吃饱了草以后，会在草原上飞奔。它时而疾驶前进，时而迂回驰骋，逗引小马跟在后面追赶。母马这样做，是想通过这种追赶游戏，让小马掌握避敌的诀窍。老猫经常带着幼猫玩绒线团，实际上是为了做捕捉老鼠的初步练习，训练灵活行动和使用爪牙的技能。等到小猫稍大一点，老猫就会领着小猫进行捕捉老鼠的实战演习。当老猫捕到一只老鼠时，不是立即把它咬死，而是把它咬伤，放在小猫面前，让小猫练习怎样捕食老鼠。狮子也是这样训练后代。当母狮发现牛羚等猎物时，母狮就会不失时机地为孩子们安排一堂实战课。母狮自己打头阵，突然跃起，扑倒对方，牢牢咬住牛羚的咽喉。牛羚被咬死后，母狮就向小狮子展示如何撕开牛羚的肚子，怎样把肠子和内脏弄出来。

　　和人的发展需要适当的环境和教育一样，动物的发展也需要适宜的环境和训练。美国纽约洛克菲勒大学的彼得·马勒通过研究发现，小鸟在出生两个月后才开始放声歌唱，而在这之前，它必须经常聆听大鸟的歌声，并且模仿大鸟进行唱歌练习。如果小鸟从小就离开父母或由人工单独喂养，那么它长大后只能发出几种单调的声音，却成不了歌手。正如适宜的环境和教育可以使人学得聪明一样，适宜的环境和训练也可以使动物变得聪明。美国加利福尼亚大学的心理学家克列治等人，曾用老鼠做了一个实验。他们将出世25天，刚断奶的幼鼠分成两组，一组放在宽敞的多层笼内，让他们过集体生活，笼内有各种各样的梯子、秋千、木块、罐头、轮子、刷子和其他玩具，幼鼠可以随心所欲地进行游戏和玩耍。另一组则每只幼鼠单独放在一个小笼子里，笼内空无一物，光线昏暗，寂静无声。经过80天的饲养之后，克列治等人对两组幼鼠做了脑解剖，结果发现，第一组老鼠的脑重比第二组重4%。80天的不同环境下的生活，对幼鼠的发展产生了不同的影响。

　　面对动物界大动物教小动物练习生活本领以及小动物学习各种技能的情况，一些人指出这就是动物的教育，认为动物界和人类社会一样都存在着教育现象。法国社会学家、哲学家利托尔诺（1831－1902年）就认为，教育这种现象不仅存在于人类社会之中，而且超越人类社会范围之外，甚至在人类产生以前，教育就早已在动物界存在。他认为，大动物对小动物的爱护、照顾以及大动物教小动物的游戏和本领，就是动物界的教育，甚至连昆虫界也有教师和学生之分。利托尔诺认为，教育是一种本能行为，是"自发的和自然的现象"，教育的基础就是生物竞争的本质。动物为了保存自己的物种，出于一种自然所赋予的本能，要把自己的"知识"和"技巧"传授给幼小的动物。人类的教育就其本质而言与动物没有不同，人类只是在继承早已存在的教育形式的基础上，对教育做了某些改进。利托尔诺的观点曾得到一些教育家的认同。如英国教育家沛西·能认为，教育"是扎根于本能的不可避免的行为"，① 不仅人类社会有教育，甚至在高等动物中也有低级形式的教育。

然而，大多数人对利托尔诺的观点持反对意见，认为教育是人类社会所特有的现象，它仅仅存在于人类社会，在其他动物界根本不存在可称之为教育的现象。理由主要有以下几点。

首先，教育是一种有意识的活动，与动物对于下一代的爱护、照顾存在着本质的区别。动物对下一代的爱护、照顾只是一种本能的活动，这种本能活动是天生的，是由遗传获得的简单的行为定型，这种活动在意识上是不存在的。虽然人类对于他们的下一代也存在着出于本能的爱抚和照顾，但激起人类教育需要、支配人类教育活动的并不是人类的生物本能，而是人类所意识到的社会需要，是作为社会历史产物的意识，这种意识不是先天所定型的，而是后天所获得的，是在社会生活中产生的。

其次，教育是人类社会所特有的传递经验的形式。动物在种系发展过程中，主要通过遗传的方式传递适应周围环境的经验，而人类传递经验的主要方式不是遗传，而是教育和学习。人类可以有意识地把自己的感觉、思想、经验报告给自己，借助于语言、文字总结出来，传授给下一代。

最后，在较高等的动物中，除了本能外，也有学习和智力活动的存在，但个别动物后天习得的经验，却因为没有意识和复杂的语言而不能以教育这种传授方式使其他动物所掌握，作为个体的经验只能随着个体的死亡而消失。而人类则不同，人类有语言、文字，有意识，人类的经验知识可以存在于个体意识之中，也可以借助语言、文字而存在于书籍等外在事物之中，不致因个体的死亡而消失，同时，人类的经验可以因此而得以积累，个体之间也可以通过教育和学习而进行相互传递。聪明的汉斯再聪明，它也没有将其聪明才智传递给下一代。

综上所述，教育是人类所特有的社会现象，动物界虽然了有一些学习行

---

① ［英国］沛西·能. 教育原理（外国教育名著丛书）［M］. 北京：人民教育出版社，2009：32.

为，也有类似教育的游戏、练习活动，但这些游戏、练习都是一些本能的反应，并非有意识的反应，和人类的教育有着本质的区别。只有人类社会，才能教育。

二　神秘的大脑
——大脑的结构与功能

大脑是人类脑的最大部分，支配人的语言、感觉、知觉、情感表达等一切生命活动，调节消化、呼吸、循环、泌尿、运动等中枢。大脑具有其自身的结构和功能，不仅是人的身心活动的物质基础，而且是身心活动的"司令部"。

无脑儿的悲哀

在苏联，曾出生了一个奇特的婴儿，她没有疼痛的感觉，热水烫了她的手，用东西打她，她都不觉得疼痛；也没有饥饿的感觉，整天不知道肚子饿是什么滋味；不会笑，没有正常孩子的思维和行为表现。苏联政府发现这个奇特的婴儿后，就专门派大夫和护理人员协同其父母共同精心护理这个婴儿。尽管有他们的精心护理，这个婴儿也只活了三年零六个月就离开了人间。这个婴儿死后，苏联政府征得其父母同意后，对这个婴儿的大脑进行了解剖，结果发现这个婴儿根本没有大脑。她的脑壳里只有两个透明的脑细胞，从而找到了这个婴儿没有痛觉、没有饥饿觉、没有正常思维活动的原因。

据医学临床记载，这种无脑畸形儿大都在出生时就已死亡，只有少数能维持其短暂的生命，但智力发展水平极低。为什么无脑儿都是这种结局呢？原来，人的成长和发展，就像种庄稼一样，如果没有种子，你把石子埋在肥沃的土壤里，它也绝不会发芽的。对于人来说，大脑就像一粒种子，它是人的发展的物质基础。只有有正常的大脑的人，经过后天的教育和自身的实践锻炼，才有可能成为对社会有用的人才。无脑畸形儿生来就不具备正常的大脑，他所具有的"脑部组织"像一粒毫无生命力的种子，根本不可能发芽成长，因此不具备正常的感觉、知觉和思维，无法学会知识和技能，就连生命也是极其短暂的。

左撇子与右撇子

在日常生活中，有一些人习惯于用左手写字、使筷子，人们称为"左撇子"，而左撇子的人不满意习惯于用右手的人送给他们的雅号，把惯于使用右手的人称为"右撇子"。人为什么有左撇子与右撇子之别呢？这要从大脑的结构和功能说起。

人脑的形状和表面很像一个核桃仁，它包括大脑、间脑、脑干和小脑四部分，其中脑干又分为中脑、脑桥和延脑（图 1−1）。大脑是脑的最高级部位，占全脑的 70%。人的大脑分左右两半球，两半球之间由大约 2 亿条神经纤维组成的胼胝体连接着，使两个大脑半球息息相通。大脑的表面有一层起伏不平的灰色层，称大脑皮层，厚 2−5 毫米。大脑皮层的表面有很多深浅不等的褶皱，往下凹的地方称为"沟"或"裂"，凸出处称为"回"。这些沟和回，使皮层表面积增大。人的大脑皮层面积约有 2200 平方厘米，分布着大约 140 亿个神经细胞。大脑半球表面的重要沟、裂有大脑外侧裂、顶枕裂、中央沟，以它们为界将大脑分成四个区域，分别称为额叶、顶叶、枕叶、颞叶，四个区域分别承担着不同的职责。额叶主管运动、语言与书写；顶叶主管感觉、观察、计算；颞叶主管听觉、味觉和嗅觉，还与记忆有关；枕叶负责接收和分析视觉信息。各个区域间既分工又合作，使大脑对外部信息进行分析、归纳和综合，然后通过脊髓发出指令，调节身体对这些信息的反应。

以胼胝体为界的两个半球，功能也是不同的。左半球主要负责语言、抽象思维、数学计算，右半球主要负责空间位置、形状及情感方面的事情（图 1−2）。一般说来，每个人都有一个优势半球。由于大脑对身体的控制是左右交叉的，右半球为优势半球的人即"左撇子"，左半球为优势半球的人为"右撇子"。大多数人都是左半球为优势半球，习惯于使用右手；只有少数人以右半球为优势半球，习惯使用左手。

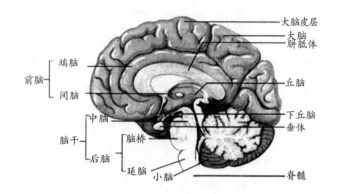

图 1-1 大脑结构图

资料来源：百度文库. 了解大脑及功能［EB/OL］. https：//wenku. baidu. com/view/c69a4fd226fff705cc170abe. html. 2011-10-26.

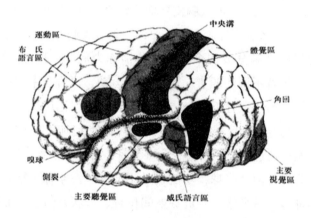

图 1-2 Brodmann 大脑左半球分区功能图

资料来源:百度文库. 了解大脑及功能[EB/OL]. https://wenku. baidu. com/view/c69a4fd226fff705cc170abe. html. 2011-10-26.

脑袋大就聪明吗？

我们经常听到这样的议论："你瞧，那个人脑袋那么大，怪不得他聪明。"这话有没有科学依据呢？

从动物的进化阶梯来看，阶梯越高，脑越重，智慧就越高。但这并不是绝对的。聪明智慧不但与脑重有关，还与脑重与体重的关系、脑的结构有关。

如果我们仅凭脑重来衡量聪明度的话，那么就可能出现熊、狗比猴聪明，猩猩不如牛、马，人不如象、鲸的结论，而实际上，我们知道这是不对的。从人与动物的脑重（表1-1）之比，我们可以看出。

表1-1　人与动物的脑重

名称	脑重（克）	名称	脑重（克）
鼠	0.4	猩猩	400
猫	30	牛	450
猴	100	马	600
狗	120	人	1400
狮	220	象	5000
海豹	300	鲸	7000
熊	400		

资料来源：李镜流.心理学导引［M］.北京：书目文献出版社，1985：67.

研究结果表明，各民族的脑重（表1-2）也是不一样的。从下表看，德国人脑最重，澳大利亚人脑最轻，但我们不能因此就说德国人最聪明，澳大利亚人最笨。根据世界跨文化心理学家的研究，中国人的智商最高、最聪明，但其脑重仅排第四位。

表1-2　世界各民族的脑重

民族	脑重（克）	民族	脑重（克）
德国人	1425	法国人	1280
英国人	1346	印度人	1266
苏联高加索人	1335	黑人	1244
中国人	1332	澳大利亚人	1185
北欧人	1303		

资料来源：李镜流.心理学导引［M］.北京：书目文献出版社，1985：67.

人脑的平均重量约1400克。据文献记载，有一个人脑重达2850克，是平均脑重的两倍多，可算是地球上脑最重的人，但他却是个白痴。曾有人调查过一些名人的脑重（表1-3），他们当中有些人在脑重上差别很大。同为著名作家，屠格涅夫的脑重为2012克，超过平均数50%以上；而法朗士的脑重仅 1017 克，与平均数相差甚巨。①

表 1-3 名人的脑重

名人	脑重（克）	名人	脑重（克）
屠格涅夫（作家）	2012	门捷列夫（化学家）	1570
克维尔（博物学家）	1830	拿破仑（皇帝）	1500
卑斯麦（政治家）	1807	高斯（数学家）	1492
巴甫洛夫（生理学家）	1653	内村鉴三（宗教家）	1470
康德（哲学家）	1650	里比西（化学家）	1362
西门子（物理学家）	1600	法朗士（作家）	1017
席勒（诗人）	1580		

资料来源：李镜流. 心理学导引 [M]. 北京：书目文献出版社，1985：67.

生理心理学的研究成果表明，凡脑重在 1000 克以上者，便没有上智与下愚之分；如果脑重低于 1000 克，则会妨碍智力的发展。严重智力障碍和智力发育不良者，一般脑重都在 1000 克以下，但脑重低于 1000 克的人极少。②

颅相学是不是科学？

19 世纪初，德国人高尔创立了"颅相学"，认为头颅的形状决定人的聪明才智。他宣称，只要摸摸头骨就可以知道这个人的才智，前额高而宽的人是"天才"、"超人"，矮而窄的人则是"凡夫俗子"。我国也有类似的一些说法。我们经常会听到这样的谈话："这孩子大脑门，一定很聪明。"那么，颅相学科学吗？

答案是否定的。因为人的头颅的形状一般是与其躯体相应的，而且头颅的形状也可以人为地改变。如果让小孩枕很硬的枕头睡觉，长大后，后脑壳就会变得很平，但智力丝毫不受影响。在现实生活中，"天才"、"超人"的前额有高而宽的，也有矮而窄的；而"凡夫俗子"的前额虽有矮而窄的，却也有不少是高而宽的。颅形不同，但大脑的基本结构与功能并未改变，大脑神经细胞数还是 140 亿个，并未影响人的聪明与愚笨。

人的聪明或者愚笨，与脑重、颅形并没有必然的联系，在大脑发育正常的情况下，聪明或愚笨主要取决于后天的教育和实践锻炼。

---

① 益恩. 专家研究证实大脑越用越灵 [J]. 中国保健营养，1998（5）：16 - 16.
② 李镜流. 心理学导引 [M]. 北京：书目文献出版社，1985：67.

三 大脑的潜能

——大脑为人的发展提供无限可能性

在了解了大脑的结构和功能之后，有不少人可能会问：大脑到底有多大的潜力？学习会不会对大脑造成损害？对此，科学家早已进行过研究。

大脑有巨大的潜力

科学家的研究表明，大脑是一个具有复杂功能的庞大的动力系统，其潜力是极大的。据科学家统计，一个正常人的大脑可以储存 1000 万亿比特（信息单位），形象地说，相当于电子计算机储量的 100 万倍，相当于 5 亿本书籍的知识量，比世界上当前最大的图书馆藏书量都大得多。美国国会图书馆是世界上最大的图书馆之一，藏书量 2800 万册，若将书架一个接一个地排列起来，长达 800 公里，而大脑的存储量竟是它的 20 多倍。大脑 1000 万亿信息单位的储藏量，折合成汉字数量或许更直观些。如果一个汉字按 10 信息量计算，一个人每小时读 1 万字，每天读书 8 小时，那么一个人读 300 万年所接受的信息量才接近大脑的信息储藏量。也就是说，人的大脑的潜力可供挖掘 300 万年之久。由此可见，即使我们毕生努力读书，也只能运用大脑潜能的一小部分，而绝大部分没有利用。近代的科学家曾研究过大脑潜力的开发情况，认为大脑为人的发展所提供的可能，远远没有被充分开发，其中被开发的比例只占 10% 左右，另外 90% 的潜力被白白浪费掉了。近年的研究成果还要乐观，认为人平均利用了自己大脑潜力的不足 1%，99% 的潜力还有待开发。尽管有许多人对这些数据的准确性表示怀疑，但人们对大脑的潜力普遍感到乐观，都认为大脑尚待开发的潜力远远超过业已开发的部分，而且，人们对大脑潜力的开发又多局限于大脑左半球，大脑右半球的开发利用有待加强。

大脑越用越灵

学习会不会对大脑造成损害呢？要回答这个问题，首先让我们来了解一下学习活动的生理基础——大脑的神经细胞。据生理学的研究，人的大脑由 140 亿个神经细胞组成，其数量之多不亚于银河系中的星星。我们的各种智力活动正是通过这些神经细胞进行的，紧张的学习活动可以促进神经细胞的生长和变化。一方面，学习活动使大脑神经细胞发生老化和死亡，每小时大约有 1000 个神经细胞死亡，另一方面，学习活动可以延缓神经细胞的衰老和死亡过程。而且，新的研究还表明，如果经常从事智力活动，死亡的神经细胞根上还可以生成新的神经细胞。撇开新生成的神经细胞不算，仅就死亡神经细胞的数量来看，它对学习也并不妨碍。按每小时 1000 个神经细胞发生死亡计算，人活到 100 岁，也只有 5 - 8 亿个神经细胞丧失正常的功能，这和 140 亿相比是微不足道的。而且，我们还应该意识到，即使不从事紧张的智力活动，大脑神经细胞也要新陈代谢，使部分神经细胞老化、死亡。因此，从神经细胞的整体数量来看，从事智力活动不会加速神经细胞的老化和死亡而使之相对减少，相反，会促进新的神经细胞的生成和发展。

大脑的机能不仅取决于神经细胞的数量，而且更主要地取决于神经细胞之间的联系。初生的婴儿虽然拥有一生中最多数量的神经细胞，但智力发展水平却是一生中最低的，这是因为人在出生时，神经细胞与神经细胞之间并不是互相连接的，而是有一条非常狭窄的间隙，整个大脑基本上处于"短路"状态。学习活动可以使神经纤维变粗变大，并不断分出许多侧枝，长出树突，从而和其他神经细胞建立联系，进而增进大脑对外界刺激反应的灵活性和准确性，从而提高智力，增强学习和工作能力。而且，如果不学习或长期不从事智力活动，神经纤维的分枝就会急剧减少，而且神经纤维本身也会萎缩，神经细胞之间的联系因此而减少，大脑的功能也就会随之减弱。

美国罗彻斯特大学的两位科学家曾剖析过刚死去的人的大脑 15 例，发现其中 5 例经常用脑的老人的脑细胞树突数、树突长度和分枝数竟胜过 5 例中年人；而另外 5 位不经常用脑的老年人则不如中年人。[1] 日本科学家的调查结果也显示，工作紧张多用脑的人智力衰退较晚，而不爱动脑的懒惰者则较早出现智力衰退。[2]

可见，人的大脑和人的四肢一样，也遵循着"用进废退"的规律，不是越用越衰，而是越用越灵。学习不但不会给大脑造成损害，反而会提高大脑

---

[1] 张红霞. 情绪与衰老 [J]. 现代经济信息, 1994 (7): 42 - 42.

[2] 新华网. 懒得动脑易傻 [EB/OL]. http://news.xinhuanet.com/oversea/2014 - 09/24/c_ 127024703. htm. 2017 - 03 - 28.

的功能，相反，如果不学习，长期不用脑，大脑就会"生锈"，从而降低活动能力。

用脑有益健康

西方有一位学者，挑选了 400 名 16 世纪以来欧美伟大人物，把他们分成文学家、哲学家、神学家、发明家等 21 种类型加以研究。结果发现，400 人的平均寿命为 66.7 岁，其中有 65 人的寿命在 80 岁以上。另外有人对 850 个天才人物进行了调查，其平均寿命为 65 岁。那么当时一般人的寿命是多少岁呢？如果 20 岁以下死亡的不计算在内，当时人的平均寿命为 51 岁。① 可见，天才人物、伟大人物的寿命大大高于普通人，大量用脑并不会影响健康，更不会像有些人认为的那样会短命夭折。

我们可以举一些具体的例子来说明用脑与健康的关系。孔子是我国古代最伟大的思想家、教育家，从小酷爱学习，"十有五而志于学"，"发愤忘食，乐以忘忧，不知老之将至"。一生主要从事教育和著作，删诗书，订礼乐，赞周易，作春秋，办私学，成为万世师表，用脑不可能不多，然而他的寿命长达 73 岁，是当时平均寿命的两倍。和孔子几乎同时代的柏拉图，是古代希腊的著名哲学家和教育家，是西方文明的主要奠基者。柏拉图不但著述颇丰，而且在纪念希腊传奇英雄阿加德谟的花园里开办了学校，取名"阿加德米"（Academy），并亲自在这个学校讲授哲学达 40 年之久，在公元前 347 年病故，享年 80 岁，即使在平均寿命普遍延长的今天，也可以算上个大寿星了。这样的例子还有很多，如南宋著名的理学家和教育家朱熹的寿命是 71 岁，19 世纪英国著名物理学家开尔芬的寿命是 83 岁，德国的著名诗人歌德也活了 83 岁。②

从以上例子可以看出，用脑不仅可以增进大脑的功能，促进智力的发展，而且，只要学习方法得当，不但不会影响人的健康和寿命，相反还会增进人的身心健康。

---

① 顾芬芬. 婴幼儿生理心理发展［EB/OL］. http：//www. doc88. com/p－378487318684. html. 2017－03－28.

② 李镜流. 心理学导引［M］. 北京：书目文献出版社，1985：06.

四　狼孩启示录

——环境与教育决定人的发展的现实性

大脑的功效来自父母的遗传，但遗传只为人的身心发展提供可能性，而遗传素质能否在人的身心发展中呈现出来则靠后天的环境和教育。

印度狼孩卡玛拉

印度人笃信宗教，认为杀死或伤害狼就会使宗族遭殃，部落崩溃，因此，很少有人打狼，致使在很多地方狼泛滥成灾，每年都会有数以千计的小孩被狼衔去。这些孩子大都被狼吃掉了，但有时母狼也会母性大发，不是吃掉小孩，而是把小孩当作自己的孩子来哺育，这些幸存者便成为"狼孩"。

在印度狼孩中，最著名的就是狼孩卡玛拉。1920 年，几位猎人在印度加尔各答东北的山地打猎，在狼窝里捕获了两个似人又似狼的"怪物"，就把他们送到附近的米德那波尔孤儿院，交给该院的主持牧师辛格。原来，这是两个由狼哺育大，并和狼生活在一起的小女孩，大的七八岁，小的约两岁，辛格分别给她们取名卡玛拉和阿玛拉。卡玛拉和阿玛拉刚到孤儿院时，行为很像狼：用四肢行走，用双手和膝盖着地休息；吃饭时用鼻子四处嗅闻，寻找食物，嗅觉异常灵敏，喜欢吃生肉，拒绝素食，舔食流质的东西，只吃扔在地板上的肉，从不吃人手里拿着的肉；害怕强光，白天喜欢蜷伏在黑暗的墙角里以腰臀部着地睡觉，夜间视觉敏锐，每到深夜就嚎叫，到处游荡，企图寻机逃回山林；怕火，也怕水，从不让洗澡，即使天气再寒冷，也不穿衣服，而是把给她们御寒的衣服和毯子统统撕掉。阿玛拉第二年就因病死掉了，而卡玛拉却活到 17 岁。经鉴定，卡玛拉刚进孤儿院时，其智力发展水平仅相当于 6 个月的婴儿。经过辛格牧师的精心照料和教育，卡玛拉两年学会了站立，四年学会了 6 个单词，6 年学会直立行走，但在快跑时仍四肢并用，7 年学会了 45 个词，同时学会了用手吃饭，用杯子喝水，到 17 岁临死时，她的智力发展水平仅相当于正常的 4 岁儿童。

除狼孩外，世界上还发现过由熊抚养长大的"熊孩"，由豹抚养长大的"豹孩"，由猴抚养长大的"猴孩"，由羊抚养长大的"羊孩"……这些由动物抚养长大的人，与同年龄的在人类社会环境中长大的人相比，心理发展水平都比较低。

为什么狼孩具有人脑，具备了发展的物质基础，却没有人类正常的智力、情感活动和知识、技能呢？原来，生来大脑发育正常的人，其大脑就像一粒颗粒饱满的种子，具有生长发育的生命力，但是能否真正发出芽来，还要取决于土壤、温度、湿度等生长条件。没有适宜的生长环境，置种子于真空中，或放在干燥的土壤里，或置于严寒的条件下，恐怕再好的种子也难以发芽。生来健全的大脑为人的发展提供了生理方面的可能性，但它不是现成的知识、技能、情感、思想、品德，人的知识、技能、情感、思想、品德等，都是后天环境影响和教育训练的结果。狼孩等由动物抚养长大的孩子，虽然具有和正常人一样的大脑，遗传素质是一样的，但由于他们从小生活在动物之中，没有正常的社会环境，没有受到和正常人一样的教育，所以他们有嘴不会说话，有脑不会思维。他们学会的只是动物的一些简单的动作，而不是人类社会的知识、技能等。

穴居"野人"刘连仁

在 20 世纪 80 年代，刘连仁的故事因电视连续剧《刘连仁》而家喻户晓。刘连仁出生在山东省高密县草泊村，1944 年被日本侵略者抓到日本北海道昭和煤矿做苦力。他不堪日本人的奴役，逃到北海道深山老林，独自一人过了 13 年茹毛饮血的穴居野人生活。1958 年被日本猎人发现，后经多方面努力回到祖国。当时，他说话十分困难，自己不会说，也听不懂别人说的话，思维混乱，没有正常人的心理状态。刘连仁回到祖国后重新过起了正常人的生活，思维、语言逐渐恢复正常，还成为劳动模范了呢！

大家不禁要问：刘连仁在北海道深山老林中生活了 13 年后却恢复了正常，而印度狼孩卡玛拉只不过跟着狼群生活了七八年，为什么她在辛格的精心照料和教育下，直到 17 岁临死时智力发展水平仅相当于正常的 4 岁儿童呢？这里涉及人的发展关键期。

所谓发展关键期，是指身体或心理的某一方面机能和能力最适宜于形成的时期。关于发展关键期，最先是在动物研究中发现的。动物出生后不久，有一个能力发展的关键期。在这一期间训练动物，某种能力就很容易获得，好像印刻在它的头脑中而巩固下来。否则，如果错过这一关键期再进行训练，动物就可能根本获得不了某一种能力。最初的研究是雏鸡追逐母鸡的能力的发展。大家知道,任何小鸡都有追逐母鸡的能力,但是,假如你在雏鸡孵出后4天左右的时间里,将雏鸡与母鸡隔离开,雏鸡将永远不会有追逐母鸡的能力。因为雏鸡孵出后的4天左右的时间是追逐母鸡能力发展的关键期。动物心理学家还发现,雏鸡辨别母鸡声音的能力发展的关键期是在孵出后8天之内。在孵出后8天之内,如不让雏鸡听到母鸡的声音,它的这种能力将永远不会发展。另外,动物心理学家还对猫、狗、鸭等进行了实验研究,发现它们均存在时间长度不等的发展的关键期。

动物发展关键期的研究,给心理学家以很大的启示,从而促进了对人类能力发展关键期的研究。研究结果显示,0-5岁是智力发展的关键期;2-3岁是口头言语发展的关键期;4-5岁是学习书面语言的最佳时期;0-4岁是视觉能力发展的关键期;0-3岁是双眼视觉能力(即立体感)发展的关键期;5-6岁是词汇掌握最快的时期;5-5.5岁是掌握数的概念的最佳年龄。关于各种能力发展的关键期的研究还处于初始阶段,研究结果也不尽一致,但有一点是大家都认可的,即出生后的几年(大多数同意5年)是人的智力发展的关键期。如果在这个时期得不到适当的教育和训练,以后的发展就可能事倍功半,有些能力就根本不可能再发展起来。

前面讲过的印度狼孩,出生后的关键期内和狼生活在一起,错过了智力和各种能力发展的关键期,因此,虽然后来辛格牧师费了九牛二虎之力,还是没有让她获得与她的年龄相当的智力发展水平。而刘连仁是在成年后生活在深山老林的,此前他的各种能力已经有了相应的发展,与世隔绝的生活使他的语言、思维等方面的发展受到阻碍和损害,但他以前的发展基础使他能在回国后较快地恢复。

关键期的发现使人们认识到早期教育的重要性。一位望子成龙的英国母亲,曾就孩子的早期教育讨教于达尔文。"达尔文先生,您是世界著名的大科学家,请问,我的孩子什么时候开始教育最好呢?"达尔文没有直接回答,而是反问道:"你的孩子多大了?""他还小着呢,才两岁半。"母亲回答。达尔文听后叹了口气道:"唉,夫人,你对孩子的教育已经晚了两年半了。"① 无独有偶,俄国伟大的生理学家和心理学家巴甫洛夫也说过一句名言:"婴儿降

---

① 廖会梅,刘延青.早期教育——天才的摇篮 [J].家庭育儿,2002 (2):28-29.

生的第三天开始教育，就迟了两天。"① 现在，孩子一出生就要开始对其进行早期教育，已成为教育家和心理学家的共识，各种形式的"零岁教育方案"应运而生。还有一些教育家认为孩子出生后再教育已经迟了，出生前就应该进行胎教。

发展关键期告诉我们，教育教学工作要抓住关键期，以求在最短的时间内取得最佳的效果。错失发展关键期，就可能出现教育低效甚至出现"狼孩"的情况。

五 高尔顿定律与神童诗人的沉浮

—— 主观能动性是人的身心发展的内部动因

遗传为人的身心发展提供可能性，环境和教育则决定人的身心发展的现实性，而人的主观能动性则决定着具体的人的发展程度。

高尔顿定律

1869 年，英国著名的科学家高尔顿出版了一本书，书名叫《遗传的天才》，介绍了他的研究。高尔顿以事业成就等为标准，从英国历史上选出 977 个有名人物，他们当中有法官、军官、政治家、文学家、科学家，也有诗人、音乐家和画家。高尔顿对这些名人的亲属，如他们的父亲、儿子、兄弟等，进行调查，考查他们中名人是否比普通人亲属中的名人多。调查结果表明，这组名人亲属中，有名的父亲 89 人，儿子 129 人，兄弟 114 人，总数 332 人，而普通人组中的名人只有 1 个。② 高尔顿因此得出结论：遗传决定人的发展。这个结论被后人称为"高尔顿定律"。

高尔顿定律提出后遭到许多人的反对，但也有不少人支持它。高尔顿定律涉及的主要是遗传在人的发展中的作用问题。遗传是上一代将种系特征传递给下一代的活动。通过遗传而获得的上一代的解剖生理特点，包括机体的

---

① 高继军. 抓住生活契机 培育幼儿成长［J］. 山西教育：幼教，2014（6）：9 - 10.
② 周兴鼎，王星光. 智力的决定因素［EB/OL］. http：//www.ebusinessreview.cn/article-detail - 166762. htm. 2017 - 03 - 28.

构造、形态、感官和神经类型的特征等，叫作遗传素质。遗传为人的身心发展提供物质基础，为人的身心发展提供可能性。前面所讲的无脑畸形儿，生来不具备正常的大脑，因此不具备正常的感觉、知觉和思维，无法学会知识与技能。同样，如果遗传有缺陷，人的身心也得不到正常的发展。一个双目先天失明的人，不管给他提供多好的教育条件，他本人又是多么努力，也难以成为一个优秀的画家；同样，一个先天失聪的人也绝不可能成为音乐家。对于这些非正常的人来说，遗传起着决定性的作用。对于正常人来讲，遗传是否起决定作用呢？心理学家做了许多实验，其中最重要的是双生子研究。他们的研究结果表明，遗传对智力的发展起着很大影响，无论在一起长大的同卵双生子，还是分开抚养的同卵双生子，他们的智力测验成绩都呈高相关，而其他毫无血缘关系者之间则呈低相关。而且遗传因素对身高和体重的影响比对智力的影响要大得多。遗传为人的身心发展提供可能性，表现为遗传素质是人的身心发展的生物前提，遗传素质的个别差异为人的身心发展的个别差异提供最初性；遗传素质的成熟机制制约着人的身心发展的水平及阶段。因此，一方面我们应该高度重视优生，为孩子的发展提供良好的遗传素质；另一方面，我们更应该重视优育，把良好的遗传素质转化为孩子良好的现实的身心发展。当然，在具体的教育过程中，我们还应该遵循遗传素质的成熟机制，不能拔苗助长。

表1-4 不同比较对象的身心发展相关程度

比较对象	人数	智力测验成绩	学业成绩	身高	体重
在一起抚养的同卵双生子	95	0.92	0.98	0.96	0.93
分开抚养的同卵双生子	53	0.86	0.62	0.94	0.88
在一起抚养的异卵双生子	127	0.53	0.83	0.47	0.59
在一起抚养的兄弟姐妹	264	0.50	0.80	0.50	0.57
分开抚养的兄弟姐妹	151	0.42	0.53	0.54	0.43
其他毫无血缘关系者	136	0.25	0.54	-0.07	0.24

资料来源：张小乔．普通心理学应用教程［M］．北京：中国人民大学出版社，1989：61.

神童诗人的沉浮

宋朝王安石曾写过一篇文章，题目叫《伤仲永》，说江西金溪有个姓方名叫仲永的少年，小时候聪明过人，五岁就能作诗，"指物作诗立就"，"文理皆有可观"，可谓"神童诗人"。当时一些人为求仲永作诗，或请他父亲作客，或送钱给他父亲。他父亲见有利可图，便整天带着仲永辗转于宴席之上，天天逼着仲永作诗，而不再"受之于人"，即不再学习知识了，结果十二三岁时写的诗已不如从前的好了，年到 20 岁左右时则"泯然众人矣"，和一般人没有什么不同了。

方仲永的故事可以说是家喻户晓。他小时候聪明过人，说明他的遗传素质比较好，早期教育开发也不错，后来的沉浮完全是由不良的生活环境和教育造成的。遗传素质虽然对人的发展有着很大的影响，但起决定性影响的却是环境和教育。所谓环境，是指围绕在人们周围并对人的生存和生活发生作用的因素，主要包括物质环境和精神环境两个方面。物质环境包括自然环境、人口的生产、物质生活资料的生产方式等。其中主要是生产方式对人的发展起决定作用。就人的身体发展而言，在物质生活好的条件下，人的身体发育就快一些、好一些，反之，就发育慢一些、差一些。教育是环境的有机组成部分，对人的发展起着主导作用。当然，环境和教育对人的发展起决定作用，并不是机械的决定，因为人接受环境的影响不是消极的、被动的，而是积极的、能动的。

就在高尔顿提出遗传决定论的观点之后，很多人就对高尔顿的研究方法和结果表示怀疑，认为高尔顿没有把先天的遗传因素和后天的环境、教育因素分开，名人和普通人的遗传素质可能不一样，但他们出生后的生活环境和教育条件则差别更大，高尔顿的研究不能证明是遗传素质还是后天的环境和教育因素使那些人成了名人。有关研究则否定了高尔顿的结论。从表 1－4 可以看出，分开抚养的同卵双生子的智力相关系数要比在一起抚养的同卵双生子的智力相关系数低得多。同卵双生子的遗传素质基本上是相同的，也就是说他们成长和发展的起点是一样的，如果遗传素质决定一切的话，那么，同卵双生子无论生活在相同的环境中接受相同的教育，还是生活在不同的环境中接受不同的教育，其日后的发展结果都应该是相同的。但是，实验结果却表明，分开抚养的同卵双生子，由于其后天的环境和所受教育的不同，其智力发展水平却有很大的差异。这种差异就是环境和教育的影响。

环境和教育的差异在异卵双生子和兄弟姐妹身上表现得更为明显。养育在一起的异卵双生子的学业成绩相关系数高达 0.83，养育在一起的兄弟姐妹的学业成绩相关系数也高达 0.80，表明他们的智力发展水平几乎没有多大差异。而分开抚养的兄弟姐妹的学业成绩相关系数仅为 0.53，和其他毫无血缘关系的人的相关系数相仿，即他们的智力发展水平差异很大。① 可见，与遗传因素相比，环境和教育决定人的智力发展的现实性。

人一生下来，遗传素质的优劣就基本上定下来了，遗传素质提供的发展的可能性能否实现，就取决于后天的环境和教育。如果有适宜的环境和教育，人的发展就会快一些、高一些，否则就会阻碍人的发展。也正是因为此，随着知识增长速度越来越快，知识存量越来越大，教育的重要性也越来越突出，人们对于教育的重视程度也越来越高。

从陈傻子到陈学者

宋朝有个人叫陈正之，由于他一生下来就患有一种先天发育不良症，长得傻头傻脑，所以人们就送给他一个绰号，管他叫陈傻子。陈正之进学堂读书以后，在学习上遇到了很大的困难。老师上课时，每次最多只能教他四五十个字，教多了就糊里糊涂，通篇都不知所云了。一篇文字简短、内容浅显的文章，别人读不了几遍就可以背诵如流，而他却常常要读几十遍甚至上百遍才能结结巴巴地背出来。但是，陈正之并不因此而自暴自弃，他想了一个以勤补拙的办法：别人读一遍，他就读三遍、四遍，甚至八遍、十遍；别人用一个时辰来读，他就用几个时辰去埋头苦读。经过这样日复一日、年复一年地不懈努力，陈正之终于成了一位具有精深造诣的博学之士，人们不再叫他"陈傻子"，而改叫他"陈学者"了。

陈正之虽然天资愚笨，但还是能进学堂读书，可以说是不幸者中的幸运儿了。与陈正之相比，自幼聪敏过人的晋朝人车胤就没有那么幸运了。车胤小时候家里很穷，根本没有钱供他进学堂读书，但他并不因为家里穷而放松对知识的追求。白天帮家里大人干活，没有时间读书，他就利用晚上来读，但他家里实在太穷了，连买灯油的钱都没有，晚上没有油灯怎么读书呢？车胤终于想出了一个好办法，每到夏天的时候，他就去捉些萤火虫儿来，把它们装在一个用白纱布缝成的小布袋里。白纱布白而且透亮，萤火虫儿的光就

---

① 杨文辉. 评估：智力测量与神经心理测验［EB/OL］. http：//www. docin. com/p－880628536. html. 2017－03－28.

能透过白纱布而照射出来。车胤每天都用这个盛萤火虫儿的袋子照着读书，常常读到深夜也无倦意。就这样日积月累，车胤终于成为一个具有真才实学的人，官拜国子博士，教授太学生。

陈正之和车胤的故事告诉我们，没有优秀的遗传素质，没有良好的生活环境，只要自己肯下功夫，勤奋好学，照样可以取得非凡的成绩。这便是我们通常说的自我教育或主观能动性的作用。遗传素质只是为人的成长和发展提供了可能性，社会环境和教育培养也为人的成长和发展提供了必要的条件，但如果没有个人的主观努力，即使有良好的后天环境和教育条件，一个天赋智力素质优秀的儿童也未必一定成为一名科学家，一个音乐素质比较好的儿童也未必一定能成为一个音乐家。遗传素质和后天的环境教育条件不算优秀的人，经过后天的努力，也未必不能获得较好的发展。由此可以看出，人的主观能动性在人的发展中的作用。人的主观能动性又叫人的自觉能动性，是人类特有的能力与活动，它包括互相联系着的三个方面：第一，人类认识世界的能力以及人们在社会实践的基础上能动地认识世界的活动，突出地表现为我们通常说的"想"；第二，人类改造世界的能力以及人们在认识的指导下能动地改造世界的活动，即通常我们所说的"做"；第三，人类在认识世界和改造世界的活动中所具有的精神状态，即通常所说的决心、意志、干劲等。陈正之和车胤的故事就说明了主观能动性在人的发展中的作用。

总之，遗传素质是人的发展的生理前提，环境和教育（包括家庭教育、学校教育和社会教育）是人的发展所必需的外部社会条件，个体的主观能动性是人的发展的内在动力，人的发展是遗传、环境和教育以及个体的主观能动性多种因素综合影响的结果，而不是由其中某一因素决定的。

第二部分

如何让每个人绽放出独特的生命光彩?

　　个别差异是指一个人在先天素质的基础上,通过后天活动所形成的人与人之间的差别性。它一般泛指人与人之间体质、生理、心理、社会性等方面的差异。心理学中指的个别差异一般专指个体间心理方面的差异,即人们在性格、兴趣、能力等心理特性方面的差异。个别差异是在独特的自然条件基础上,在一定的历史条件下,受到家庭、学校、社会环境的影响,并通过实践活动而形成和发展的。因材施教是尊重个别差异让每个人都绽放出独特的生命光彩的基本原则。

六　白痴、天才、白痴天才
——先天素质为人的发展提供最初的可能性

　　1963 年,在韩国诞生一个小孩叫金雄熔。金雄熔出生后 100 天能说一些简单的句子,5 个月能背诵动植物的名称,8 个月开始上小学,两三岁时就能掌握相当程度的英语和德语,而且在数学方面也表现出惊人的才能,学会了解方程、三角、几何和微积分等。4 岁进入韩国汉阳大学学习。他不仅头脑聪明,而且身体健康,运动技能超群。金雄熔的非凡才能,轰动了全世界。专家们对他的智力进行测量,发现他的智商高达 200,是当代世界上智商最高的人之一。看完这个小故事,在惊叹金雄熔的聪明才智的同时,有人不禁会问:人的智力是如何测量的?聪明的金雄熔智商为 200,那么一般人的智商是多少?聪明的人、愚笨的人和一般的人又各占多大比例?聪明与愚笨的原因是什么?

智力的测量

智力是指一个人在认识和改造世界的过程中各种能力的结合，主要包括感知能力、记忆能力、想象能力、思维能力、创造能力等，其中思维能力（特别是抽象逻辑思维能力）是智力的核心。智力是进行各种学习、劳动、实践活动的基础，但智力的作用能否全部发挥出来，还取决于注意、兴趣、需要、动机、理想、信念、世界观、情感、意志等非智力因素的影响。只有智力和非智力因素都优秀的人，才能成才。

智力的测量是通过智力测验实现的。1904 年，法国教育部指派一个专门委员会研究低能儿童的教育问题，心理学家比奈和他的学生西蒙为鉴定低能儿童的需要编制了一套智力测验，称为比奈 – 西蒙量表。这是世界上最早的智力测验量表。1916 年，美国斯坦福大学心理学家推孟对该量表加以修订，使这个测验进一步标准化，以后这个量表就称为斯坦福 – 比奈量表。

斯坦福 – 比奈量表以智商来表示一个人智力水平的高低，其计算公式是：智商（IQ）＝智力年龄（MA）/实际年龄（CA）×100。其中，所谓智力年龄（MA），即一个人智力发展水平已经达到的年龄；所谓实际年龄（CA），即一个人的实际生理年龄；将商数乘以100，目的是避免计算中的小数。

例如，有一个孩子 10 岁，如果在测验中他完成了 10 岁儿童应当完成的全部题目，那么他的智力年龄为 10 岁，其智商 = 10/10 × 100 = 100；如果他在测验中能做对 12 岁儿童应完成的全部题目，那么他的智力年龄则为 12 岁，其智商 = 12/10 × 100 = 120；如果他在测验中仅能做对 8 岁儿童应当完成的全部题目，那么他的智力年龄就是 8 岁，其智商 = 8/10 × 100 = 80。

后来，美国心理学家韦克斯勒又研制出一种新的测量智商的智力量表，他不再用智力年龄和实际年龄，而改用某组的平均数和标准差来计算，以使智商只表示一个人在同年龄正常人中的相对地位，不受年龄影响。其计算公式为：IQ =（X – M）/S × 15 + 100。其中 IQ 为智商，X 为受测者的实际得分，M 为同年龄组分数的平均数，S 为标准差。

例如，某年龄组的平均得分为 70 分，标准差为 10，如果某人在测验中实际得分为 80 分，那么他的智商就是 IQ =（80 – 70）/10 × 15 + 100 = 115；如果他在测验中实际得分为 60 分，那么他的智商就是：IQ =（60 – 70）/10 × 15 + 100 = 85。

无论是第一种测验方法还是第二种测验方法，都以 100 为比较标准。智商为 100，说明一个人智商为中等；智商高于 100，说明其智力高于同年龄的一般人；智商低于 100，则说明其智力低于同年龄的一般人。

天才·白痴·普通人

20 世纪 30 年代，推孟等人对 2904 名 2－18 岁的儿童进行测验，发现人的智力分布基本上呈两头小、中间大的趋势。具体分布情况见表 2－1。

表 2－1　推孟智力分布表

智商	级别	%
139 以上	非常优秀	1
120－139	优秀	11
110－119	中上	18
90－109	中等	46
80－89	中下	15
70－89	临界	6
70 以下	智力迟钝	3

资料来源：孙虎. 智力水平的分类 ［J］. 中国人才，1996（7）：40－41.

美国心理学家韦克斯勒后来进行的研究，也同样说明智力常态分布的趋势，详见表 2－2。

表 2－2　韦克斯勒智力分布表

智商	级别	%
130 以上	超常	2.2
120－129	优秀	6.7
110－119	中上	16.1
90－109	中等	50.0
80－89	中下	16.1
70－79	低能边缘	6.2
69 以下	智力缺陷	2.2

资料来源：李丹，戴忠恒，王振宇，等. 韦克斯勒儿童智力量表（修订版）（WISC－R）及其在上海市区的试用结果 ［J］. 心理科学，1983（4）：12－22.

　　按照智力发展水平的高低，可以将智商分为若干等级。其中，超常、低常和正常三种类型最为人们所关注。一般认为，智商在 130 以上者为超常，在 100 上下者为正常，在 70 以下者为低常。由于超常者和低常者位于智力分布的两端，和普通人差别大，因此，人们对其研究也较多。

　　智力超常者因其智力发展水平大大超过同龄人而被称为"天才"。他们主要智力特点是注意力集中，观察力敏锐，善博闻强记，想象力丰富，思维活跃并富有创造性。同时他们还有较好的非智力因素，如富于好奇心，求知欲强，自信，兴趣广泛，坚韧不拔等。有趣的是，心理学家凯瑟琳·考克斯博士对历史上 17 位名人的智商进行了研究。他以名人的成就为依据，来确定他们的智商。研究结果是：马丁·路德 170，莫扎特 165，笛卡尔 180，达芬奇 180，康德 175，伽利略 185，伏尔泰 190，牛顿 190，华盛顿 140，格兰特 130，德雷克 130，约翰逊 165，拿破仑 145，富兰克林 160，伦布兰特 155，林肯 150，歌德 210。① 可见，他们在某种程度上都是智力超常者。超常者之所以超常，大都因为他们有较好的先天遗传素质和良好的教育环境，同时又勤奋努力。

　　智力低常者因其智力发展水平大大低于同龄人而被人称为"弱智者"、"智力落后者"。智商低常者通常根据轻重程度的不同分为三个等级：愚钝、痴愚和白痴。愚钝者智商为 50－69，他们能做简单的工作，但难以应付新奇、复杂的环境。经过教育，能够独立生活。能上小学低年级，但成绩很差。由于思维能力差，很难掌握抽象的知识，因此不能胜任小学高年级的学习。痴愚者智商为 25－49，他们智力有严重缺陷，说话不清楚，不能完整地表达自己的思想。经过训练，生活可以自理，知道躲避危险，能学会简单的计算和操作，在别人的帮助下可以做简单的工作。白痴的智商在 25 以下，他们从小就表现出明显的精神呆滞，对外部刺激反应迟钝，不知道躲避危险，说话不成句，连最简单的计算也难以学会，生活不能自理，需要他人的监护。

　　在智力低常者中，有一个令科学家至今仍难以解开的谜，那就是白痴天才。白痴天才的智力水平很低，但在某一方面却表现出超出一般水平的能力。据说美国有一位白痴天才，特别擅长六位数的加法，但学不会五位数或七位

---

① C. C. N 安德鲁，B. C. 凯瑟琳，李薇. 天才大脑机制的神经学研究［J］. 心理科学进展，1988（3）：20－26.

数的加法，生活自理也困难。有一次他在公路和铁路交叉处，把暂时停下来等火车通过的汽车牌号（六位数）心算相加，一直加到70位数也没有出现一点错误。还有一位白痴天才擅长音乐，无论多么复杂的谱子，只要听上一遍，他便能立即把它演奏出来，而且演奏得非常出色，但他的整个智力水平却很低。每当演出结束，观众鼓掌并高喊"再来一个"时，他便跟着鼓掌，并在台上跳着高喊："再来一个!"

智力低常主要是由脑机能发育不良或损伤造成的。先天的染色体畸变、胎儿期的疾患和后天的脑外伤、高烧等都会导致智力缺陷，严重的营养不良和关键期内被剥夺社会环境也会导致智力缺陷。智力水平与遗传有关，也与胎儿期间和后天的外部影响有关。因此，产妇做好孕前检查、孕期保养是优生的前提，做好优生是优育的保障。

七　英才早慧与大器晚成
——人的身心发展具有个别差异性

据国外一家报纸报道，美国有一个小孩叫赛兹，自幼聪明好学。他按美国小学的规定6岁入学。入学那天，上午9点被编入一年级学习，中午母亲去接他时，他已是三年级的学生了。当年他小学就毕了业。9岁时，他很快就解答出了麻省理工学院某教授给他出的教授本人当年自己在德国考博士时的非常难的题目。11岁时，赛兹进哈佛大学学习，入学后不久，他便以讲解四维空间这一数学难题而使教授们大为震惊。后以优异的成绩提前毕业，并随即在该校攻读博士学位。为什么在其他孩子还在读小学的时候小赛兹就已经上了大学? 我们大多数人为什么都不是这样呢? 原来，人与人之间不仅存在着能力发展水平上的差异，而且也存在着能力发展速度上的差别，有的人英才早慧，有的人大器晚成，大多数人则在中年表现出超人的智慧，我们不妨称为中年英雄。

中年英雄
智力的发展是以大脑的发展为基础的，大脑的发展水平越高，智力的发展水平也就越高。刚出生的新生儿的脑重约为390克，相当于成人脑重的三分之一；9 个月时，增加到 660 克；两岁半到三岁时，脑重增加到 900 - 1010 克，这时已相当于成人脑重的三分之二了。到了 7 岁时，可以达到 1280 克，相当于成人脑重的 90%。此后脑重仍缓慢增加，到了 20 岁时，人脑的发育基本完成，在 20 - 40 岁时脑重最大，为 1400 克。① 大脑的发育为学习和智力发展提供了物质前提，教育开发又促进了神经细胞之间的联系，强化了大脑的功能，促进了智力的发展。国内外的一些心理学家对大量人的不同年龄阶段进行智力测验的结果显示，在 20 岁之前，是智力发展水平急剧上升的时期，20 - 25 岁时发展水平最高，以后就开始缓慢下降，60 岁以后下降的趋势较为明显。②

智力的不同要素在发展速度上也是不一样的。某些智力因素发展或成熟较早，另一些则发展或成熟较迟。同理，到了老年，各种智力因素的衰退速度也不一样。根据心理学家麦尔斯的研究，知觉的能力发展最早，在 10 - 17 岁时处于最优水平，但它也首先开始下降，在其他能力开始达到最佳水平时，它却在走下坡路了。记忆能力与动作技能的最优年龄阶段是 18 - 29 岁，记忆力的衰退比较缓慢，但动作技能的衰退更慢。比较和判断能力的最优年龄阶段是 30 - 49 岁，直到 80 岁才开始显著下降（表 2 - 3）。③

表 2 - 3 年龄与智力的关系（根据麦尔斯）

智力项目 \ 年龄（岁）	10 - 17	18 - 29	30 - 49	50 - 69	70 - 89
知觉	100	95	93	76	46
记忆	95	100	92	83	55
比较和判断	72	90	100	87	69
动作和反应速度	88	100	97	92	71

注：100 为最高水平，其他数值系和最高水平的比较。
资料来源：［美国］戴维·迈尔斯. 社会心理学［M］. 北京：人民邮电出版社，2012：50.

国内外的一些学者还对杰出人才的科研成果与年龄的关系进行了研究。我国人才学者张笛梅对从公元 600 年到 1960 年的 1243 位科学家、发明家做出

---

① 安国柱. 用脑时的卫生和营养［J］. 生物学通报，1984（2）：48.
② ［美国］戴维·迈尔斯. 社会心理学［M］. 北京：人民邮电出版社，2012：50.
③ ［美国］戴维·迈尔斯. 社会心理学［M］. 北京：人民邮电出版社，2012：50.

的 1911 项重大科学发明进行了统计分析，结果发现做出第一项重大科学发明的年龄高峰在 31 – 35 岁；做出重大发明创造项数的年龄高峰在 36 – 40 岁。[①]国外的有关研究成果表明，创造性成果的最佳年龄因专业不同而有所差异：化学家的最佳创造年龄在 31 – 40 岁；物理学家 31 – 35 岁；生理学家、医学家 36 – 40 岁；数学家 30 – 37 岁；天文学家 35 – 39 岁；文学家 27 – 42 岁；运动员 25 – 35 岁。[②]

从以上可以看出，就大多数人而言，智力水平最高的时期为 20 – 25 岁，出高水平成果的最佳时期为 30 – 40 岁。最佳智力年龄和最佳创造年龄之间稍有差距，一方面是因为重大科学发明创造都需要知识的积累，而非一朝一夕所能成；另一方面是因为 30 – 40 岁是智力中的核心因素思维能力发展水平最高的时期。

英才早慧

与大多数人中年成才不同，有些人在童年时期就表现出优异的智力，即所谓"英才早慧"。开始时讲的赛兹就是这样的一个人。其实，英才早慧的人在古今中外皆有，他们往往因其聪明才智而被人誉为"神童"。

中华民族是一个聪敏睿智的民族，历朝历代，人才辈出，在史书和民间都记载或流传着许多神童的故事。战国时期的甘罗 12 岁时毛遂自荐出使赵国，出色地完成了使命，被拜为上卿；唐代王勃 6 岁善文辞，10 岁能写赋，13 岁时就写出了名作《滕王阁序》；李白"5 岁诵六甲，10 岁观百家"；白居易五六岁时就能写诗，16 岁时就写出了"野火烧不尽，春风吹又生"那样富有哲理并为后人广为传颂的诗句。在当代，人民生活水平提高，教育环境和条件优越，造就了更多的早慧少年。如中国科技大学首届少年班学生宁铂，两岁半时就能背诵毛主席诗词 30 首，5 岁入学，六七岁开始攻读医书，掌握许多中草药的性能和用途，并懂得脉象，八九岁时学习天文，能用肉眼识别星座几十个，并掌握它们一个四季的变化规律，14 岁考入中国科技大学少年班。

在国外，天才少年也不胜枚举。大音乐家莫扎特 4 岁开始作曲，10 岁写

---

① 文献良. 青年成才的心智品质与环境 [J]. 青年探索，1987 (3)：32 – 34.
② 范东军. 成才的最佳年龄 [J]. 现代特殊教育，1995 (2)：41.

歌剧《简单的伪装》，14 岁作《密特里特泰》，17 岁时作《卢西奥西利亚》；控制论创始人维纳，4 岁就能大量阅读，9 岁升高级中学，11 岁发表科学论文，14 岁大学毕业，18 岁获得博士学位。数学家高斯的故事更是广为人知。在小学读书时，有一次教师给学生出了一道算术题，求 $1 + 2 + 3 \cdots\cdots + 98 + 99 + 100 = ?$ 老师刚念完题目，高斯就在他的小石板上写出了答案：5050；而其他同学还在 $1 + 2 = 3$，$3 + 3 = 6$，$6 + 4 = 10$ 地挨个加呢。原来高斯是按照级数求和的办法解题的：$1 + 100$，$2 + 99$，$3 + 98$ 都等于 101，而 100 以内有 50 对这样的数，所以 $101 \times 50 = 5050$。才 10 岁的高斯，就显露出非凡的数学才能。

英才早慧在某些领域如音乐、文学艺术、数学等更为明显些。音乐、文学艺术上的创作与激情关系甚为密切，某些禀赋好且富有激情的少年便可捷足先登。音乐、数学能力的发展与先天禀赋关系密切，也是出现早慧少年较多的领域。

早慧少年都有良好的先天禀赋，同时，也都有良好的早期教育条件，并形成了良好的个性特征，如具有旺盛的求知欲和浓厚的认识兴趣；有敏锐的感知觉和精细的观察力；注意力集中，记忆力强；思维敏捷，富于创造性；勤奋努力，富有毅力。从历史上来看，早慧少年大都在成年以后取得了显著的成就，但也有一部分人因教育方法不当和个人努力不够而变为平庸。我国的方仲永就是这样一个由早慧变为平庸的典型事例。

大器晚成

与英才早慧者相反的是另一种现象，有许多人小时候并没有突出表现，甚至学习成绩很差，但到中年以后甚至晚年却表现出突出的才能，这种人被称为"大器晚成"。

大器晚成的事例也不少见。达尔文从小就对小石块、贝壳、鸟蛋、花卉、昆虫等有浓厚的兴趣，就是不喜欢学习，常常惹事生非，学习成绩很差，他的教师和他的父亲都认为他是一个只具有普通或在普通以下的能力的人，可是他后来在生物进化的理论上做出了划时代的贡献，他出研究成果时已经 50 多岁了。爱因斯坦直到 4 岁才伊呀学语，9 岁时仍然不能流利地说话，学习成绩非常糟糕，老师给他的评价是"头脑迟钝，性格内向，一无所长"，10 岁时因学习成绩太差被学校开除，但他后来却成了 20 世纪最伟大的科学家，使物理学领域发生了一场巨大变革。司各特两岁时因患小儿麻痹而右腿致残，身体虚弱，学习成绩在全校倒数第一，但后来以其历史小说《艾凡赫》一举成名，在英国小说史上具有划时代的影响，并成为欧洲历史小说的创始人。我国数学家华罗庚，小学因成绩不好而中途休学，初中一年级的数学也是经过补考才及格的，而最后却成为著名的数学家。我国数学家张广厚，小学毕业时因数学不及格，连初中都没考上，后来却与杨乐一起发明了"杨张定理"，闻名海内外。这样的人还有许多，如画家齐白石、物理学家牛顿、化学家居里、哲学家黑格尔、政治家邱吉尔、文学家拜伦、发明家瓦特、军事家拿破仑、画家高更等。

国外曾有人对有突出贡献的科学家、发明家进行过统计分析，发现小时候就有突出表现的只占5%，而小时候学习成绩并不突出的却占55%。①

大器晚成者虽然在少年时代学习成绩不出色，但并不是像人们所说的那样是智力上愚笨的学生。他们往往天资不错，兴趣广泛或有特别的兴趣，但厌恶当时的教育制度、教学内容和教学方法，他们以各自特有的方法勤奋地学习自己感兴趣的知识，但对学校的科目不感兴趣，才被冠之以"笨蛋"、"蠢材"。其实，他们的潜力是非常大的，只是在学校里没有表现自己的机会，或者没有良好的教育来开发其潜力。当他们走出学校教育的樊笼，或者某位教育者发现了他们的特殊才能并为其提供了发展机会后，他们的潜力和独创性才发挥出来。

人的智力发展的速度是不一样的，虽然大多数人属于"中年英雄"，但也有不少人属于"英才早慧"或"大器晚成"。因此，对于在学校特别是小学期间成绩不好的学生，教师不能武断地把他们之为"差生"、"笨蛋"，而是要想方设法开发其智力宝库，谁敢肯定他们不是未来的爱迪生、牛顿、爱因斯坦？对于学生自己来讲，也不能自暴自弃，甘心落伍，放弃追求，而是要锻炼自己的意志，锲而不舍，也许自己正是未来的华罗庚、张广厚、齐白石。

---

① 道客巴巴．因材施教与学思结合［EB/OL］．http://www.doc88.com/p-7803709074109.html.2017-03-25.

八　男人和女人谁更聪明

——男女有别，但智商无异

　　一看到这个题目，人们便立即想起一句极其刻薄的话：女人头发长见识短；而在中外俗语当中，却没有一句类似的形容男人的话。自从人类社会从母系氏族时期过渡到父系氏族时期之后，男尊女卑成为天经地义，"男人比女人强"的观念根深蒂固，而且极为普遍。现实生活中的一些对比数字，似乎也支持上述认识。例如，中外历史上著名的科学家和各方面的领袖人物中，男的远远超过女的；世界上获得诺贝尔奖金的数百名科学家中，至今才有寥寥几名女性跻身其中；中国科学院和中国工程院两院院士中，女院士的比例不足10％。但是，这种认识又有许多现象不能解释：为什么在很多智力测验中没有显示出性别差异的倾向性？为什么在教育事业比较发达的美、英、日、法等国以及我国，女大学生的人数已超过男生？为什么在有些领域女性取得的成绩比男性好？面对种种疑问，生理学家、心理学家、教育家都从不同的角度进行了研究。

女人不是智力上的第二性

　　根据科学家的研究成果，男女智力是存在差异的，但不是女的比男的笨，而是各有特点，各有所长。就全体男性与全体女性的平均智力而言，基本上是一致的，很难说谁占优势，谁处劣势。但在智力的分配上，男女之间是不同的。男性间的智力差异较为悬殊，智力超常者和智力低常者的比例均高于女性，而女性间智力发展水平则较为平均。也就是说，在全人口中，智力超常与智力低常者，男性所占比例均比女性大，而女性在中常智力者中所占比例则大于男性。这和我们在日常生活中所看到的情景是相吻合的：无论是在中学还是大学里，成绩优秀和较差的两端均以男性居多，而成绩中等的则以女性居多；在工作中做出突出贡献的男性较多，而由于智力低下而在事业上难有作为，甚至连生活都不能自理的人中，也以男性居多。

　　在智力发展速度方面，男女之间的差别也十分明显。由于男孩子脑组织的成熟速度比女孩子慢，一般女孩开始讲话平均比男孩子早2－4个月。在整个婴儿期和幼儿期，女孩的智力发展水平略高于男孩，但优势并不显著。从学龄期开始，男女两性的智力发展水平出现了明显的差异，女性明显优于男性，这种优势一直保持至少年期开始。在十一二岁以后，男性的智力发展速度加快，开始逐渐赶上并超过女性，并且随着年龄的增长，这种优势也越来越明显，直到青春发育期结束，男女间智力的年龄差别才逐渐消失。男女间智力发展速度的差异，在学业成绩上表现得很明显。在幼儿园，女孩在语言表达、计算、情感表达乃至纪律方面都优于男孩。在小学期间，女生的学习成绩高于男生，特别是在语文和外语方面更是如此。进入初中以后，男生各方面的成绩大幅度提高，而女生的成绩则相对提高缓慢。

男性和女性在智力类型上也表现出一定的差异。在感知觉方面，女性一般优于男性，但又有许多差异，如女性对声音的感觉比较敏锐，而男性则善于感知图象模型；女性辨别色彩的能力强，而男性则善于辨别方向。在注意力方面，男性的注意力多定向于物，好动，喜欢探究，而女孩则多把注意力定向于人，喜欢交往，富于感情，善于交际；在注意力的稳定性和注意力的分配能力上，女性优于男性，而在注意的转移上，女性则不如男性。在记忆力方面，男性的意义记忆和逻辑记忆能力较强，而女性则长于机械记忆、形象记忆、情感记忆和运动记忆。在思维能力方面，女性在形象思维、直觉思维方面占有优势，而男性则善于抽象逻辑思维，而且在深刻性、批判性、灵活性、创造性方面占有优势。在想象力方面，男性的想象更富有创造性和逻辑性，而女性的想象则带有明显的形象性和幻想成分。

在学业成绩和事业生涯方面，男性和女性由于智力以及其他方面的不同而有所不同。在学业成绩上，由于女性的形象思维和语言能力较强，所以一般对语文、外语、音乐、美术等学科比较喜欢，而且成绩较好；而男生则由于思维具有较强的抽象性和逻辑性，在数学、物理、化学等学科上易于取得好成绩。男性和女性在成年后的事业选择和取得成就的方向上也有所差异。一般说来，女性做报务员、话务员、打字员、护士、小学教师、纺织工人等，易取得较大的成就，而男性则适宜于当飞行员、驾驶员；女性在文学、艺术等领域显示出较强的能力，而男性则较多地成为工程师、数学家、物理学家。

女性成功之路

女性和男性在智力上并无优劣之分，但差异是客观存的。女性成功的关键在于树立信心，发挥自己的优势。

在古今中外有作为、有突出贡献的政治家、科学家、文学艺术家中男子多于女子，有智力差别上的原因，但主要是由于历史条件、社会环境、教育、家庭等外在因素造成的。男尊女卑的社会观念使妇女变成了男子的附属品，男子可以周游天下，有较多的施展才华的机会，而女子却不得出闺门半步，活动范围受到很大限制。时至今日，对女子的各种偏见仍未彻底根除。在重男轻女的文化环境中，男子在教育上享有优先权，女子的受教育权往往被剥夺，只能"严闺门，训礼仪，教孝经，学针线"，承担家庭义务。即使如此，在历史上还是有许许多多的妇女在不同的领域取得了辉煌的成就。例如，我国汉代杰出的女历史学家班昭继承父兄的遗志，续写完成了我国第一部断代史《汉书》；中国历史上唯一的女皇帝武则天实际执政将近半个世纪，为唐代的经济繁荣和国家的统一做出了重要贡献；宋代女词人李清照巾帼不让须眉，在中国文化史上占据着举足轻重的位置；波兰科学家居里夫人战胜各种灾难，成为历史上为数不多的两次获得诺贝尔奖金的科学家之一。……在现代，随着妇女地位的提高，妇女也有了同男子一样的施展聪明才华的机会，只要她们树立信心，一大批未来的居里夫人、班昭、李清照将会涌现出来，丝毫不比未来的爱因斯坦、司马迁和杜甫逊色。

女性要取得事业上的成功，必须发挥自己的优势，扬长补短。如上所述，女性的优势在于感知觉敏锐，观察能力强，注意力稳定，形象思维和直觉思维突出，情感细腻、丰富，语言表达流畅，因此，女性要善于把这些优势转化为成绩。体现在学业上，首先应保证把语文、外语、音乐、美术、历史、地理等课程学好，然后再鼓足信心去攻克相对来说自己不占优势的数学、物理、化学等科目。在择业上，旧的社会分工的影响依然存在，在传统上由男性控制的专业领域里，女性要取得成就，就需要克服比男性更大的压力和困难，而且有些领域，如工程、自然科学研究等也不一定能发挥女性的优势。因此，女性应根据自己的特点，把文学、艺术、新闻等专业领域作为自己的择业和成就目标。当然，女性之间的差异也是很大的，有一些女性的智力特征明显呈男性化，无论是求学还是择业，都应因人制宜。

九　高考状元的秘诀失灵了

——因材施教才是好教育

心理学告诉我们，每个人都在性格、兴趣、能力等心理特性方面存在着个别差异，因此要想使每个人得到充分的发展，就必须实施适宜的教育，即人们常说的因材施教。

2000 年 7 月 26 日，是公布高考成绩的日子。张琳手持成绩单，两眼木然，他不由得想起一年前的事情。1999 年 10 月 30 日上午 8 点 30 分，济南市东郊饭店礼堂门前人头攒动，成群结队的高中生和学生家长持票正陆续走进礼堂，门票上写着"1999 年全国高考状元报告会，票价 40 元"等字样。怀着对高考状元的羡慕，怀着对未来的憧憬，张琳随着人群步入礼堂。上高中之前，他曾来这儿看过电影，一晃两年多过去了，他再次光临，不是看电影，而是听高考状元谈学习经验、讲学习秘诀。为了明年的高考，他已经整整两年没有看过一场电影了，但他并不感到这样的生活有什么不好，早已习惯了，同学们都一样，更重要的是三年高中之后的大学梦。报告会开始了，来自全国各省的文理科状元十几人，分别谈了自己的学习方法、学习经验。张琳认真地听着、记着，并频频点头。"人家不愧是高考状元，学习方法一套一套的！"张琳不由得从内心生起钦佩之情。张琳的成绩在班里属中等偏上，估计上个普通本科没有问题，但他心目中的大学是北大或清华，他正是为了明年的北大梦、清华梦来听报告会的。听完报告会，张琳兴奋不已，认定只要自己按照高考状元的经验、秘诀去学习，来年一定会梦想成真。一年来，他放弃了原来的学习方法，采用高考状元的学习方法，认为即使明年成不了状元，成个榜眼、探花、殿元什么的也行，反正可以圆梦其中。然而，当张琳拿到高考成绩通知单时却傻了眼，503 分！不但北大、清华没戏了，山东大学、复旦大学也没戏了，甚至连普通本科院校也录取不了。他木呆呆地坐在那里，这一切都是为什么呢？

原来，我们每个人的能力不但存在着发展水平和表现早晚的差异，而且存在着类型的差异。能力类型的差异决定了每个人学习能力类型和学习方法类型的不同。张琳放弃了自己的学习方法而仿效高考状元的学习方法，没有取得理想的效果，原因就在于高考状元和张琳在能力类型上可能不同，因而学习方法也就不同，高考状元的学习方法是建立在他自己的能力类型的基础之上的，张琳盲目照搬而不顾自己的能力特点，势必难以如愿。

人的能力类型差异表现在两个方面：一是一般能力即智力类型的差异，一是特殊能力的差异。

一般能力即智力的类型差异，主要表现在知觉、表象、记忆、思维、想象等方面。

在知觉方面，人们所表现出的类型差异一般有三种：分析型、综合型、分析－综合型。分析型的人在观察事物时有较强的分析能力，对事物的细节感知清晰，但对事物的整体性感知较差。例如，分析型的人在学习一篇课文时，善于记住其中一些细节，如年代、地点、人物容貌特征等，但却不能正确地总结出段落划分、段落大意和课文的中心思想。综合型的人则正好相反，在观察事物时善于把握事物的整体性，但分析能力较弱，对事物的细节感知不足。分析－综合型的人，兼有上面两种知觉类型的特点，在观察事物时既能注意事物的整体，也能注意事物的细节。属于极端分析型和综合型的人不多，大多数人属于分析－综合型，在观察事物时先从分析开始，进而进行综合。例如，当我们拿到一篇文章时，必须先分别了解每一段、每一部分所表达的内容和含义，在了解各段大意的基础上，再将各段大意结合起来考虑，从而把握全文的中心思想。

表象是曾经感知过的事物形象在人脑中保留的映象。在表象方面，能力的类型差异主要有视觉型、听觉型、运动觉型、嗅觉型、味觉型、肤觉型、混合型。视觉型的人善于在头脑中保持和重现事物的视觉形象，他们对感知过的熟人面孔、风景名胜、雄伟建筑、自然风光等印象深刻。听觉型的人则善于保持和重现耳朵听到的东西，他们对自然界的蛙鸣、鸟啼，对动人的乐曲和旋律，对朋友的谈话，对机器动作的声音等，都会留下深刻的印象。运动觉型的人善于通过动作建立事物的形象，他们对游泳、滑雪、骑自行车、舞蹈等动作印象深刻。嗅觉型的人善于在头脑中保持和重现事物的嗅觉形象，鲜花的芳香、油漆的刺鼻等都会在他们头脑中留下深刻印象。味觉型的人则善于在头脑中保持和重现事物的味觉形象，品尝过的瓜果、饭菜的滋味即使经过很长时间也能清晰地回忆起来。肤觉型的人善于在头脑中保持和重现事物的肤觉形象，抚摸过的大理石的冰冷光滑、夏日沙土的粗糙温热等，都会在他们的大脑中留下深刻的印象。混合型的人善于通过各种感官感知事物，在大脑中留下对客观事物的形象。从表象类型看，大多数人属于混合型。一般来讲，人的表象中有70%－80%是依靠视觉建立起来的，15%左右是听觉性的，其余则依赖于其他感官。

在记忆类型上，不同的人之间有直观形象记忆型、抽象逻辑记忆型和中间记忆型之别。直观形象记忆型的人善于通过对客观事物的视觉的、听觉的、嗅觉的、味觉的、肤觉的、运动觉的具体形象进行记忆，对事物的形状、声音、气味、味道、颜色以及操作性技能记忆深刻。抽象逻辑记忆型的人善于对用语词所表达的逻辑思维结果进行记忆，对揭示事物本质属性的概念、定理、公式、规律、数字等记忆深刻。中间记忆型的人兼有上述两种类型的特点，既通过事物的具体形象记忆，也通过逻辑思维结果记忆。另外，在记忆速度上也存在类型差别，有的人记得快忘得慢，有的人记得慢忘得也慢，有的人记得快忘得也快，也有的人记得慢却忘得快。

在思维方面，人们探索答案的思维方向不同，有聚合思维型和发散思维型之分。聚合思维型的人善于把问题所提供的各种信息聚合起来，寻求一个正确的答案或一个最佳的解决方案。发散思维型的人则善于从一个目标出发，沿着各种不同途径去思考问题，寻求多种答案或多种解决方案。另外，在思维时，人们思维的主动性和创造性也不一样，有常规思维型和创造性思维型之别。常规思维型的人善于用惯常的方法、固定的模式来解决问题，思维的主动性和创造性较差，解决经常出现的类似问题时得心应手，解决新问题时则办法不多。创造性思维的人则创新意识强，敢于打破常规，善于解决那些没有现成方法和答案的新的疑难问题。

在想象方面的个别差异主要表现在想象力的强度上。想象力强的人，想象表象鲜明生动，他似乎能听到、看到或摸到当前并不存在的事物，而想象力弱的人，他的想象表象则比较模糊。另外，人们在想象的广阔性、丰富性以及想象内容的创造性等方面，也都存在着个别差异。

上述这些一般能力类型的差异，在同一个人身上总是互相联系着、统一地表现出来。例如，直观形象记忆型的人，想象表象也往往生动鲜明。

能力的类型差异不但表现在一般能力上，也表现在特殊能力上。特殊能力是指人在某种特殊活动领域中所表现出来的能力，如音乐、绘画、运动、数学等方面的能力。一般能力与特殊能力彼此有机地联系着，一般能力是特殊能力发展的条件和基础，特殊能力的发展又能促进一般能力的发展与提高。但测验表明，一般能力与某些特殊能力特别是音乐、绘画、运动、数学等特殊能力的相关程度并不高，也就是说它们的发展遵循着不同的规律。特殊能力有发展水平、表现早晚的差异，也有类型差异。例如，音乐能力由旋律感、听觉表象和音乐节奏感三种主要能力构成，同样是音乐能力强的人，有的可能有强烈的旋律感和很好的听觉表象，但音乐节奏感较弱；有的则可能有很好的听觉表象和强烈的音乐节奏感，但旋律感较差；还有的则可能有强烈的旋律感和音乐节奏感，但听觉表象较差。又如，在运动能力方面，击剑运动能力由观察力、反应速度、攻击力量、意志力等多种因素组成。同样是击剑高手，有的可能长于观察力和攻击力量，而反应速度并不突出；有的则可能反应速度快，但缺乏必胜的信心；有的则可能攻击力量强，但观察力较弱。

能力的类型差异对人的发展有着一定的影响。首先，在学习方法上，每个人都应该根据自己的能力类型特点确定自己的学习方法，盲目照搬别人的方法不一定有效，前面说到的张琳就是一个例证。其次，在成才的目标上，每个人也都应该根据自己能力类型特点确定自己的目标，做到扬长避短。例如，长于直观形象记忆的人适于当画家，但很难在哲学这门重视抽象逻辑思维的领域有大的发展；常规思维型的人适于做常规的工作，但不适合于当科学家、发明家。

十　老大、老二……与超级老大

——教育具有时代烙印

婷婷和姗姗是同卵双生姐妹，因为婷婷比姗姗早出生了20分钟，父母就让她当了姐姐，比她晚出生一会儿的姗姗自然就成了妹妹。因为是同卵双生姐妹，二人的外貌非常相似，外人很难把她们区别开来。她们在同一个家庭长大，在同一所幼儿园接受早期教育，从小学到中学、到大学，也都在同一所学校、同一个班级读书。虽然她们具有近乎相同的遗传素质，并且始终在相同的环境下成长，但她们的性格却有明显的差别。与妹妹相比，姐姐善谈吐，好交际，果断，勇敢，主动。在谈话和回答问题时，总是姐姐先说，妹妹只是做补充。是什么使她们俩在性格上产生了如此大的差异呢？你可能猜对了，是排行。自从婷婷和姗姗出生后，父母就一直要求婷婷照顾妹妹姗姗，对妹妹的行为负责，并做好的榜样，要首先完成大人交给的任务；而对姗姗的要求则不同，总是希望她向姐姐学习，听姐姐的话。于是就使姐姐较早地形成了独立、主动、善交际、处事果断等性格特点，而妹妹则形成了依赖性强、被动、缺乏主见等性格特点。

国内外一些学者对排行老大、排行居中、排行老小者以及独生子女的成长进行了研究，创立了排行学，分析了不同排行者的性格特点，指出了各自在成长过程中的性格障碍，并提出了针对性的改进建议，对我们不乏启发意义。

老大——完美主义者

在任何一本排行学著作中，排行老大的人都是人们大书特书的对象。因为排行老大的人在生活中备受人们的称赞，在事业上通常是富有成就的人。

对于家中的第一个孩子，父母总是寄予很多的希望，盼望他能成为家中兄弟姐妹的榜样和掌旗者，事业上达到父母所预期的高度。因此，父母一方面对老大关心备至，唯恐在哪些地方考虑不周，另一方面又对老大严格要求，鼓励他多干些事情，而且要干得漂亮。老大生活的环境也与弟弟妹妹不同，他生活在大人当中，生活中的偶像都是大人，特别是有成就的人，因此他在思想和行为上深受大人的影响，自然地形成了许多大人所特有的性格特点。

严肃认真是排行老大者的典型性格特征。老大是典型的完美主义者，做任何事情都小心翼翼、精打细算，尽量把事情干得尽善尽美。做事情之前，老大喜欢花费时间慎重考虑，一般不会迫于别人的压力而草率行事。

任劳任怨、遵守秩序是排行老大者的又一性格特征，由于老大从小就习惯于按照父母的要求照看弟弟妹妹或者干家务活，老大一般都养成了勤勤恳恳、任劳任怨的性格特点。同时老大一丝不苟地遵守各种规章制度，对人诚心诚意，关心他人，愿意为他人服务，人缘好，常常是人人喜欢的老好人。

排行老大的人还以富有集权思想、坚韧不拔、组织性强以及专心致志而著称。在兄弟姐妹中，老大是当然的领导者，他的知识和能力也足以使他能够统帅其他小不点儿。为了达到父母的要求，并为弟弟妹妹做出表率，老大对自己要求很高，做事有毅力，不达目的决不罢休，有一股不服输的精神。

父母对老大寄予厚望，老大也往往能使父母梦想成真。在学校里，老大的学习成绩大都鹤立鸡群，长大后常常能取得事业上的成就，而且还常常担任领导职务。据统计，在首批执行太空任务的 23 名宇航员中，老大占了 21 位；在美国罗德科学中心的学者和各大学的教授中，排行老大的独占鳌头，并且远远领先其他排行；在美国历史上的 40 多位总统中，排行老大的人竟占了 52%。① 老大几乎成了成功的代名词。

老大是典型的完美主义者，但他自身并非完美无瑕，其缺点和优点一样明显。例如，做事谨慎保守，开拓性较差；严肃认真有余，幽默感不足；意志坚强，但有时候则固执己见，不善于倾听别人的意见；在事业上追求很高，但不善于安排自己的生活；生活中是老好人，往往碍于情面而干一些违心的事情。这些缺点阻碍了老大取得更大的成就，使老大的生活中有很多美中不足之处。

因此，专家给老大开出的妙方是：对生活不要贪得无厌，给自己留出机动时间；学会对人说“不”，做自己的主人；精益求精没错，过于追求完美等于慢性自杀；勇往直前，开拓进取；尽量培养幽默感，使自己和别人生活在轻松的氛围中。

排行居中者——折衷主义者

排行居中者是指介于排行老大与排行老小之间的人，在三个孩子的家庭中他就是老二；在四个孩子的家庭中他可能是老二，也可能是老三；在五个孩子的家庭中他可能是老二、老三或老四。排行居中者常给人以生不逢时的感觉。与老大相比，他由于出生太晚而无法享受排行老大者所得到的特殊待遇；与老小相比，他又显然由于出生太早而无法享受排行老小者所拥有的自由。我们经常看到这样一种情景：当排行居中的小孩企图寻求与老大同样的特权时，父母就会说“你还太小”；当他想让父母给他也买一个像老小一样的玩具时，父母就会说“你已经不小了”。“头生子稀罕，老生子娇惯”，这使排行居中者在家庭中往往处于一种十分尴尬的境地——“好像是多余的”。

折衷主义是排行居中者的典型特征。夹在老大和老小中间，居中者在生活中常常受到不公平的待遇，他的许多要求得不到满足，于是在成长过程中

---

① 张妮. 家里排行影响性格［J］. 妇幼健康，2004（6）：63 – 64.

学会了让步、协调和沟通，学会了在纷纭繁杂的世界上权衡利弊，与别人建立和谐的人际关系。这是排行居中者性格当中的一个很突出的优点。

朋友遍天下是排行居中者的一个重要性。由于在家中处于微不足道的地位，排行居中者喜爱走出家庭，去寻求人们的认可。他热心参加运动队、文艺队、俱乐部，喜欢和同龄伙伴在一起，并认为那里才是自己的家。善交朋友，喜欢过浪迹天涯的生活，是排行居中者的特点。与此形成鲜明对比的是，老大的生活总是以家庭为中心，不善交际，朋友屈指可数。

排行居中者在所有的排行中最富隐秘性。由于在家庭中左右为难，受到的挫折太多，排行居中者在与人相处时往往不愿吐露自己的真心话，将自己的观点隐蔽起来，根据情况见风使舵。

与老大思想保守，遵守纪律，对家庭的依赖性强的特点相反，排行居中者大都思想开放，敢于向世俗和常规宣战，对各种条条框框深恶痛绝，喜欢干自己喜爱的事，独立生活能力较强。

与老大和老小相比，排行居中者的优点和缺点都不是特别明显，从职业上看，与人打交道的能力使他善于在社会公共事业领域独领风骚。

专家给排行居中者的建议是：充分利用自己的社交技巧，在朋友中提高自己；多与别人交流思想和看法；保持自己的独特个性，新思想和独立意识强是取得事业成功的有利条件；走出老大的阴影，坚信自己照样能在学业和事业上取得成功。

老小——爱出风头者

老小在家庭中的地位是特殊的，当他到了懂事的年龄时，老小就会发现，无论是在知识经验还是在生活能力方面，全都是最差的一个，没有什么可以跟哥哥姐姐们抗衡的。怎样让别人重视自己呢？于是，出风头成了他的唯一选择。在家里，他会在睡觉时学狗叫，让哥哥姐姐们别想那么容易就入睡；在吃饭时，他会把吃完饭的碗扣在头上当锣敲；在照相时，他一定要做个鬼脸或者姿势，以示与众不同。在学校里，他可能在黑板上给教师画漫画，在上课的时间放纸飞机，在回答问题时做个鬼脸。他这样做并不是为了报复老师，存心把老师气得发疯，而是仅仅想博得同学们的喝彩和注意，出出风头而已。老小喜欢在人多的场合抛头露面，这正是他大显身手的绝好时机，他走到哪里，哪里就会有笑声和欢乐，他使人们的生活变得斑斓多彩。

老小大多娇生惯养，以自我为中心，爱操纵别人，不善于倾听别人的意见。他在生活中深受父母和哥哥姐姐的宠爱，受约束最少，因而不喜欢各种规矩，反叛性较强。老小喜欢哗众取宠，沽名钓誉，喜欢别人的赞扬和鼓励。有时候轻轻拍拍他肩膀，或者简短地说一句："就这么干，看你的啦。"就足以让他热血沸腾。

与老大总感到自己在家庭中的责任重大相反，老小总是把自己看作小孩子，喜欢干事时就干，不喜欢干事时就把责任推给哥哥姐姐。也难怪，每当出现困难或障碍时，总会有人出现，给他铺平道路。

老小是社交明星，一般都喜欢从事那些交际面甚广的职业，如心理咨询人员、教师、推销员、管理人员，而且往往干得很出色。

专家给排行老小者的建议是：要勇于承担责任；要学会助人为乐，与人同甘共苦；与别人相处时多问问别人的感受和想法；没有规矩成不了方圆，遵守纪律是一种优秀的品质；根据你善于交际的特点选择与人打交道机会多的工作。

独生子女——超级老大

独生子女在许多方面具备老大的性格特征，而且表现得比老大典型、极端，因而称为超级老大。

在我国，由于长时间实行计划生育政策，独生子女的比例较高，城市中的青少年基本上都是独生子女，因此，我国的独生子女已不像西方那样是特殊现象，而是普遍事实，这便使我国的独生子女在身心发展特点上不完全同西方一样。

根据我国的一些调查材料，独生子女身高、体重的达标率高于非独生子女。生理方面的优势缘于两个方面，一是从遗传学的角度看，独生子女家长的健康状况和生活水准较高，使独生子女具备了良好的先天素质；二是他们出生后得到父母专一的照顾和精心的抚养，使独生子女有了比较优越的生长环境。

独生子女的心理特点比生理特点更突出，其中有些特点是积极的，有些特点是消极的。独生子女积极的心理特点有：

第一，智力发展水平较高。我国的有关研究人员曾对两所小学的412名独生子女学生的身心发展做了全面调查，并与非独生子女学生进行了对照分析，结果发现独生子女的平均智商比非独生子女平均高 21.7 分；非独生子女的留级比例比独生子女高 3.2 倍。其原因主要有二：一是家庭经济条件较好。由于只有一个孩子，家长有更多的金钱、时间和精力来保证孩子的成长，这能为学生的智力开发提供物质前提。二是家长更注重孩子的智力开发。家长经济充裕，可以为孩子进行更多的教育投资，为孩子接受教育创造更好的文化环境；家长时间和精力充裕，有更多的机会和心情陪伴孩子，对孩子进行更多的智力开发活动。

第二，进取心较强。独生子女家长的"望子成龙"的心理很强，对孩子要求高，早期教育开展得好，从而使独生子女具有较强的进取心。具体体现为好胜心、自信心、自豪感和优越感较强。这些因素如果引导得当，将成为他们今后发展的基础。

第三，求知欲强，兴趣广泛。独生子女的家长一般能为孩子提供较好的早期教育条件，使他们的求知欲得到了激发和强化，兴趣、爱好广泛，想象力丰富，创造力强。

第四，思想活跃。独生子女家长往往比较尊重孩子的意见，满足孩子的合理要求，给他们的思维设置的框框较少，使孩子形成了思想活跃、敢想敢说、做事果断的特点。

独生子女心理特点的积极因素是很突出的，为日后的发展奠定了良好的基础。但是，他们的缺点即心理特点的消极因素也比较明显，主要表现为：

第一，自我中心。由于独生子女在家里无兄弟姐妹，缺乏获得社会性发展所不可缺少的"儿童集体"和"儿童伙伴"，没有相互体贴、相互照顾、相互帮助、相互尊重、相互协作、共同努力和共同享受的经历，加之现在的许多父母乃至祖父母都过分疼爱孩子、迁就孩子，使独生子女的自我中心比较突出，主要表现为自私、任性、不合群、集体观念淡薄等。

第二，依赖性强。由于只有一个孩子，许多家长生怕孩子受到委屈，在生活、学习各方面尽力为孩子撑起保护伞。在家里为孩子洗脚者有之，到学校里替学生打扫卫生者有之，孩子到农村去父母追逐前往者有之。这就造成许多独生子女的生活自理能力较差，心理依赖程度高。

第三，心理承受能力差。由于是独一无二的客观存在，独生子女成了家庭中的"太阳"，容易受到家长特别是爷爷奶奶、姥爷姥姥的溺爱，提出的要求得到满足的多遭到拒绝的少；听到的表扬、恭维话多，受到的批评、指责少；遇事家长代劳的多，自我磨炼少。于是就造成心理承受能力差。有了缺点、错误，不让别人批评，如果受到点批评就委屈得不得了。

第四，娇气十足。由于"独生"，有些家长视其为掌上明珠，过分地溺爱和娇生惯养，使独生子女变得娇气十足，表现为嫌脏怕累，挑吃挑穿，不爱劳动，不愿负责。

因此，专家给独生子女的建议是：多关心别人，与同龄人融为一体；加强意志锻炼，增强克服困难的能力；提高生活自理能力，勇于对自己的生活负责。

独生子女的先天素质和后天的成长条件都很优越，只要他能发扬优点，改正不足，就一定能在学业和工作上超过老大，无愧于超级老大的称号。

十一　他的智商 325

——超常儿童及其教育

超常儿童是指智力发展超过平常人或具有某方面特殊才能的儿童。超常儿童的智商在 140 以上，约占人口的 1%。这类儿童在我们古代被称为神童，在国外被称为天才。超常儿童与遗传有关，但也需要鉴别，特别是需要后天的培养。

迈克尔·卡尼在《吉尼斯世界纪录大全》保持两项纪录：6 岁进大学，成为世界上年龄最小的大学生；10 岁大学毕业，成为世界上年龄最小的大学毕业生。

1984 年，迈克尔·卡尼出生于美国加利福尼亚州圣迭戈市，父母均为大学教授。迈克尔 4 个月大就会说话，会问"晚餐吃什么？"之类的问题。8 个月大时就能模仿电视节目中的滑稽表演。父母见后自然是喜上眉梢，便对迈克尔悉心教育。为了开发迈克尔，其母亲卡西迪辞去了圣迭戈大学的教职，在家辅导迈克尔学习。到 6 岁时，迈克尔便学完了小学到高中的全部课程，进入阿拉巴马大学。因为数学和自然科学对迈克尔来说太简单了，他母亲让他读人类学。当迈克尔申请入大学时，当时学校的校长不大情愿让一个 6 岁孩子在校园里跑来跑去，但经过一番考查之后，发现迈克尔完全具备了上大学的条件，校长改变了看法，欣然接受了他的申请，迈克尔便成为世界上年龄最小的大学生。4 年之后，迈克尔以优异的成绩大学毕业，获得人类学学士学位，成为世界上年龄最小的大学毕业生。

自古英雄出少年。神童古今中外都有。如中国古代秦国的甘罗，东汉的曹植，南北朝的荀灌娘，唐朝的王勃、李白、杜甫、韩愈、白居易，宋朝的黄庭坚、苏轼，元朝的王恂、齐履谦，明朝的夏完淳等等，年幼时都是远近闻名的神童。在外国，如高斯、伽利略、但丁、康德、帕斯卡、麦克斯韦、莫扎特、巴斯葛、孔德、席勒、贝多芬、普希金等等，年幼时就已被人称为天才。

在当代，神童和天才的故事让人目不暇接。除迈克尔·卡尼外，还有许多例子，如当代数学家德林，14 岁便能熟练地阅读布尔巴基的《数学原理》，而这部艰深的数学名著的许多章节竟连一些研究生也很难读懂。日本的三轮光范，1 岁 8 个月就能读书、写字，两岁开始写日记，6 岁上小学并能随电台播音自学汉语，11 岁时用了不到 3 个月的时间就译完了《詹天佑传》。中国科技大学少年班第 9 期学员陈磊，6 岁开始识字，3 个月即识汉字 3000 个，4 个月就基本上学完小学课程，用两年零两个月的时间基本上学完并掌握了初中数理化课程，并通过大量阅读课外书籍使语文水平迅速提高。他又用 6 个月时间学完了小学、初中英语 12 册，平均每月两册。9 岁考入重点高中，11 岁被中国科技大学少年班录取。

在教育学上，一般把这些神童或天才称为超常儿童。我们知道，人的智力水平是有差异的，大多数人的智商水平在 90 - 110，是处于一般水平，有一小部分人的智商在 110 - 130 和 90 - 70，处于比较聪明和比较愚笨的水平。另外，还有很小部分人的智商水平在 130 以上，这部分人即超常儿童，在西方称为天才儿童。同时，也有很小一部分人智商低于 70，属于低常儿童或弱智儿童。根据国内外心理学家和教育家的研究，超常儿童大约占同龄儿童的 1%。

超常儿童的特征

自 19 世纪末开始，一些心理学家、生理学家、人类学家和教育家就开始从不同角度对超常儿童进行研究，发现他们在智力活动特点和个性方面均有不同于一般儿童的特征。

超常儿童有较强的观察能力,观察目的明确,善于抓住观察对象的主要特点,并能从不同角度进行观察。例如,3 岁半的赵安,当教师让他辨认环 - 坏、必 - 心、肉 - 内、篮 - 蓝;已 - 己、盒 - 盆等 28 对形近字时,在几分钟之内就能区分出这些字形与义的差别。

超常儿童记忆力好,不但记忆敏捷,而且准确。如超常儿童陈新午,六岁半时,叫他记一列 15 位数字:817263543627189,他在 1 分钟内就能记住,后来多次检查,回答仍准确无误,隔一年后这 17 位数仍能正确地背出来。再如科技大学少年班第 5 期学生杨仲侠,在元旦联欢会上因猜错谜语而受罚,他给大家背 π = 3.141592653589793……一口气背到小数点后面 140 多位,竟毫无差错。

注意力高度集中,做事不分心,是超常儿童智力活动的又一特征。如不足 13 岁就考入科大少年班的周曙东,有一次他母亲叫他到食堂买点咸菜,他一边走一边考虑数学题,结果端了一碗粥回来。

思维的创造性强,想象力丰富,是超常儿童智力活动的又一重要特征。例如,10 岁的超常儿童张山,老师让他比较 1/15、2/17、3/19 哪个大,他看了 2 秒钟后答道:2/17 最大,其次是 3/19,1/15 最小。老师问他怎么得出来的,他说先把分子化为公分子,然后看分母,分母最小的就是分数最大的。关于比分数的大小,课本上讲的方法是先通分将分母化为公分母,然后看分子的大小,分子大的分数就大,而张山则没有按常规去处理问题,不是找公分母,而是找公分子,灵活地解决了按常规较难解决的问题。

超常儿童不但在智力活动特点上与众不同,而且在个性特点上也不同于一般的儿童。首先是兴趣广泛,有强烈的好奇心和求知欲,许多问题都想打破砂锅——问到底。有人对科技大学少年班的学生进行过调查,发现他们当中有 95% 的人从小什么书都看,即使到了大学以后仍然保持这种习惯,天文、地理、音乐、绘画、文学、法学、医学、外语、数学、物理等方面的知识,什么都涉猎。

毅力强是超常儿童个性的一个显著特点。超常儿童智力发展水平高,学习成绩一般都较优秀,但是他们的发展也不是一帆风顺的。在学习过程中,他们也会遇到困难、挫折甚至失败,但他们在困难和挫折面前不低头、不灰心、不气馁,而是分析失败的原因,总结经验教训,朝着既定的目标继续努力。

　　自信心和好胜心强是超常儿童个性方面的显著特征。我国超常儿童研究协作组对小学和中学超常班的研究表明，超常学生特别小学高年级和中学的超常学生，其自信心和好胜心显著超过同龄的学生。科技大学少年班的曹一斌，从小就好胜好强，什么都要争第一，上小学时成绩单上是清一色的100分。从小学三年级跳到初一时，成绩还是第一。进科大少年班后，班里举行摸底考试，他数学成绩排在第十几名，英语排在第二十几名。在高手如林的少年班，他还是不服输，经过艰苦的努力，到大学三年级时，取得了少年班数学和英语成绩第一的桂冠。

超常儿童的鉴别和发现

　　历史上有个"东坡慧眼识璠玙"的故事：有一次，苏东坡去江苏绍兴，途中看见一个小孩正在用功学习，便停下来寻问孩子在学什么功课。孩子答："正为对课，望大人赐教！"东坡说："既为对课，我出一联，你敢不敢对？"孩子说："对不出再请大人开导。"东坡便说出上句"衡门稚子璠玙器"，意思是说出身贫寒的子弟可以成为稀世之才。小孩听了后知道这是苏东坡在鼓励他，便更加谦恭地说："尚请大人当面赐教。"于是对出下句"翰苑仙人锦绣肠"，既对苏轼表示出敬意，又抒发了自己的雄心壮志。苏轼听了欣喜地摸着他的头，赞扬说："真璠玙也。"这个小孩叫孙觌，后来在苏东坡的培养下中了进士，历任翰林学士，官至吏户二部尚书。

　　在古代，超常儿童的发现大都是偶然的。现在则不同，科学家们已经创立了一系列方法来鉴定和发现超常儿童，常用的方法有智力测验、个性品质测验、创造力测验，学业成绩测验等。

　　以创造力测验为例，现在有多种测验方法，其中影响最大的是美国心理学家多兰斯提出的测验方法，他从以下17条来测试儿童的创造性：

　　1. 常常专心致志地倾听别人的讲话；
　　2. 说话或写作文时常常使用类比和推断；
　　3. 能较好地掌握阅读、书写和描绘事物的技能；
　　4. 喜欢对权威性的观点提出疑问；
　　5. 爱寻根究底，弄清事物的来龙去脉；
　　6. 爱好细致地观看东西；
　　7. 非常希望把自己的发现告诉别人；

8. 即使在干扰严重的嘈杂环境里，仍埋头于自己的研究，不大注意时间；

9. 常常能从乍看起来互不相干的事物中找到相互间的联系；

10. 即使走在街上或回到家里，仍然喜欢反复思索课堂上学到的东西；

11. 有较强的好奇心；

12. 常常自觉不自觉地运用实验手段进行研究；

13. 喜欢对事物的结果进行预测；

14. 很少有心不在焉的时候；

15. 常常将已知的事物和学到的理论重新进行概括总结；

16. 喜欢自己决定学习和研究课题；

17. 喜欢寻找所有的可能性，常常提出："还有别的办法吗？"①

超常儿童的教育

在古代，人们就十分重视超常儿童的教育。例如，唐朝科举考试设童子科，要求应考者年龄在 10 岁以下，"通一经及《诗经》、《论语》，卷诵文十道，予官；通七，予出身"。② 但如果发现有超年龄，并且才学平庸者，不但退回，而且要追究地方官员的责任。到宋朝时，常有数十人念"童子科"。

在现代，人们对超常儿童的教育更加重视。特别是在第二次世界大战以后，世界各国都把超常儿童的教育列为教育改革的重要措施之一，以加速高水平人才的培养。常见的方法有：

1. 设置特殊学校。如美国设立所谓的磁石学校，为超常儿童制订专门的教育计划。俄罗斯一些著名大学都附设天才学校。

2. 设置超常班。即在普通学校内部设置超常班，对超常儿童进行专门的教育。这种形式最多。如我国大学的少年班，中学的超常少儿班等。

3. 分组教学。在普通班或年级中，对不同学习水平的学生进行分组授课，在教学内容、教学程序和教学方法上提出不同的要求。

4. 学科跳级。对一些在本班学习某学科有余力的学生，允许到高年级学习该科目。如果无级可跳也可"免修"。"免修"时间内，在教师指导下自学

---

① 马长春，刘忠. 如何发现孩子的创造性［J］. 八小时以外，2002（9）.

② 张景臣. 唐代科举铨选考试的资格审查［J］. 河南大学学报（哲学社会科学版），2011，51（4）：82－85.

那些适应他们发展水平的知识。

5. 开设选修课。许多国家都对那些学有余力的学生开设加深型的选修课，以使他们深化所学知识，提前接触高深的知识。

6. 开展课外学科小组活动。根据学生的特点，组织各种形式的课外学科小组，确定研究和学习的课题，培养学生的科学兴趣和分析问题、解决问题的能力。

十二　伊塔德与野男孩维克多

——弱智儿童及其教育

弱智儿童，也叫低常儿童，是指智力发展低于常人并伴有社会适应能力差的儿童。这类儿童的智商一般低于70，约占人口的1%。造成儿童弱智的原因有病理性的，如受精卵中染色体畸变、有母亲妊娠期由于病患与治疗给胎儿发育带来不利，也有生产过程中的意外；也有后天营养、环境和教育等方面的问题。弱智儿童也需要适宜的教育。

1799年，三个猎人在法国南部的阿维龙森林打猎时，捉到一个野男孩。野男孩有十一二岁，行为酷似野兽，赤身裸体，神情呆滞，不会说话，对任何事情都不感兴趣，靠嗅觉来选择食物。野男孩引起人们的广泛兴趣和好奇，但又没有人能够解释他为什么会是这种样子。于是猎人把野男孩送到巴黎聋哑学校，交给该校的医学顾问伊塔德。伊塔德给野男孩起了一个动听的名字——维克多，他认为维克多的野蛮状态是由于生活环境造成的，只要加以必要的教育，授以所缺少的智慧，就可以使他成为正常的人。

从1799年开始，伊塔德为维克多制订了一个为期一年的训练计划，提出了五个主要目标：第一，利用社会交往的方式改变维克多在森林中的生活方式；第二，刺激维克多的感觉以唤醒他的人性本能；第三，通过社会环境的交替和社会性接触，扩大维克多的观念范围；第四，以模仿的方式训练维克多说话；第五，打通其脑功能的通道，配合生理上的需要进行教育。伊塔德用了9个月的时间，使维克多养成了正常的睡眠、饮食和个人卫生习惯，对其管理员产生依恋和信赖的情感，触觉、味觉、嗅觉都有了较大的发展，虽然还不能说话，却能念几个单音节词。在此后的 4 年多的时间里，伊塔德使维克多学会凭视觉辨认不同的单词及颜色，把物体与其名称联系起来，按照写在黑板上的动词完成动作。但是，维克多的野性并没有消除，在进入青春期后，他变得日益狂暴，拒绝与伊塔德的训练合作。伊塔德非常失望，不得不结束自己的试验，把维克多交给女管理员。维克多于 1829 年 40 岁时死去。

维克多是由于在智力发展的关键期缺乏人类社会正常的生活环境而导致智力发展水平低下的。在总人口中，大约有 1% 的智力超常者，但也有大约 1% 的智力低常者，而且一般说来，智力低常的人口稍多于智力超常者。2006 年 4 月，国务院曾组织第二次全国范围的残疾人抽样调查，结果表明全国有七类残疾人（视力残疾、听力残疾、言语残疾、智力残疾、肢体残疾、精神残疾、多重残疾），总数为 8296 万人，其中智力残疾者约 554 万人，占残疾人总数的 6.68%。[①]

智力低常，也称智力落后、弱智、智力残疾、智力低下、低能，大概自从有了人类就已经出现了，但在 19 世纪以前没有对智力低常的科学研究。据历史文献记载，有的地方，人们把智力低常者视为最接近上帝的人，智力低常者受到特别的崇敬。在另一些地方，人们认为智力低常是由于恶魔附身造成的，因而可以用祈祷、念咒、鞭打、火烧、弃之于荒野而将鬼魔饿走等方法来消灾免难，因而智力低常者常常受到各种不人道的待遇。

造成智力低常的原因是多种多样的。目前一般认为，智力低常的原因可以分为遗传性因素、疾病因素和环境因素几大类。在遗传性因素方面，主要有父母双方或一方属于智力低常，或有精神病，或有异常的染色体变异，或有代谢异常，或近亲结婚等。在疾病因素方面，主要有孕妇产前感染疾病、药物中毒、放射性伤害、药物避孕失败而未堕胎成功；胎儿在生产过程中早产、过期产、异常分娩、严重窒息缺氧、颅内出血、脐带缠颈等；婴幼儿时期的脑炎、脑膜炎、脑外伤、其他伴有高烧不退症状的疾病等，也会导致大脑损伤，造成智力低常。在环境因素方面主要有营养不良、早期经验剥夺和缺乏教育机会，等等。一个人智力低常，通常都不是由单独的原因造成的，

---

① 田宝，张扬，邱卓英. 两次全国残疾人抽样调查主要数据的比较与分析 [J]. 中国特殊教育，2007（8）：54-56.

而是多种原因综合作用所致。

　　智力低常者在生理和心理两个方面都会表现出与正常人不同的特征。但在生理方面除严重智力低常者外，特点并不是很明显，因此，智力低常主要表现在心理方面。

　　智力低常儿童比同龄的正常儿童心理发展迟缓，主要表现在三个方面，即发展的起点低，发展的速度慢，达到的水平低。低常儿童的许多心理特征出现的年龄比一般正常儿童要晚一些，如一般正常儿童在 1 岁语言能力就有较明显的发展，而低常儿童则要晚一些，有的都好几岁了仍不会说话。在低常儿童学校里，有一些八九岁的学生，连系鞋带都不会，甚至分不清红、黄、绿、蓝、黑等基本颜色，不会数数，不会说出自己父母的姓名和家庭地址。

　　低常儿童的注意力不稳定，常受到外来刺激的干扰。在老师上课时，他们很少能有意识地集中精力听讲，对教室外的汽车喇叭声或同学的嘻闹声很感兴趣。他们注意的分配能力差。例如，一个司机可以眼观前方，手握方向盘，脚踩油门，并能临时处理一些紧急情况；智力低常儿童根本无法达到这种"一心多用"的水平。

　　低常儿童的感觉和知觉发展水平较低。他们只能一个事物一个事物逐个地进行感知，而不能同时感知若干事物。正常儿童一眼就能看到的东西，低常儿童要用更多时间才能看清楚，注意到和看到的东西也比同龄正常儿童要少得多。即便这样，他们所理解的也不够全面、深刻，不能很好地看出物体之间的联系和关系，如不能归类。

　　在记忆方面，低常儿童识记慢、忘得快，而且记得不准确。有人做过研究，给低常儿童看手表，然后将手表拿开，要他们凭记忆画出手表的形状，结果大部分人在图画上根本没能画出手表的特征，少数画得像手表的，表上也没有字盘、时针和上发条的旋钮。低常儿童的记忆发展水平较低，他们能记住一些感兴趣的事情或印象鲜明的事物，但要他们记住不感兴趣的学习内容是比较难的。他们在记忆时往往死记硬背，很难理解事物内部的逻辑关系，因此很难做到理解记忆。

　　低常儿童语言发展也是滞后的。正常儿童 1 岁左右能讲出自己理解的词语，并能听懂10－20个词，一岁半以后语言能力迅速发展，到 3 岁时已经能使用各种基本类型的句子。低常儿童一般在两三岁时才会说一些单个的词，5－6 岁时才会说简短的内容贫乏、不合语法的句子。他们多发音不清，吐词不准，词汇贫乏，很少使用形容词、副词和连接词。

低常儿童的思维直观具体，缺乏概括性、目的性、灵活性、批判性和创造性。例如，在算术课上，他们会背"两个加数位置交换，答数不变"的规则，当他们做习题时，做完 7 + 5 = 12 后，做 5 + 7 = ? 仍要重新算一遍。

低常儿童的情感不稳定，体验不深刻，情感体验常和外界刺激不一致。例如，在某个低常儿童班组中，有的儿童得不到奖品就会哭起来，嚷着也要一份奖品，但他并没有为自己学习不好而产生羞耻、不好意思，而只是为得不到奖品而难过。有时候在老师讲课时，不好笑的内容会引起哄堂大笑，而真正十分引人发笑的材料，他们并不发笑。低常儿童的情感调节能力差，当他们的需要得不到满足时，就会不分场合地大吵大闹。

在意志品质上，低常儿童的最大特点是主动性不足。例如，做作业时，如果遇到一点点困难，就不做了，有时做不了几道题就不做了，往往需要在老师的督促鼓励下才能完成。低常儿童的自制力比较差，容易受激情冲动的支配，做事情不考虑后果。另外，低常儿童非常固执，不能接受别人的合理建议。例如，有个低常儿童的父母原先对他说星期天去公园玩，但因为天下雨，想改成看电影，等天气好了以后再去公园。但父母无论怎么向他解释，他都不愿意，非坚持要去公园不可。

低常儿童有着与正常儿童不同的特点，但仅靠观察来判断一个人是否智力低常未免有失准确。因此，一些心理学家和教育家用测验的方法来鉴定低常儿童。首先是用标准化的智力测验测定智商，如果所得智商低于 70，则可视为低常。其次要应用标准化的适应性行为评定量表，来判定其在社交技能、社会责任、日常生活料理、独立和自给能力等方面是否存在功能缺陷。如果智力和适应性行为都有问题，则可诊断为低常。值得注意的是，专家们对智力低常的年龄限制是 18 岁，如果 18 岁以前由于某种原因出现智力上的问题，则可诊断为智力低常；如果在 18 岁以后出现智力低下，则称为痴呆，如动脉粥样硬化性痴呆、阿尔采木氏病等。

应用智力测验和适应性行为评定量表，不但可以鉴定儿童是否智力低常，而且可以判定智力低常的程度。国际上一般将智力低常分为四个等级。一是轻度智力低常。智商在 50 - 70，适应行为低于一般水平。在教师的指导下能获得一定的阅读和计算能力，大约可接受 6 年级的教育，能比较恰当地与人交往。生活能自理，能承担一般的家务劳动或工作，但缺乏技巧和创造性。二是中度智力低常。智商在 35 - 50，适应行为不完全，生活能部分自理，能做简单的家务劳动，具有初步的卫生和安全常识。阅读和计算能力差，能学会一、二年级的知识和技能。对周围环境辨别能力较差，可以用简单的方式与人交往。三是重度智力低常。智商在 20 - 35，适应行为差，生活能力即使经过特殊训练也难以达到自理，仍需要他人照料。运动和语言能力差，能学会一些简单的知识和技能，但上学困难，很少或没有与人交往的能力。四是极重度智力低常。智商在 20 以下，适应行为极差，面容明显呆滞，生活完全不能自理，需他人照料。运动感觉功能极差，训练只在下肢、手及颌的运动方面有所反应。

以上四种不同程度的智力低常者，除了极重度智力低常者外，其余三种智力低常者都可以通过教育或训练提高其知识技能水平。世界各国都很重视低常儿童的教育（一般称特殊教育），试图通过教育让低常儿童与主流社会融洽在一起。

伊塔德对维克多的教育可以看作低常儿童教育的开端，后来，伊塔德的学生塞甘、意大利医生玛丽娅·蒙台梭利、法国学者比奈和西蒙等也先后从事低常儿童的教育和研究工作，但为低常儿童开展系统的教育还是第二次世界大战以后的事情。在正常儿童义务教育普及的条件下，许多发达国家先后通过教育立法，宣布保护包括低常儿童在内的残疾儿童的受教育权利，从而加快了低常儿童教育的发展。国外进行低常儿童教育的途径主要是建立智力低常学校或智力低常班，为智力低常者提供专门的学习场所、专门的设备、专门的教学计划和教科书、专门的经过训练的教师。对于轻度智力低常者，也可以安排他们进普通学校和普通班学习，但同时为低常儿童安排专门的辅导教师和辅导教室。

我国盲、聋儿童的特殊教育已经有了 100 多年的历史，而低常儿童教育的兴起则要晚得多。1979 年，上海市第二聋哑学校建立了智力落后儿童辅读班，这是我国第一个低常教育机构。1981 年，北京建立第一所智力低常教育学校——培智学校。此后，类似的机构在全国各地如雨后春笋，纷纷涌现。2010 年颁布的《国家中长期教育改革和发展规划纲要（2010 - 2020 年)》，要求各级政府要加快发展特殊教育，把特殊教育事业纳入当地经济社会发展规划，列入议事日程，到 2020 年，基本实现市（地）和 30 万人口以上、残疾儿童少年较多的县（市）都有一所特殊教育学校；各级各类学校要积极创造条件接收残疾人入学,不断扩大随班就读和普通学校特教班规模;全面提高残疾儿童少年义务教育普及水平,加快发展残疾人高中阶段教育,大力推进残疾人职业教育,重视发展残疾人高等教育;因地制宜发展残疾儿童学前教育。到 2015 年,全国共有特殊教育学校 2053 所,其中智力残疾学校 458 所;特殊教育学校中设智力残疾班 11529 个,小学附设智力残疾班 368 个,初中附设智力残疾班 23 个,其他学校附设智力残疾班 9 个。[①] 我国低常儿童的教育已经取得很大进展,但是仍任重而道远。

---

① 中华人民共和国教育部 . 2015 年教育统计数据 [EB/OL]. http://www.moe.gov.cn/ s78/A03/moe_ 560/jytjsj_ 2015/2015_ qg/201610/t20161012_ 284494. html. 2017 – 01 – 02.

第三部分

教育到底应该是个什么样子？

"教育"就其定义来说，有广义和狭义之分。广义的教育泛指增进人们的知识、技能和身体健康，影响人们的思想观念的所有活动。广义的教育包括家庭教育、社会教育和学校教育，这三者既有各自的内涵、特点和功能，又相互联系、相互渗透、相互制约。学校教育，是教育者根据一定的社会要求，有目的、有计划、有组织地对受教育者的身心施加影响，把他们培养成为一定社会或阶级所需要的人的活动。学校教育是社会发展到一定阶段的产物，社会越发展，学校教育就越发达，今天学校教育已经成为一个人终身教育的基础。家庭教育是父母或其他年长者在家里对儿童和青少年进行的教育，它是学校教育的基础，也是学校教育的延伸与补充。近30年的独生子女政策给中国的教育带来前所未有的挑战，中国的教育工作者和家长们在迎接挑战中努力创造适合中国新生一代的教育。另外，每一个儿童和青少年都生活在一定的社会当中，在其成长发展的过程中，除了受到家庭教育和学校教育的影响之外，还要受到社会教育的影响。但社会是一所未加"过滤器"的学校，社会影响既有积极的一面，也有消极的一面。好的教育应该是学校教育、家庭教育和社会教育相互配合、协调一致的教育，是焕发每个孩子独特生命光彩的教育。

十三　人才的摇篮
——家庭教育的价值与应有之意

"家庭是社会的基本细胞，是人生的第一所学校。"家庭教育是广义教育的有机组成部分，是学校教育与社会教育的基础。家庭教育具有奠基性，它是与人生相伴终身的影响因素；具有教化性，它重在对人的品格形成的影响；具有广泛性，它全方位地影响孩子、随时随地地影响孩子；具有渗透性，它渗透于生活的各个方面，具有不教而教、不学而学的属性；具有示范性，长辈或相关长者的行为具有示范作用，发挥无声胜有声的影响。因此，习总书记在 2015 年春节团拜会上的讲话中指出："不论时代发生多大变化，不论生活格局发生多大变化，我们都要重视家庭建设，注重家庭、注重家教、注重家风，紧密结合培育和弘扬社会主义核心价值观，发扬光大中华民族传统家庭美德，促进家庭和睦，促进亲人相亲相爱，促进下一代健康成长，促进老年人老有所养，使千千万万个家庭成为国家发展、民族进步、社会和谐的重要基点。"①

歌德如是说

歌德是德国著名诗人、剧作家和思想家，其代表作诗剧《浮士德》和书信体小说《少年维特之烦恼》，在世界文坛享有盛誉。歌德在回顾自己的成长道路时说：如果说取得了一点成就的话，那么这点成就主要应归功于我所受的良好的家庭教育。歌德的话一点都不夸张，他从小就接受了有计划、多方面的家庭教育。歌德的母亲是一位受过良好教育的知识女性，她每天都给歌德讲故事听。与众不同的是，她不是每次都讲一个完整的故事，而是像我国著名艺术家刘兰芳说评书一样，每天讲到关键时候就"且听下回分解"，后面故事情节让歌德自己去想象。到第二天，母亲也不是先自己讲，而是让歌德凭想象给故事续写一个最可能出现的结局，然后她再继续讲。每当歌德猜中或者给出合情合理的情节时，母亲就予以鼓励和表扬。这种讲故事的方式激发了歌德的想象力和思维的灵活性、创造性，对他后来的文学创作产生了不可低估的影响。歌德的父亲是军人出身，曾到过许多地方。他经常给歌德讲自己游历过的地方的风土人情和逸闻趣事，带歌德到大自然中去欣赏美丽的风光，到历史古迹中去了解文明的演进和人类的创造力，使歌德对自然、地理、历史产生了浓厚的兴趣。和从小就听妈妈讲故事有关，歌德从小喜欢演戏。于是，在他 4 岁半的时候，祖母送给他一座木偶戏院，小歌德爱不释手，

---

① 习近平. 在 2015 年春节团拜会上的讲话 [EB/OL]. http：//news. xinhuanet. com/2015 –
02/17/c_ 1114401712. htm. 2015 – 02 – 17.

经常自己排戏，在他的小型戏台上演出。在 10 岁时，他就开始自己写剧本。为了使歌德全面发展，歌德的父母有计划地教他学习历史、地理、德语、数学、修辞学、美术、音乐、舞蹈、骑马、击剑以及法语、意大利语等。小小的歌德不但掌握了丰富的知识，而且爱好体育活动，弹得一手好钢琴，成为远近闻名的神童。

　　幼儿时期是人的智力发展的关键期，也是身体、道德行为发展和培养的关键期，对人一生的影响非常大。幼儿时期，人的活动场所主要是家庭，父母、兄弟、姐妹都会自觉或不自觉地对其产生积极的或消极的影响。这些影响会在人的头脑中形成一种模式，使人根据已有的模式对待后来的学校教育和社会教育。可以说，家庭教育是奠基性教育，是一切教育的基础，学校教育只是在家庭教育起点上进一步延续和深化，而广泛的社会教育也是在此基础上的扩大和补充。而且，家庭教育也不仅仅局限于幼儿时期，它是贯穿于整个青少年时期及儿童时期的教育，它的影响是终身性的。歌德从小受到良好的家庭教育，有着广泛的学习兴趣和强烈的求知欲，这一切为日后接受学校教育，进行文学创作和科学探索奠定了坚实的基础。他 16 岁便考入名牌大学，后来不仅在文学上贡献巨大，而且在自然科学上也取得了不小的成就。没有良好的家庭教育，也许就没有歌德后来的成就。家庭教育在人的发展中的作用可见一斑。

"神童"沉浮的警示

　　《中国青年报》1994 年 5 月 11 日刊登了一篇题目为《"神童"沉浮的警示》的文章，讲述了河南省新乡一中少儿实验班两位学生的不同成长经历。傅华是少儿班最小的学生之一，上实验班之前才 9 岁。她的智商是 128，在班里并不是最高的，而且父母都是普通工人，文化水平不高，根本不能对她进行辅导。但她的父母对傅华从不娇生惯养，从小就让她干家务活、做饭、洗衣服，家庭气氛民主，经常就一些问题开展家庭讨论。傅华自控能力非常强，生活非常有规律。她兴趣广泛，爱读小说，爱听音乐，爱打乒乓球和羽毛球，爱看《足球》杂志，她轻松地以 4 年的时间学完了 8 年的课程，并考上了大学。另一位学生是少儿实验班的第一任班长，入学前为市重点小学的少先队中队长。他家庭条件优越，望子成龙的祖母退休后专门伺候他。他都 15 岁了，身高长到了 1.73 米，还跟祖母睡一张床上。早上没下床，祖母就给端来了爱吃的东西；天刚一刮风，祖母就把衣服给送来了。他从小聪明，学习成绩好，处处受到教师的青睐，家长的赞扬更是不在话下，结果虚荣心很强，只能听好听的，只能比别人强。到少儿班之后，他的智商并不低，但在少儿班的"神童"堆里，就不像以前那样显眼了。他变得越来越急躁，越来越没信心，成绩也从前 10 名沦为下等生，班长职务也被免了，到最后只得转学走了。少儿实验班两位学生的不同结局给我们的启示是什么呢？傅华的成才得益于良好的家庭教育方式，而另一位学生的沉沦则是不良家庭教育方式的结果。

望子成龙，是每一位家长的心愿，他们都希望自己的孩子能够出人头地，将来有出息。但由于文化水平、教育观念、性格特点、道德修养上的不同，他们的教育方式也是多种多样的。有的家长对孩子比较放纵，有的要求比较严格，有的则怕这怕那不敢管。

究竟什么样的教育方式才算正确的呢？我们不防先看看有关专家的研究情况。我国的一些教育和心理工作者，将父母的教育方式分为专制型、放任型、溺爱型和民主型等 4 种类型，并分析了各种教育方式对孩子性格和学习的影响。

采取专制型教育方式的父母，完全漠视孩子的兴趣和意见，认为孩子的一切问题都应由他们处理。他们企图以高压手段获得威信，经常迫使孩子按他们的意志行事。在这种教育方式下，孩子容易形成依赖、情绪不安和自卑的性格，也可能形成执拗、逃避、怪癖和神经质的性格。专制型父母对孩子的学习干预过多，学习时间、地点、方式方法都须按他们的意见选择。他们对子女的期望和要求很高，但不知道怎样帮助孩子去实现这个目标。当孩子考试成绩不好或未达到他们的要求时，常受到他们的责骂和训斥。这种家庭的孩子，易对学习产生畏难情绪和抵触心理，甚至因害怕成绩不佳而自杀。

采取放任型教育方式的父母，对孩子的生活和学习一概不管不问，任其发展。放任型的父母多数文化水平较低，他们不知道怎样教育孩子，也不关心孩子的学习，只是忙于干自己的事。在这种教育态度下，孩子容易形成冷酷的、攻击的、情绪不安的或消极的、与世无争和玩世不恭的性格。他们没有明确的是非观念，对学习采取无所谓的态度，学习成绩的好坏也顺其自然。

采取溺爱型教育方式的父母，对子女百依百顺，甚至对不合理的要求和行为也不予以制止和纠正。他们在教育方面对子女要求不严，用溺爱代替教育。在这种教育态度下，孩子很容易形成任性、以自我为中心、不礼貌、撒娇放肆的性格，他们在学校里不刻苦学习，不能遵守学校纪律，成绩优秀者非常少。

采取民主型教育方式的父母，爱孩子，不任意干涉孩子的活动，对孩子严格要求，但不苛求，遇事与孩子商量，从不把自己的意见强加给孩子。这种民主的教育方式容易使孩子形成亲切温和、情绪稳定和深思熟虑的性格特征，或形成独立、直爽、积极、协作和社会性的性格特征。民主型的父母，对孩子的学习比较关心，也能合理地严格要求，并能帮助孩子寻求实现目标的途径。他们尊重孩子的兴趣和意见，经常和孩子就学习和生活中的一些问题交换意见。这种家庭出来的孩子，能够从家庭中获得学习的支持和力量，能够正确地对待学习，易取得好成绩，并成为受同学们欢迎和信任的人物。

从以上分析以及前面的两个现实生活中的例子来看，民主型的教育方式是科学、合理的。民主型的家长爱孩子而不溺爱放任，严格要求而不强人所难，他们遵循的是一条严格要求与尊重信任相结合的教育原则。

人才家族链之谜

在中外历史上，都存在着人才家族链现象，即在有血缘关系的两代人或两代以上连续表现出来同一才能的人才现象。

我国文学史上三国时期的"三曹"（曹操和他的儿子曹丕、曹植）、宋朝的"三苏"（苏洵和他的儿子苏轼、苏辙）都是著名的文学家。司马迁及其父亲司马谈都是著名的历史学家。从谭志道开始，历经谭鑫培、谭小培、谭富英、谭元寿、谭孝增，到谭正岩，谭家7代都是著名的京剧艺术家。安徽名医王乐匋祖上从清代嘉庆年间就开始从医，到他这一代已是十一代相传了。上海著名的眼科世家陆南山为陆氏眼科第四代传人，家中儿子、儿媳等共有7位眼科医师。体育界的穆成宽一家是著名的游泳世家，他的8个儿女和两个侄子都在游泳方面成绩显赫，特别是八子穆祥雄曾三次打破世界蛙泳纪录，而穆成宽的第三代中又有13人是游泳爱好者。

在国外，人才家族链现象也十分突出。德国巴赫家族为音乐世家，从16世纪到18世纪的300多年中，共出了60多位著名的音乐家，其中以18世纪的作曲家约翰·西泼斯坦·巴赫名声最大。在科技界，居里一家以三次获得诺贝尔奖金而大放异彩。居里夫人和她的丈夫皮埃尔·居里由于发现放射性元素而分享物理学奖金，接着她又因为发现镭和钋而获得诺贝尔化学奖。1935 年，他们的女儿艾琳·约里奥·居里及其丈夫弗雷·约里奥，由于综合了新的放射性元素而分享了诺贝尔化学奖。印度电影《流浪者》在 20 世纪 80 年代曾在我国影坛引起不小的轰动，其男主角拉兹的扮演者卡普尔，其父普里特维·卡普尔是印度著名电影艺术家；他的两个弟弟沙米·卡普尔和沙西·卡普尔都是著名电影演员；他的两个儿子伦地尔·卡普尔和里希·卡普尔，一个是电影导演，一个是刚登影坛不久的青年影星；他的一个侄子也是小有名气的电影演员。

　　从中外历史来看，人才家族链现象多发生在艺术、音乐、文学、体育、医学等领域中，在科学界、政治界和军事界虽然也不乏其例，但相对较少。人才家族链之所以能够得以延续，是和较好的遗传素质分不开的。根据国内外的有关研究，艺术、音乐、文学、体育、数学等才能都有很强的遗传性。美国遗传学家沈费尔德认为，音乐才能是一种特殊才能，是由遗传获得的，最优越的音乐环境也不能创造音乐天才，而且男女双方家族音乐天才越多，子女成为音乐神童的可能性就越大。良好的遗传素质为人才家族链的延续提供了可能性，但这种可能性能否变成现实，就取决后天的环境，特别是早期家族教育环境。在人才家族链中，后一代一出生就受到某种氛围的熏陶，容易对家族延续下来的技艺产生兴趣，家长也有意识地培养下一代对祖传或自己专门技艺的兴趣，并为他们的发展提供优越的条件和环境，这是人才家族链得以延续的最重要的因素。当然，人才的发展还要求社会为其提供施展才能的机会。政治家、军事家、科学家人才家族链之所以难以延续，主要是因为这些人才的发展对社会、时代的大环境依赖性强，家庭这个小环境的影响相对较小。

　　人才家族链现象告诉我们，早期家庭教育为下一代提供的教育条件和环境，往往决定他们的成才方向，为他们的成功提供更多的可能性。对下一代来讲，充分发掘家庭或家族中的条件，也是成才的一个有利因素。

十四　夏令营中的较量

——独生子女政策带来的教育红利与困境

从 1980 年开始实施到 2015 年年底结束的 30 多年独生子女政策，为中国带来了 1.5 亿的独生子女家庭。就教育而言，这一政策使独生子女特别是女童有了更多的受教育的机会，受教育程度普遍提高，享受到从未有过的富足的家庭资源特别是家庭教育资源；与此同时，也存在着成长和成才的风险。1986 年涵逸发表报告文学《中国的"小皇帝"》，1987 年上映了同名电影，而下面的这个故事，在 20 世纪 90 年代曾经在我国教育界引起很大的轰动。

1992 年 8 月，77 名日本孩子来到了内蒙古，与 30 名中国孩子一起举行了一个草原探险夏令营。

在英雄小姐妹龙梅、玉荣当年放牧的乌兰察布盟草原，中日两国孩子人人负重 20 公斤，匆匆前进着。他们的年龄在 11－16 岁。根据指挥部的要求，至少要步行 50 公里路，而若按日本人的计划，则应步行 100 公里！

说来也巧，就在中国孩子叫苦不迭之时，他们的背包带子纷纷断落。产品质量差给他们偷懒制造了极好的理由。他们争先恐后地将背包扔进马车里，揉揉勒得酸痛的双肩，轻松地又说又笑起来。可惜，有个漂亮女孩背的是军用迷彩包，带子结结实实，使她没有理由把包扔进马车。男孩子背自己的包没劲儿，替女孩背包不但精神焕发，还千方百计让她开心。他们打打闹闹，落在了日本孩子的后面。尽管有男孩子照顾，这位漂亮女孩刚走几里路就病倒了，蜷缩一团瑟瑟发抖，一见医生泪如滚珠，于是，她被送回大本营，重新躺在席梦思床上，品尝着内蒙古奶茶的清香。

日本孩子也是孩子，照样生病。矮小的男孩子黑木雄介肚子疼，脸色苍白，汗珠如豆。中国领队发现后，让他放下包他不放，让他坐车更是不肯。他说："我是来锻炼的，当了逃兵是耻辱，怎么回去向教师和家长交代？我能挺得住，我一定要走到底！"在医生的劝说下，他才在草地上仰面躺下，大口大口地喘息。只过了一会儿，他又爬起来继续前进了。

下午，风雨交加，草原变得更难走了，踩下去便是一脚泥水。

　　当晚7点,队伍抵达了目的地——大井梁。孩子们支起了十几顶帐篷,准备就地野炊和宿营。内蒙古的孩子生起了篝火。日本孩子将黄瓜、香肠、柿子椒混在一起炒,又熬了米粥,这就是晚餐了。日本孩子先礼貌地请大人们吃,紧接着自己也狼吞虎咽起来。倒霉的是中国孩子,他们以为会有人把饭送到自己面前,至少也该保证人人有份儿吧,可那只是童话。于是,有些饿着肚子的中国孩子向中国领队哭冤叫屈。饭没了,屈有何用?

　　第二天早饭后,为了锻炼寻路本领,探险队伍分成10个小组,从不同方向朝大本营狼宿海前进。在茫茫草原上,根本没有现成的路,他们只能凭着指南针和地图探索前进。如果哪一组孩子迷失了方向,他们将离大队人马越来越远,后果难以预料。

　　出发之前,日本宫崎市议员乡田实先生驱车赶来,看望了两国的孩子。这时,他的孙子已经发高烧一天多,许多人以为他会将孙子接走。谁知,他只鼓励了孙子几句,便毫不犹豫地乘车离去。这让人想起昨天发生的一件事:当发现道路被洪水冲垮时,某地一位少工委干部马上把自己的孩子叫上车,风驰电掣地冲出艰难地带。

　　经过两天的长途跋涉,中日两国孩子胜利抵达了目的地狼宿海。

　　当夏令营宣告闭营时,宫崎市议员乡田实先生做了总结。他特意大声问日本孩子:"草原美不美?"77个日本孩子齐声吼道:"美!""天空蓝不蓝?""蓝!""你们还来不来?""来!"这几声狂吼震撼了在场的每一个中国人。天哪!这就是日本人对后人的教育吗?这就是大和民族精神吗?当日本孩子抬起头时,每个人的眼里都闪动着泪花。

　　在这群日本孩子身后,站着的是他们的家长乃至整个日本社会。

　　据悉,这次由日本福冈民间团体组织孩子到中国探险的活动得到日本各界的广泛支持,政府和新闻机构、企业不仅提供赞助,政府要员和企业老板还纷纷送自己的孩子参加探险队。许多教授、工程师、医生、大学生、小学教师自愿参加服务工作。活动的发起者、该团体的创始人河边新一先生与其3位女儿都参加了探险队的工作。他们的夏令营向社会公开招生,每个报名的孩子需交纳折合7000元人民币的日元。一句话,日本人愿意花钱送孩子到国外历险受罪。

　　日本人满面笑容地离开中国,神态很轻松,但留给中国人的思考却是沉重的。

　　这个故事摘自《中国教育报》1993 年 11 月 27 日头版发表的孙云晓写的《夏令营中的较量》一文。夏令营活动结束后，日本人公开说，你们这代孩子不是我们的对手！面对如此不加掩饰的表露，国人应当猛醒。在内蒙古乌兰察布盟草原举行的夏令营活动中，中国孩子病了就回大本营去睡大觉，日本孩子病了却硬挺着走到底；日本家长乘车走了，只把鼓励留给发高烧的孙子；中国家长来了，却在艰难路段把儿子拉上汽车；中日两国少年在困难面前的不同表现，以及两国家长帮助、爱护孩子的不同做法，令人深思。

　　今天的中小学生是新时期的社会主义事业的建设者和接班人，他们今天的精神面貌、意志和品格怎样，决定着国家和民族未来的命运，应当引起全社会，特别是教育工作者和学生家长的高度重视。夏令营中的一些令人堪忧的现象虽发生在部分学生身上，却反映出我们的教育（包括家庭教育、学校教育和社会教育）在培养和造就青少年一代过程中存在的不容忽视的问题。我们在此不妨就一些教育方式进行对比。

　　A. 面对孩子的成绩单，中国家长说："好孩子，你又得了双百！"外国家长说："你学会了滑冰，真棒！"

　　我国历来重视教育，家长对孩子总是寄予很高的期待，对今天的独生子女更是如此。但是，在教育思想和观念上却深受应试教育的影响。早期家庭教育已受到越来越多的家长重视，家长们凑到一起总是比谁家的孩子认识多少字，会背多少首诗，能计算什么样的数学题；而对孩子是否自己会系鞋带、洗小衣服，是否知道谦让，却漠不关心。上学之后，教师、家长关心的是学生主要课程考了多少分，能否考上大学，好像只要考了高分，能上大学，培养下一代的任务就算完成了。

　　外国人也很重视教育，比起我们来可以说有过之而无不及。外国的家长也关心孩子的语文、数学是否及格了，但他们没有忘记孩子是否会游泳、滑冰，是否会吹萨克斯管，是否会自己洗衣服、收拾书包，他们关心的是孩子生活能力的全面提高。

　　每年的国际奥林匹克竞赛，中国的孩子都会满载而归。中国的家长会说："瞧，我们的教育多么成功！"外国的家长并不因为他们的孩子拿回金牌比中国孩子少而惭愧，他们会对中国的家长说："你们的孩子除了读书还会做什么呢？生活不等于读书啊！"

　　B. 孩子跌倒了,中国家长赶紧跑过去把孩子扶起来,外国家长则会说:
"自己爬起来!"

　　在日本动画片《聪明的一休》中,有一个令人难忘的情节:有一次一休
跌倒在地上,坚硬的石头磨破了他的腿,疼得他大哭。这时一休的妈妈离他
仅几步之遥,一休便将手伸给妈妈,希望妈妈拉他一把。妈妈不但无动于衷,
而且神情严肃地说:"不许哭! 用手撑一下,自己爬起来!"

　　许多中国家长对此很不理解,要是换了他们,早就跑过来把孩子扶起来,
给孩子拍拍土,问摔疼了没有,并嘱咐他不要乱跑。岂不知这不仅仅是一件
小事,而是教育方式的差异。对于孩子,做家长的应该给予一定的保护和关
怀,但绝不能溺爱。每一位做父母的,都应该让孩子从小就懂得,每个人迟
早都会离开父母而独立生活的,因而必须具备独立生活的能力,而不能事事
依赖别人。生活当中,摔跤、挫折是不可避免的,关键是跌倒了要爬起来,
总结经验教训,以便今后少摔跤,不摔跤。孩子的每一次跌倒,都是一次教
育机会,让他深切地体会到,跌倒了就得自己爬起来,而且经过努力自己一
定能爬起来。

　　C. 中国家长说:"他才 10 岁,能做什么呢?"外国的家长说:"他都 10
岁了,应该自己做了。"

　　一项有关小学生每天劳动时间的比较研究结果表明,美国的小学生每天
劳动 1.2 小时,韩国 0.7 小时,法国 0.6 小时,英国 0.5 小时,而中国仅有
0.22 小时。[①] 这一组数据反映了中外家长在子女教育方式上的差异。

　　在西方,孩子尚为幼儿,父母就放手让他们在力所能及的范围内自由活
动,让他们从小就独自一室睡觉,父母只是半夜起来照看几次。等孩子长到
一岁左右能够吃饭时,父母就将其捆在一个小椅子上,面前摆放一张放着食
物的小桌子,让其自己用小叉子、小勺子吃饭,哪怕用小手抓着吃也行。如
果孩子不愿意吃,父母也决不去喂他,也不给零食吃,孩子自然下一顿就会
乖乖地吃饭。他们教育孩子的原则是,凡是力所能及的事情,就鼓励孩子自
己去做,使孩子从小学会独立生活,成为生活中的强者。

　　反观我国的家长,对孩子的关怀可以说是无微不至,总认为孩子太小,
处处不放心,帮孩子吃饭,帮孩子穿衣;孩子都上小学了,鞋带还不会系,

---

　　① 钟小芸."0.2 现象"的警示〔J〕.甘肃教育,2002 (Z1):26 - 26.

衣服还不会穿，书包还不会收拾。孩子上学要送，放学要接，有的家长竟然请假帮孩子去做值日。孩子参加中考、高考，送孩子去考场，给孩子助阵的人比考生都多；孩子到大学去报到，手里拿着各种手续跑前跑后的全是家长。中国的家长也常常抱怨孩子缺乏处事能力和吃苦精神，可问题的根源在哪里呢？是家长剥夺了孩子磨炼意志、培养独立生活能力的机会，是我们的教育理念和教育方式出了问题。

　　D. 中国家长说："再穷也不能穷了孩子。"外国家长说："再富也不能富了孩子。"

　　洛克菲勒是美国的石油大王，是美国著名的亿万富翁，但他对孩子从不娇生惯养，每个周只给孩子们发放几十美分的零用钱，怎么花孩子们自己决定，但必须记在各自的小账本上，以备家长查询。如果零花钱不够用，孩子们可以通过劳动去挣。一到周末，他们就忙着去拔草、打扫花园或擦皮鞋。洛克菲勒的家庭教育方式在美国是司空见惯的，美国孩子经常从父母那里得到的教诲就是"要花钱自己挣"。许多美国孩子从小就在礼拜天和假期通过帮助人家修草坪、洗盘子涮碗、打扫庭院等工作挣钱。美国的大学生几乎全都一边打工、一边读书，自己给自己挣学费。这样，不仅有了劳动的体验，而且对于金钱的价值也有了更深刻的理解。

　　中国是一个发展中国家，现在虽然日子好过了，但还称不上富裕。但是，中国的家长似乎最富有牺牲精神，"再穷也不能穷了孩子"，这便是当代中国家长的真实写照。自己省吃俭用，节衣缩食，但对孩子的要求则是有求必应，高档玩具、高档服装、高档书包，给孩子买东西时家长好像一下子变成富翁了。每当过年，大把大把的钞票送给孩子做压岁钱，全然不管他们如何去花这些不费吹灰之力就得来的金钱。结果孩子衣来伸手、饭来张口，全然体验不到劳动的艰辛和价值。

　　未来的世界，竞争将更加激烈，如果我们培养出来的孩子都是温室中的弱苗，他们将来如何参与世界竞争呢？未来的人才不但需要渊博的知识，而且需要吃苦耐劳、艰苦奋斗的精神，百折不挠、坚韧不拔的意志以及刻苦磨炼、战胜困难的勇气。

十五　来自少管所的控诉
——社会教育的价值与应有之为

社会教育有广义和狭义之分。广义的社会教育是指一切社会生活影响于个人身心发展的教育，狭义的社会教育指学校教育以外的一切文化教育设施对青少年和成人进行的各种教育活动。虽然社会教育在整个教育体系中还处于辅助或补充的地位，但随着社会开放程度的提高，越来越显示出了不可替代的作用。

2000 年 7 月 16 日的《齐鲁晚报》上，刊登了李艳的一篇文章：《游戏厅——来自少管所的控诉》，这是她采访了山东省少管所的 3 名因迷恋游戏机而走上犯罪道路的未成年犯后写成的，希望他们的经历对青少年朋友们有所警示。

杨某父母早亡，自小与哥哥相依为命。从上小学起他一直是一个品学兼优的好学生，无论老师、同学还是街坊邻里，对他评价都很好。15 岁那年的一天，同学叫他去游戏厅，说玩赌机的，很好玩。杨某便去了，一次花掉 20 多元钱，从此深陷泥潭而不能自拔。杨某在游戏厅里认识了几位朋友，经常到学校去找他，他开始逃学，成绩下降得很快。玩游戏机要花很多钱，杨某起初撒谎学校让缴学杂费，从哥哥那里骗来一些钱，时间长了，哥哥不再相信他的话，不再给他钱了。后来，为了能继续玩游戏机，杨某就跟着他的那些朋友拦路抢劫。至被抓时，他一共抢了 8 次，共 1000 多块钱。杨某因抢劫而被判有期徒刑 3 年。

高某有一个温暖的家，父母都非常疼爱他，为了开发他的智力，还为他买了游戏机。高某开始在家里玩游戏，后来听同学说游戏厅里游戏种类特别多，非常好玩，就跟着同学去试试，就这样和游戏厅结下了不解之缘。发现孩子迷上了游戏机，父母决心改掉孩子的坏毛病，就满游戏厅里找孩子。他们常常一下班就到游戏厅门口等，一等就是两三个小时，天气再冷，雨再大，也不走，生怕找不着孩子。高某为了躲避父母的寻找，就跑到离家较远的地方去玩游戏，白天在游戏厅里玩游戏，晚上就去录像厅睡觉，根本不回家。游戏厅、录像厅里像高某这样十五六岁的孩子挺多，还有不少八九岁的孩子。没钱花了，高某就和年龄相仿的六七个人一起到附近的工地上去偷建筑材料，到居民区去偷自行车，一晚上能偷三四辆。后来嫌偷东西换钱太麻烦，就直接拦路抢劫。案发后，高某因抢劫而被判有期徒刑5年。进了少管所，高某这才真正意识到父母的爱，这才意识到沉溺于游戏之中不能自拔，对自己的一生意味着什么。面对记者，他反反复复念叨一句话："这事太不值了，自己的付出不值，家里父母也跟着受连累，我太伤他们的心了。"

赵某自小学五年级就开始到游戏厅玩游戏机，迷耽于此不能自拔，经常逃学旷课，脑子里想的除了游戏厅还是游戏厅。赵某起初玩普通游戏，嫌不过瘾，就玩带赌博性质的，特别喜欢玩麻将机，觉得很刺激。他常常在游戏厅里一待就是两三天。饿了就在里边买点方便面、面包和火腿肠，困了就在里边的沙发上躺一躺。在游戏厅里，赵某结识了一位"大哥"和七八个年龄相仿的孩子。玩游戏机特别是麻将机花钱很多，开始时一次十几块钱，后来就多了，有时一次就100多块。他先是从家里骗钱，后来家里知道他要钱实际上是玩游戏机，就不再给他钱了。他开始向游戏厅的老板赊账，并向"大哥"要钱。初一下半年，赵某退学了，游戏机玩得更疯了。起初还回家，后来就不回家了，到"大哥"那里去住，"大哥"给他和其他七八个孩子钱花，"大哥"让他干啥就干啥。后来，赵某竟为报恩去帮"大哥"杀人，结果被判有期徒刑10年。被关进铁窗后，赵某悔恨莫及。他说："开始的时候，我以为像我这样犯罪的孩子挺少的，可后来才知道，我周围的那些朋友，也有被抓进看守所的，也有被拘留的、判刑的。我这下子是完了，很后悔，但已晚了。我想跟那些和我一样大的孩子说：千万别再走我的路！游戏机，千万别碰！"

根据李艳同志的调查了解，省少管所一中队130多名未成年犯中，因迷恋游戏机而直接导致犯罪的竟占20%。另外一组数字更发人深省。山东省曾经对中小学生的一项调查表明，在广大的中小学生中，去过游戏厅的占70%以上，在城市中至少有10%的中小学生沉迷于玩游戏机。这中间又有多少人会走杨某、高某和赵某走过的道路，没有人敢想象。

李艳无疑做了一件非常有意义的工作，这篇警世录给我们广大青少年朋友什么启示？

启示之一：精心选择适于自己成长和发展的环境

对于正在成长中的青少年来讲，社会是一所大学校。它在人的成长和发展中的影响一点也不比家庭或学校小。但社会这所大学校很复杂，是一所未加"过滤器"的学校，既有有利于青少年成长的、健康的东西，也有有碍于青少年成长的、不健康的东西，不同的环境对人的发展的影响是不同的。所以，我国古代教育家荀子在《劝学篇》中说："蓬生麻中，不扶自直；白沙在涅，与之俱黑。……故君子居必择乡，游必就士，所以防邪僻而近中正也。"①自古以来，一些有识之士便十分重视环境影响的作用。在我国古代，孟母为了给孟轲找一个适宜其成长的环境，三次搬家，最终使孟轲养成了读书学礼的习惯，成为儒家文化史上的亚圣。在近代法国，大思想家雅克·卢梭少年时代曾流浪于法国和意大利，结识一些不三不四的人，曾偷过别人的钱和蔬菜，骗过别人的财物。卢梭在《忏悔录》中，称当时自己成了一个懒惰者、一个骗术高明的蠢人。在流浪期间，卢梭结识了华伦夫人，在其后的 10 年中，便寄宿在华伦夫人家，学习音乐、历史、文学、哲学和自然科学等，逐渐成为一名资产阶级启蒙思想家。我们都看过印度电影《流浪者》，主人公拉兹从法官的儿子变成一个小偷，就是因为拉兹从小就被小偷劫去，生活于小偷之中，由小偷教唆去偷人家的东西。

在现代社会中，有一些公共娱乐场所如游戏厅、歌舞厅、录像厅、酒巴、夜总会等，是不适宜青少年的，特别是一些业主为了追求利润，不顾国家有关法律法规的规定，非法经营"黄赌毒"，把公共娱乐场所弄得乌烟瘴气。国家曾明文规定，游戏厅不得以中小学生为营业对象，不得经营赌博性质的游戏，但能严格遵守国家规定的游戏厅却少之又少。一些无证经营的游戏厅，位置隐蔽，瞄准青少年这个弱势群体，把电子游戏变成投机生意，从事赌博、变相赌博等违法活动。根据李艳的调查，有的游戏厅不但包玩、包吃、包睡，甚至代做作业，代给学生打病假条，签家长意见。

未成年犯罪的研究表明，每一位劣迹少年的犯罪历史和初始不良行为的形成，几乎都或多或少地受到过游戏厅等场所中一些"黄赌毒"现象的感染。有关精神卫生专家对游戏机的看法值得注意。他们认为，电子游戏机无异于

---

①　于再思．楚人学语的启示［J］．人民教育，1987（3）：50.

"电子海洛因"，青少年一旦沉迷于游戏机，就会产生越来越强烈的心理依赖和反复操作的渴望，不能操作时便出现情绪烦躁、抑郁等戒断症状。

几乎在每年召开的人大、政协委员会上，都有许多代表呼吁取缔游戏厅，严格规范各类公共娱乐场所。但公共娱乐场所的规范经营可能尚需时日，而且即便规范经营了，其中不少项目也属"少儿不宜"。

近年来，随着个人计算机和因特网的普及，各种计算机游戏、网络游戏也在影响着青少年。与原来的游戏厅相比，计算机游戏、网络游戏的影响面更大，计算机游戏、网络游戏内容更加鱼龙混杂，严重影响着青少年的健康成长。

因此，我们呼吁青少年朋友，不但要远离游戏厅这些公共娱乐场所，而且要谨慎对待计算机游戏、网络游戏，不要成迷上瘾，影响学业。

启示之二：正确理解友谊，交友要慎重

青少年时期是友谊感发展迅速的一个时期，无论男生还是女生，都会感受到友谊是学习和生活中不可缺少的因素。人整体上看，青少年思想单纯，喜欢交往，注重友情，建立的友谊一般是健康的。但是，也有一部分青少年，缺乏明确的道德观念，分不清什么是真正的友谊，把"哥们儿义气"作为结交朋友的原则。他们追崇"义气"，为朋友两肋插刀，赴汤蹈火在所不辞。朋友有了困难，他们不惜牺牲一切给予帮助；朋友受了欺负，他们置学校纪律和国家法律于不顾，为他出气。哥们儿义气把他们引入歧途。

在古代，仁、义、礼、智，谓之四端，即儒家倡导的四项基本品德。但从四端之一的"义"发展到"义气"，使这一品德失去其原先广泛的内涵，而趋于狭隘。在我国历史上，我们劳动人民不堪反动统治者的残酷剥削和压迫，揭竿而起，总是以"义气"作为维系纪律和感情的法宝，如桃园三结义、梁山泊一百单八将大聚义；也有一部分侠义之士顶礼膜拜，除暴安良，广为人民传颂，如英雄大八义、小八义、大五义、小五义。从这个意义讲，义气有一定的历史进步意义。但是，我们也应看到，反动统治者和社会流氓帮派也以义气结帮成派，镇压民众，鱼肉百姓，义气的消极作用便暴露出来了。而且，不管是哪一种义气，都是以小集团的利益为准绳的，当小集团的利益受到威胁或损害时，结义者往往杀人越货，践踏社会利益和法律。义气这种狭隘的封建道德观念是与我国当今社会的精神文明背道而驰的。有些青少年

重"哥们儿义气"，就是因为他们忽视了"义气"所产生的时代条件，就是因为他们思想太单纯，法制观念太薄弱。

真正的友谊和哥们儿义气是截然不同的。友谊是建立在共同追求、理想一致、志同道合、共同爱好的基础之上的一种高级情感。当朋友遇到困难和挫折时，热情帮助；但当朋友有了错误和缺点时，能够指出并帮助克服这些错误和缺点，而不是盲目包庇、掩饰。而哥们儿义气是一种比较狭隘的封建道德观念，它是江湖义气在新的时代的表现。哥们儿义气把几个人或小集团的利益视为最高利益，信奉"为朋友两肋插刀"、"士为知己者死"、"有难同当，有福同享"的道德信条，不论小集团的利益是否正确，都予以维护。我们反对哥们儿义气，但并不反对友谊，相反，我们提倡同学之间建立起真挚、健康的友谊，这种友谊必须和社会主义道德、集体利益、班级荣誉相一致。

交友要慎重，是青少年朋友应把握的交友原则之一。上面提到杨某、高某、赵某，都是因为结交上一些坏朋友而走上犯罪道路的。生活中有各种各样的朋友，有"知己之交"、"莫逆这交"、"忘年之交"，但也有酒肉朋友、江湖朋友。真正的朋友间有高尚的友谊，他们为朋友在事业上的成功而欢欣，为朋友一时的失误而忧虑，他们能够诚恳相待，相互沟通思想和感情，帮助对方克服困难，渡过人生的难关。而没有以友谊为条件的朋友是表面上的朋友，酒肉朋友以酒肉作为维系相互间关系的纽带，彼此相聚除了杯光盏影，别无其他，酒肉缺则朋友失；江湖朋友以江湖义气作为彼此联系的行为准则，彼此间缺乏坦诚的帮助和思想的交流，小集团的利益往往侵害社会的利益，从而把人引向歧途。还有一些人附炎趋势，以势利的价值眼光交结朋友，势在朋友在，势无朋友散。因此，青少年不应盲目地乱交朋友，交友就要以共同的目标、志向为基础，交那些肝胆相照、荣辱与共的朋友，交那些敢于批评自己的错误并帮助自己改正错误的净友，而不应像杨某、高某、赵某那样交把自己拉下水的朋友。

启示之三：充分利用社会的文化教育设施发展自己

在现代社会，每个社区都有大量的社会教育机构。这种社会教育机构大致可以分为三类：一类是政治性、历史性的机构，如历史博物馆、军事博物馆、烈士陵园、名人纪念馆和名人故居以及其他政治性、历史性纪念馆；一类是科技、文化和艺术活动机构，如青少年宫、科技馆、业余体校、图书馆、阅览室、文化宫等；一类是娱乐性的机构，如儿童影剧院、体育活动中心、文化公园等。这些社会教育机构，有些提供提高性的教育活动，如青少年宫、科技馆、业余体校等；有的提供普及性的教育活动，如文化宫、图书馆、博物馆等；也有的普及与提高兼顾。青少年朋友应充分利用这些社会教育机构，发展自己，提高自己。

我国地域广阔，山河秀丽，有辽阔的原野、巍峨的山岳、葱郁的森林、碧绿的湖泊、奔腾的江河、浩瀚的海洋，这些都是陶冶情操、增长知识的好教材，青少年朋友可以参加学校和有关机构组织的远足、旅行、露营等活动，感受祖国山河的秀美，了解各地的风土民情，掌握有关的神话传说和历史故事，提高自己的审美意识。

十六　庠序春秋
——中国学校教育的概览

教育是人类社会特有的现象。它随着人类社会的产生而产生，并随着人类社会的发展而发展。一方面，社会和人的发展不断向教育提出更高、更新的要求，从而促进教育的不断发展；另一方面，教育为社会的发展和人的发展提供保证。这就决定了在不同的历史时期和不同的国家有不同的教育。中国是四大文明古国之一，其古代教育走在世界的前列。

远古时期，人类刚刚脱离动物界，生产和生活条件极其艰苦。为了保证部落、氏族的生存和发展，部落、氏族的首领以及富有经验的老人和能人，便有意识地教给年轻一代怎样制造和使用工具，怎样采集和狩猎，怎样与自然界的威胁作斗争，怎样在生产中团结互助，怎样开展宗教祭祀活动，等等。这样，人类早期的教育活动便出现了。虽然人类在氏族公社以前就发明了许多记事符号，但今天意义上的成形文字尚未出现，更没有形成史料记载和教科书，因此，原始社会的教育活动主要是在生产和生活过程中通过口耳相传进行的。我国有一些美丽的传说流传至今：燧人氏教人钻木取火；有巢氏教民构木为巢；伏羲氏教民以猎；包牺氏教民以渔，画八卦；神农氏制作耒耜，教民稼穑；嫘姐发明养蚕取丝；黄帝发明指南针；舜帝发明烧砖等。他们在生产和生活实践中，随时随地对全体成员进行各种教育活动。

在亚、非、美、澳各洲的原始部落中，当年轻一代达到一定年龄时，要举行一项庄严的仪式——成年礼。年轻一代只有在领受成年礼后，才能成为社会的正式成员。领受成年礼者要经历各种严酷的锻炼和考验，如在身上切痕、毁门齿、毒打、火熏，将少年置于蚁穴上任其叮咬等，只有在困难和痛苦面前表现出坚强的意志者，才算合格。

原始社会末期，出现了最早的文字，也出现了学校的萌芽。相传我国在五帝时期，有一种以音乐教育为主要内容的学校，称为成均，学生为贵族子弟。教师为当时已经成为专职人员的乐师。到了有虞氏时代，产生了以敬老和孝道为主要内容的学校，称为庠。庠原为氏族敬老、养老的地方，养老者同时承担教育下一代的任务，所以庠后来便演变成为教育的场所。进入奴隶社会后，学校进一步专门化。夏朝设序，实施以习射为主的军事体育教育；同时在乡里设校，以实施对老百姓的教化为主要任务。五帝时代的成均之学，没有确切的史学证据。因此，庠序校便是我国最早的学校。

西周时期，我国已形成较完备的学校教育制度，学校分国学与乡学两大类，国学又分大学与小学两级。国学专为上层贵族子弟而设，按学生的年龄与程度又设小学和大学。学生13岁入小学，学习三德、三行、六艺。三德即至德（至善之德）、敏德（敏行之德）和孝德；三行即孝行（孝敬父母）、友行（尊敬贤良）和顺行（顺从师长）；六艺即礼（礼仪）、乐（音乐）、射（射箭）、御（驾车）、书（识字）、数（数学）。小学学习年限为7年，学生20岁进入大学。大学分为辟雍、成均、上庠、东序和瞽宗。学生除继续学习三德、三行、六艺外，还要学习六仪，即祭祀、宾客、朝廷、丧礼、军旅、车马。乡学为地方政府所立，学校名称有塾、庠、序、校等，学习内容为"乡三物"，乡三物即三方面的内容，一曰六德：知、仁、圣、义、忠、和；二曰六行：礼、友、睦、姻、任（信任）、恤；三曰六艺：礼、乐、射、御、书、数。可见，乡学的教学内容与国学中的小学相似。

经过春秋战国的动荡年代之后，秦统一中国，但由于政权时间太短，教育上并无太大的作为。汉代自武帝起实行"独尊儒术"等一系列文教政策，十分重视发展教育。当时，中央政府设置太学（相当于大学），由"五经博士"（教师的称谓）任教官，学生称"博士弟子"。地方政府设置学、校、序。汉代的学校教育对后世影响很大。

　　唐朝是我国封建社会的鼎盛时期，教育制度也日臻完备。唐初，由中央直接设立的官学大致分为三个系统：普通教育系统由中央国子监（相当于今天的教育部）领导的国子学、太学、四门学、律学、书学和算学组成，前三者属大学性质，后三者属专科学校。特殊教育系统由招收皇亲贵族的弘文馆、崇文馆和研究道家学术的崇贤馆组成。职业教育系统由中央设立的太医署、太卜署、司天台、太仆寺、校书郎组成，它们既是政府有关职业的行政领导管理机构，又是培养学生的学校。地方政府设立的学校有州学、府学、县学，大致相当于中学，在县以下又设乡学或市镇学，相当于小学。以后的学校教育制度基本上仿效唐制，只是在个别学校名称上有所差异而已。

　　从春秋战国开始，我国的学校教育一直沿着官学和私学两种途径发展。在春秋五霸和战国七雄的争夺与混战中，王室衰微，朝廷中掌管文化教育的官员都各携文物典籍，逃亡到偏远的诸侯国自谋生活去了，于是官学废弛，私学兴起。在百家争鸣时期，儒、墨、道、法、名、农诸家都举办私学，私学更加繁荣。在以后的岁月里，官学虽日趋完备，但忽略蒙童阶段的教育，私学的地位更显重要。蒙养阶段的教育主要进行初步的道德行为训练和基本文化知识的教学，以识字、写字、背书为主。每天的功课一般是：背书、授新书、作对、写字、读诗和一系列道德行为规范训练。私学中也有一些高水平的学校如汉代的精舍、宋明清时期的书院，都是相当于今日中等教育和高等教育程度的学校，为我国教育的发展做出了不可磨灭的贡献。

　　从奴隶社会开始，虽然学校教育规模日益扩大，但教育一直有着明显的阶级性和等级性。以唐朝的学校为例，国子学收文武三品以上官员的子孙入学；太学收文武五品以上的官员的子孙入学；四门学收文武七品以上官员的子孙入学；律学、书学和算学收八品和八品以下官员的子孙以及通律学或书学、算学的庶族地主的子弟入学。弘文馆和崇文馆要算全国学校中最贵族化的学校，唯皇家近亲、皇太后近亲、皇后近亲及宰相大臣、散官一品功臣的子孙，才有资格入学。地方设立的州学、府学和县学，在入学条件上虽无严格的等级限制，但由于名额所限，只有地方官吏和富家子弟才有入学的机会，普通农民和手工业者的子弟则是没有机会进入学校。

　　1840年的鸦片战争揭开了西方列强以坚船利炮侵略中国的序幕，中国开始了屈辱的百年历史时期。帝国主义的入侵，也使中国人看到了中国的落后，"师夷长技以制夷"的洋务运动悄然兴起。洋务派非常崇拜西方的教育制度，

便依照西方教育模式办起了外国语、工业技术和军事新学堂,比较著名的有
京师同文馆(1862年)、上海广方言馆(1863年)、广州同文馆(1864年)、
上海江南制造局附设的机械学堂(1865年)、福建船政学堂(1866年)、天津
水师学堂(1881年)、广东水陆师学堂(1887年)、湖北自强学堂(1893年)
等,大致相当于今日的专科学校。洋务派在兴办西式学堂的同时,还选派留
学生到西方留学。1872-1895年,清政府每年派遣30名聪颖幼童留学美国,
由陈兰彬、容闳为监督,计划15年后可成有用之材。1881年因留学生不向监
督行跪拜礼,几乎悉数召回,留下继续学习的只有少数几个人。

　　1903年,清政府颁布了以日本学制为蓝本的学制,在全国范围内推行。
新学制分为三段七级。第一段为初等教育,分为蒙养院(幼儿园)四年、初
等小学堂五年(七岁入学)、高等小学堂四年三级。第二段为中等教育,只有
中学堂五年一级。第三段为高等教育,分高等学堂或大学预科三年、大学堂
三至四年和通儒院(相当于研究生院)五年三级。新学制长达29年或30年。
除普通学堂外,新学制还设有师范学堂、农工商实业学堂等职业学堂。新学
制的颁发使我国教育走上了迅速发展之路。特别是在1905年"废科举、兴学
堂"之后,新式学堂有如雨后春笋般地发展起来。

　　辛亥革命胜利后,新成立的民国政府便把清朝的学部改为教育部,统管
全国的教育工作,任命著名民主教育家蔡元培为第一任教育总长。在蔡元培
的领导下,对封建教育体制进行了改革,主要内容有:将学堂改称学校,废
除封建特权和等级限制;废除教育权利上的男女两性差别,实行男女同校;
缩短学制,加强中小学的实业学科和教育;在教育中禁止体罚等。1922年颁
布新学制。新学制以美国学制为蓝本,全部学程为16-18年,分初等教育、
中等教育、高等教育三个阶段,小学六年,分初级四年、高级二年两阶段;
中学六年,分初、高二级,各为三年;大学四至六年,不设预科。小学课程
分为国语、算术、卫生、公民、历史、地理、自然、园艺、工用艺术、形象
艺术、音乐、体育等科;初中有社会科(包括公民、历史、地理)、言文科
(包括国语、外国语)、算术科、自然科、艺术科(包括图画、手工、音乐)、
体育科(包括生理、卫生、体育)等六科。高中设国语、外国语、人生哲学、
社会问题文化史、科学概论、体育等公共科目,以及分科专修科目、纯粹选
修科目。

　　1949年新中国成立后,以苏联为样板对教育进行了社会主义改造,引进

苏联的学校教育制度和教育理论。1957 年后的 20 年中，由于受政治上极左思潮的影响，学校教育始终处于反复、不稳定状态。十一届三中全会以后，教育改革蓬勃兴起，逐步形成了以 6 - 3 - 3 制（小学 6 年、初中 3 年、高中 3 年）和 5 - 4 - 3 制（小学 5 年，初中 4 年，高中 3 年）为基础的学制，形成了普通教育和职业教育相结合、职前教育和职后教育相结合、全日制教育与部分时间制教育相结合、课堂教育和远程教育相结合的现代立体化的教育体系。

值得一提的是，我国于 1986 年颁布了《中华人民共和国义务教育法》，实施九年义务教育。按照义务教育的原则，政府有举办学校为学生提供入学机会的义务，家长有送孩子上学接受规定教育的义务，学生有按国家规定接受学校教育的义务，教师有按国家规定培养学生的义务，社会有保障青少年受教育的权益、不雇用义务教育年龄阶段的青少年的义务。不管哪一方未能履行义务，都将受到法律的惩罚。

十七 马丁·路德的布道词
——西方义务教育的管窥

西方文明比中国的开启要晚不少的时间，但发展较快；而且西方的工业革命和资产队伍革命均早于中国，由此西方义务教育实施也早于中国。

马丁·路德是 16 世纪德国宗教改革的著名领袖、基督教新教路德派的创始人。路德出生于德国萨克森州的一个矿工家庭，早年曾受过正规的学校教育，并于 1501 年进入爱尔福特大学攻读法律，毕业后先后任奥古斯丁教团的修道士、维登堡修道院神甫和维登堡大学的神学教授。1517 年 10 月 31 日，路德写了题为《关于赎罪券效能》的 95 条论纲，贴在维登堡教堂的正门上。赎罪券，实则是天主教会用来欺世敛财的一纸空文。教会宣称，人生来都是有罪的，但只要购买赎罪券，购买赎罪券的钱一敲响钱柜，罪人的灵魂立刻就可以从炼狱跳上天堂。路德的 95 条论纲率先向教会发难，抵制教会出售赎罪券，在德国乃至西欧掀起了宗教改革运动。

路德的主要活动在于宗教领域，但他在 1530 年写的一篇题为《我们有责

任送儿童入学》的长篇布道词,却改变了西方学校教育的历史。路德在这篇布道词中讲道:

假如你善于使用你的钱财,送你的儿子去上学吧,并引导他去为国家服务,像一个帝国的使者、皇帝的传道士、世俗和平的基石,那么他将成为一个有用的人。这对你讲,不是一件很光荣和愉快的事吗?

假如你希望你的儿子将成为一个帮助皇帝维持他的统治、王冠和宝剑——帮助王子掌管他的领土、城市和国家,帮助保护每个人的人身、妻子、财产和荣誉的人,可是,你却不送他去学校,并培养他担任这种工作,那么,你就是一个无感觉的和忘恩负义的人,一个畜生。请告诉我,所有教士会、修道院与此相比做得如何呢?在我看来,在这方面,一个正直、公正的法官和秘书的工作,要胜过僧人、修士和修女的工作。假如这样的好事不能打动你,那么上帝的荣誉和期望将要打动你。这样,你将对上帝表示感恩,并帮他做了这件美好的事。上帝认为,你若不带领你的孩子去做卓越的和神圣的事,而只强调他们的食欲和贪婪,只教他满足食欲,好比一个猪永远用它的鼻子放在污秽中找东西吃,而不带领他们去做这种有价值的事,那将是一种耻辱的打算。你要不是无感觉的畜生,就是不爱你的孩子。

进一步讲,假如上帝决定你的孩子去做那样的事,你怎么办呢?你要知道,你有义务去维护国家法令。现在,假如人们不教育其子女,那么国家法令就无法维护了,因为公民职务比教士职务更需要智慧,更需要最聪明的儿童。因为教会的工作在圣灵,但在公民政府,人们必须用理智来教导(这就是人类法律的来源),因为上帝置世俗政府和物质的国家于理智之下,而不把传授圣灵作为目的。所以公民当局的职责比教会更艰巨、更困难,因为意识是不能统治的,它必须有所行动,如讲话。

假如现在你有一个孩子,你能送他去学校学习,而你不这样做,你不过问世俗政府的法令、和平,等等。那么你就在某种程度上像一个残暴者反对公民当局,像个魔鬼。因为,这样做你就原则上从帝国、城市、挽救者、安慰者、柱石和助手中退了出来。于是,皇帝失掉了宝剑和王冠,国家失掉了抵抗与和平,没有人能保护你的人身、妻子、儿女、房子和财产,这都是由于你的过错。你把它们都奉献给屠夫集团,给人们以堕落成为残忍者的机会,最后互相残杀。你要一定这样做,特别是出自关心你孩子的物质需要的目的,从这样一个有益的岗位上退出来,那么,你难道是社会上一个可敬的和有用的人吗？你每天享受国家的好处，但作为回答却抢劫了你的孩子，让他去贪婪，使你不能全力维护政府、法律与和平。虽然世俗的权力保障了你的人身、生活、财产和荣誉，但是你破坏了社会秩序。①

我认为，当权者要求其臣民送他们的孩子上学念书，是义不容辞的；毫无疑问，确保上述官职和地位后继有人，使布道者、法官、副牧师、抄写员、医生、学校教师等等，不至于从我们之中断绝，这是当权者的责任；因为，我们不能没有这些人。如果他们有权命令臣民中身强力壮的人，在战时拿起步枪和长矛，爬上城墙，或者在危急时刻要求他们做的任何事情，那么，他们又是多么有理由应该强迫人民送他们的孩子上学，因为在这个地球上，不断地进行着永无休止的残酷斗争，而魔鬼正窥伺时机，以悄悄地出其不意地搜刮城市和王国，把其中所有勇敢和善良的人们洗劫一空，直至完全夺走王国的核心，除了仅仅留下一个里面充斥着游手好闲的挑拨离间分子以供他们玩弄取乐的空壳以外，什么也不会留下。那时候，你们的城市和国家在没有预告的情况下，要遭受真正的饥荒；在没有冲突的信号的情况下，从内部无声无息地毁灭掉。即使是土耳其人，也不是这样做的，因为他从整个帝国每三个孩子中挑选一个孩子，强迫对他们进行某种职业训练。因此，我们的统治者们，又是多么应该让至少一部分孩子上学；我并非要从他父母身边带走一个孩子，仅仅是为了孩子自身的好处和公众的福利，他应该受到某种职业的教育，而这些职业将因为他的勤奋结出丰硕的果实。为此，让地方长官们把这些事都记在心里吧！让他们警觉地注视着，无论在何处发现有希望的儿童，使他们得到上学的保证。②

在这篇布道词中，马丁·路德要求当权者强迫家长送孩子上学，奉劝家长送孩子上学，最早提出了义务教育（在早期一般称强迫教育）的思想。在马丁·路德的影响下，德国的一些封建公国开始颁布强迫教育法令，最早是瓦尔滕贝格（1559 年），然后是安哈尔特 - 贝恩堡（1607 年）、萨克森 - 魏玛（1619 年）、萨克森 - 哥达（1642 年）等，德国境内最大的公国普鲁士则在 1763 年颁布了强迫教育法令，规定 5 - 13 岁儿童必须接受义务教育。

在 17 世纪，捷克教育家夸美纽斯提出把一切知识教给所有的人，主张为

---

① 吴元训. 中世纪教育文选［M］. 北京：人民教育出版社，1989：659 - 660.
② ［美］E. P. 克伯雷：外国教育史料［M］. 武汉：华中师范大学出版社，1991：271.

一切儿童设置普及的、义务的国语学校。18 世纪法国大革命时期，以孔多塞为代表的教育理论家主张从宗教团体手中把教育解放出来，对一切公民实行普及的、免费的教育。这些教育思想对世界教育的发展产生了重大影响，但并没能实现。从世界范围看，义务教育的大发展是从 19 世纪后半期开始的。1852 年，美国麻萨诸塞州制定《义务教育法》，规定该州 8 - 14 的儿童每年上课 12 周，违者罚款。此后，各州纷纷效法，到 1898 年全国 45 个州中已有 32 个州实行强迫义务教育。1870 年，英国颁布的《初等教育法》规定，建立 5 - 12 岁的七年制初等义务教育制度。德国统一后，于 1872 年颁布了《普通教育法》，规定 6 - 14 岁的八年初等教育为义务教育。1872 年，日本颁布《学制》，宣布普及教育的方针，提出"邑无不学之户，家无不学之人"的要求。1886 年颁布《小学校令》，明确规定四年制小学为义务教育。1881 年和 1882 年，法国先颁布教育法令，规定对 6 - 13 岁儿童实施免费的、世俗的初等义务教育。主要的资本主义国家在 19 世纪后半期相继推行以初等教育为主的义务教育，主要原因是资本主义大工业生产需要大批有文化的生产者，资产阶级政府也希望通过普及教育向青少年儿童灌输资产阶级的民族意识、国家观念，培养资本主义社会的生产关系所要求的思想品德和行为习惯。

进入 20 世纪后，大多数工业发达国家先后延长了义务教育，许多发展中国家也逐渐建立起自己的义务教育制度。据联合国教科文组织报告统计，2010 年在全世界 203 个国家和地区中，实行义务教育的为 193 个，占 93%，未实行义务教育的 15 个，占 7%。在 193 个实行义务教育的国家和地区中，义务教育年限最短的为 5 年，如孟加拉国、巴基斯坦、老挝、缅甸、马达加斯加；义务教育年限最长的 14 年，如乌拉圭、委内瑞拉；实行 9 - 11 年义务教育制度的国家和地区最多，为 117 个。在世界主要国家中，日本的义务教育年限为 9 年，法国 11 年，英国 12 年，德国 13 年，美国 12 年，俄罗斯 10 年。[①]

我国的官方文件中最早提到"义务教育"、"强迫教育"问题是在 20 世纪初。清政府 1903 年颁布的《奏定初等小学堂章程》以及张百熙、荣庆、张之

---

① UNESCO. Global Education Digest 2012：Opportunities Lost：The Impact of Grade Repetition and Early School Leaving［EB/OL］. https：//resourcecentre. savethechildren. net/library/global－education－digest－2012－impact－grade－repetition－and－early－school－leaving. 2017－01－30.

洞所拟定的《奏定学堂章程：学务纲要》都提到外国的强迫、义务教育，但并未仿效外国加以实行。1911年7月15日至8月12日召开的中央教育会议，通过《试办义务教育章程案》，第一次正式提出试办义务教育，规定实行四年的义务教育，并提出了试办义务教育的办法，但尚未来得及实行，清朝就被推翻了。中华民国成立后，教育部在《壬子癸丑学制》中规定："小学校四年毕业，为义务教育。"① 这是中国政府第一次在法令中明确规定义务教育。1947年公布的宪法延长了义务教育年限，规定："6－12岁之学龄儿童，一律受基本教育，免纳学费。"② 但义务教育并没有真正落实，到1949年新中国成立时，适龄儿童的入学率仅在20%。③ 新中国成立后，我国教育事业获得了很大发展，但一直未正式提出普及义务教育。1982年12月通过的新宪法规定普及初等义务教育，3年之后的《中共中央关于教育体制改革的决定》又提出"有步骤地实行九年义务教育"。④ 1986年4月2日，第六届全国人民代表大会第四次会议通过了《中华人民共和国义务教育法》，以法律形式再次明确实行九年义务教育，中国普及义务教育工作进入了一个新阶段。2006年6月29日第十届全国人民代表大会常务委员会第二十二次会议修订、2015年4月24日第十二届全国人民代表大会常务委员会第十四次会议全国人民代表大会常务委员会修正了《中华人民共和国义务教育法》，极大地推动了我国义务教育的实施，到2015年年底为止，我们九年义务教育的巩固率达到93.0%。⑤

　　义务教育是国家以法律形式规定的所有适龄儿童和青少年都必须接受的一定年限的学校教育。义务教育的含义是多方面的，国家和政府有为适龄儿童和青少年建立教育设施，提供受教育机会的义务；家长有使其适龄儿童和青少年就学的义务；学生有接受一定年限的学校教育的义务；学校有按照国

① 周文佳．民国初年"壬子癸丑学制"述评［J］．河北师范大学学报（教育科学版），2011，13（11）：47－52．
② 中国教育在线．民国教师工资：小学老师完胜县长［EB/OL］．http：//xiaoxue．eol．cn/focus/news/201603/t20160318_1377516．shtml．2017－03－28．
③ 吴国通．要致力于让校长成为没有任期的"教育家"［J］．中国教师，2011（21）：14－15．
④ 傅禄建．稳定的学制是教育事业健康发展的基本保障［J］．上海教育科研，2015（10）：1－1．
⑤ 中华人民共和国教育部．2015年全国教育事业发展统计公报［EB/OL］．http：//www．moe．gov．cn/srcsite/A03/s180/moe_633/201607/t20160706_270976．html．2017－01－31．

家的规定，为适龄儿童和青少年提供教育、教学服务的义务；社会有排除阻碍适龄儿童和青少年接受教育的不良影响，保障其接受规定年限的教育的义务。实行义务教育，既是国家和社会对公民的义务，也是公民对国家和社会的义务。

为了保证义务的实行，各国都通过有关义务教育的法令，对于不履行义务教育的义务的行为，规定有强制性的措施。早在 1763 年，普鲁士国王腓特烈大帝在《全国学校规程》中就规定：如果父母或监护人违反法令，拒不送儿童入学者，应令其继续交纳本学期学费；如经牧师严正规劝仍不照常遣其子女入学者，市政府官员可采取最后措施对其加以处罚，罚金为 16 格罗生。[①] 1765 年，被腓特烈征服的奥地利西里西亚省，颁布了《西里西亚天主教学校法规》，规定所有儿童一律于满 6 岁时入学，并坚持就学到 13 岁；父母或监护人如果违背本法令而不送子女入学，应当向学校交纳双倍的学费，无力偿付这笔罚金的贫穷者则必须每周为本社区无偿做工两天。在当代，世界各国在法律条文中都有对不履行义务者进行处罚的规定。如日本《学校教育法》第 16 条规定：学生家长使用学龄子女时不得因其使用而妨碍子女接受教育；如违反这一规定，则处以三千日元以下罚金。该法第 19 条规定：保护人如不履行使所保护的子女接受小学六年和初中三年教育的义务时，处以一千日元以下罚金。日本还在《劳动基准法》中规定：对未满 15 岁的儿童，不得作为工人使用，对违反者处以一年以下拘役或者一万日元以下罚金。[②] 我国义务教育法第十一条规定："禁止任何组织或者个人招用应该接受义务教育的适龄儿童、少年就业。"第十五条规定："适龄儿童、少年不入学受义务教育的，由当地人民政府对他的父母或者其他监护人批评教育，并采取有效措施责令送子女或者被监护人入学"；"对招用适龄儿童、少年就业的组织或者个人，由当地人民政府给予批评教育，责令停止招用；情节严重的，可以并处罚款、责令停止营业或者吊销营业执照。"

要普及义务教育，必然会遇到两个问题：一是家长或监护人不愿送子女或被监护人入学，二是家长或监护人交不起学费。对于第一个问题，可以用

---

① 王涛. 普鲁士《全国学校规程》与中国《义务教育法》之比较［J］. 教书育人，2003（12）.

② 于改之. 儿童虐待的法律规制——以日本法为视角的分析［J］. 法律科学，2013（3）.

说服教育和法律制裁的办法去解决。第二个问题则比较难，只有通过免费教育的办法才能解决。因此，免费教育就成了实施普及义务教育的根本问题。免费问题不解决，教育就不可能普及。历史已经证明了这一点。各国在实施强迫教育的初期，学生念书要交学费。虽然法律条文规定对不送子女入学者采取严厉的处罚措施，但适龄儿童的入学率仍是很低。正是因为这个缘故，各国在普及义务教育时都注意解决免费教育的问题。在欧美各国，最早的实践是学校免除孤儿和贫困学生的学费。早在1763年，普鲁士《全国学校规程》就规定，孤儿和家庭生活困难的学生，学费由教会和行政当局解决。1795年，法国规定可以有四分之一的免费生。普鲁士和法国的政策在免费教育问题上进行了有益的尝试。但并未根本解决免费问题。1834年，美国宾夕法尼亚州议会通过了一项非强迫的免费学校法，废除公立学校的学费制度。此后，美国各州先后实行了义务教育，也仿效宾州实行免费教育，开了实行免费义务教育的先河。1881年，法国开始实行免费义务教育，德国于1885年，日本于1900年，英国于1918年，也先后实行免费义务教育。正是由于实行免费教育，这些国家的义务教育才真正得到了普及。目前，实行义务教育的国家和地区大都实行免费制度。我国的义务教育法也规定："国家对接受义务教育的学生免收学费。"

在一些发达国家，义务教育阶段不但免收学费，而且还免费供应教科书乃至其他学习用品，甚至免费供应午餐、免费医疗、免收交通费等。如日本从1963年开始实行教科书免费制。现在有一部分市町村又试行免费供应学习用品和补助交通费的办法。法国的义务教育不仅免收学费，而且还由学校免费供应教科书，离家较远的学生由学校班车免费接送，在学校医务所看病免收医疗费。此外，对贫困家庭适当进行补助。

十八 汤姆、约翰、雅克、卡尔、小华和他们的博士帽
——美、英、法、德、中等几种典型的学制

穿上黑色的长袍，戴上象征成功和智慧的博士帽，是每一个现代人的梦想。现代社会是一个学历社会，拥有高学历，就等于领到了通向成就、荣誉和地位的通行证。从小学、中学到大学，从学士、硕士到博士，二十余载寒

窗苦读，都是为了一项博士帽。有的人中途退场了，有的人历尽失败而不悔，有的人一举成名天下知，这一切的苦与乐都编织在博士帽的光荣与梦想之中。

学士、硕士、博士，原来并没有等级上的差别，都是代表博学多才之士，也和中小学没有任何关系，因为那时没有统一的学制，大学、中学、小学是不衔接的。只是到了19世纪末20世纪初，小学、中学和大学才形成一个相互衔接的体系，人人可以拾级而上；学士、硕士、博士才分别代表三种不同水平但又相互联系的学位。然而，由于各个国家的社会经济发展水平和教育发展水平的差别，更由于各国学制上的差别，各个国家的人取得博士学位的历程和难度也是不一样的。

汤姆的博士之路

美国的汤姆6岁就要上学了。如果汤姆生长在乡村，他要上的小学可能是六年制小学，也有可能是八年制；如果汤姆生长在城市，他最可能上的是六年制小学。上学是件很愉快的事情，功课不多，内容也不难，而且很可能没有作业。更有意思的是，汤姆可以和不同年龄的同学在一起。汤姆数学学得不好，就待在本年级，而他的阅读非常出色，老师便让他去上高一年级的课。学校安排丰富多彩的活动，汤姆可以自由报名参加。

6年（或8年）很快就过去，汤姆不需考试就可以进入中学学习。中学有六年制的（和六年制小学衔接），也有四年制（和八年制小学衔接）。进入中学后，有些课是必修的，有些课是选修的。一般学校都开设上百门课程，汤姆可以根据自己的兴趣选择。和小学时期一样，学校提供午餐、保健等服务。汤姆和他的同学可以开展体育活动、舞蹈、演戏、演说等活动，活动自愿参加，自己安排、自己管理，教师只是提出建议和进行视导，根本不主持或操办。

由于美国高等教育非常发达，80%的人都可以上大学。因此，汤姆很可能不用考试就可以上大学。但如果他想上哈佛大学、斯坦福大学等名牌大学，就必须参加考试。汤姆到底能上什么样的学校，主要得看他的学习成绩。如果汤姆学习成绩不太好，他可能去上社区学院（即大专），两年毕业后获得副学士学位，他可以参加工作，也可以转到4年制大学学习。如果汤姆的中学成绩不错，就可能去读4年制大学（即本科）。4年后获得学士学位。美国大学特别是4年制大学实行淘汰制，4年后能毕业的只有入学时的一半左右。大学毕业后，汤姆可以就业，也可以读研究生。读研究生需要考试，但更重要的是大学时期的成绩和面试成绩。读硕士学位一般需要1-2年，获得硕士学位后若攻读博士学位，还需要4-6年。如果汤姆成绩特别优秀，他在本科毕业后也可以直接读博士学位。颁发博士学位的仪式非常隆重，汤姆要穿上长袍，戴上博士帽，父母、妻儿都应邀前往，由校长将博士学位证书郑重地授予汤姆。

约翰和他的博士帽

英国的教育制度别具一格。约翰5岁开始上学，比其他国家的小朋友上学都要早。他要上的学校叫幼儿学校，幼儿学校学制两年，教学以游戏和活动为主，也学一些基础知识。幼儿学校既像其他国家的幼儿园大班，又像其他国家的小学低年级，是一种过渡性的学校。两年制幼儿学校毕业后，约翰便进入小学学习。在幼儿学校和小学，约翰学习全国统一的课程。全国统一课程分为核心科目和基础科目。核心科目包括数学、科学和英语（其中威尔士使用威尔士语的学校应包括威尔士语）。基础科目包括历史、地理、工艺、音乐、艺术、体育和外语。

上完小学，约翰11岁了，他要进入中学学习。英国的中学包括两个阶段，第一个阶段相当于初中，所学课程与小学差不多，多了一门第二外语。根据1988年教育改革法的规定，义务教育阶段内学生的学习阶段分为四段：5—7岁，8—11岁，12—14岁，15—16岁。在每一学习阶段结束或临近结束时，要根据成绩目标对学生的每门科目进行测评，即学生要在7岁、11岁、14岁、16岁时参加4次考试，教育行政部门对于每个学校的考试成绩要进行公布、排名。

在英国中小学阶段，约翰要在16岁和18岁即初中和高中毕业时参加两次重要的考试。在16岁时，约翰要参加全国性的中等教育普通证书考试，共考五门课程。可自己从所学课程中任选，考试成绩对将来升学或就业均有影响。约翰如果学习成绩不太理想，就可能进职业学校接受培训，然后就业；如果学习成绩比较好，则进入第六学级即高中阶段学习。第六学级学制两年，学习学术性很强的课程，完全是为升大学作准备。经过两年的学习，约翰18岁了，他要参加高级水平普通教育证书考试，一般要求考三门，也可以考三门以上。英国没有专门的全国性大学入学考试，大学一般根据16岁时的中等教育普通证书考试和 18 岁时的高级水平普通教育考试两次考试成绩，作为录取新生的主要依据。约翰中学毕业后，上大学的可能性还是很大的，因为大约有 50% 人可以上大学。

英国的大学一般为三年，较其他国家短一年。每学年分三个学期，假期特别长，每年大约只上七个月的课。英国大学还有一点和其他国家不一样，那就是大学开设的课程几乎 100% 都是专业课，很少有通识教育课程。约翰本科毕业后获得文学士或理学士学位。获得学士学位后，约翰可以工作，也可以申请攻读研究生。读研究生不需要参加考试，只需参加面试，得到导师认可即可入学。约翰可以申请攻读硕士学位，经过 1－2 年学习后获得硕士学位；也可以直接申请攻读博士学位，经过 4－6 年的学习和研究后获得博士学位。当然，约翰也可以在取得硕士学位后再攻读博士学位。在英国拿博士学位不是很容易，许多人在规定年限内拿不到学位而不得不延期，也有不少人被淘汰。

雅克的博士梦

在法国，上学是件令人向往的事情。这不，雅克刚满 6 岁，就背上书包高高兴兴地上学去了。法国的学校都是免费的，不仅免收学费、杂费和书费，而且还派校车接送离家较远的学生，有些地区的小学还发文具。法国的小学学制五年，一年级称预备班，二、三年级称初级班，四、五年级称中级班。不过，在年级的具体称谓上，法国更喜欢颠倒称呼一年级为十一年级，二年级为十年级，三年级为九年级，以此类推。雅克上学轻松极了，因为教育部不准学校给学生布置家庭作业，也不得进行学期或学年考试，一般也不留级。

雅克 11 岁时升入初中。升初中是不需要参加考试的，雅克可以就近入学。初中学制四年。这四年依次叫六、五、四、三年级。初中的前两年为"观察阶段"，教师在教育教学活动中观察学生的能力和爱好；后两年为"方向指导阶段"，教师根据前两年观察的结果对学生进行升学方向的指导。四年初中毕业，教师根据学生平时的成绩提出升学方案，即初中毕业后进普通高中还是职业高中、技术高中。如果家长不同意教师的方案，可以上诉，由省里组织考试定夺。由于省里组织的考试很难，因此很少有家长不同意教师方案的情况。

初中毕业后，雅克根据教师的安排进入普通高中学习，普通高中原则上就近入学，但也允许跨片入学。高中学制三年，第一年接初中最后一年称二年级，后两年分别称一年级和结业班。二年级，雅克和所有同学一样学习同样的课程，一年级开始分科，不是文理分科，而是分为七科，各科既有公共课，也有自己的课程。高中毕业时，雅克要参加上小学以来的第一次真正意义上的考试——高中毕业会考。会考为国家考试，但由地方组织。大约75%的学生能拿到高中毕业会考证书，拿到会考证书后不需要参加考试，雅克就可以申请上大学了。

如果雅克被某个大学录取，他就要继续朝博士帽进军。原来的法国大学本科阶段为四年，但与其他国家不同的是，第三年结束时就授予学士学位，第四年大学本科毕业时就授予硕士学位。取得硕士学位后，雅克可以就业，也可以继续学习，攻读"深入学习文凭"或"高等专业学习文凭"，这时同样不需要参加考试，只要导师同意即可入学。两种文凭学制都是一年，但两者的出路不一样，获得"深入学习文凭"后一般要接着读博士学位，而获得"高等专业学习文凭"后一般就业。"深入学习文凭"就是攻读博士学位的通行证，一般再用2－3年或者更多的时间进行科学研究，准备论文，通过答辩，可获得博士学位。法国大学各个阶段入学时都不需要参加考试，但每个阶段结束时都要淘汰很多学生，到最后能拿到博士学位的人可能只占入大学时的10%左右了。但在1999年加入旨在建立统一的欧洲高等教育区的博洛尼亚进程后，法国本科学制也改为3年，硕士研究生学制为2年，本科加上硕士研究生仍然是5年。

卡尔的博士之途

德国教育在历史上曾有过辉煌，对世界上许多国家都产生过影响，时至今日，它基本上还保留着昔日的传统。

卡尔今年6岁，该上学了。按照德国法律规定，每一个儿童，只要在某一年6月30日年满6岁，就必须接受义务教育，进基础学校学习。有些儿童在下半年满6岁，其家长可提出申请，经学校批准后也可进入基础学校学习。卡尔在入学前要接受入学成熟检查，既检查身体，也检查心智发展水平。检查结果有三种：一为合格，允许入学；二为明显不合格，要进学校附设幼儿园学习；三为略显不合格，允许试读四周，若试读合格则正式入学，否则就进学校附设幼儿园。基础学校一般为四年，每学期有一次期末考试，记分为六级制，1 分为最好，6 分为最差，4 分为及格。传统上，若几门课不及格，就将留级，但目前德国大多数州采用一种所谓"正常升级"的制度，即使卡尔多门功课不及格，他也可以在升级后跟班补习而不需留级，除非家长要求让他留级。卡尔的学习负担不重，基本上没有家庭作业。

四年基础学校毕业后，卡尔不需要考试就可以升入中学。中学分三种：主体中学、实科中学、完全中学，只有完全中学毕业才能上大学。三类中学的前两年为"定向阶段"，所有学生学习同样的课程。定向阶段结束后，教师根据学生的平时成绩决定学生是继续在本校学习，还是转入其他类型学校学习。如果家长不同意教师的分流安排，必须让其子女参加一次较难的考试，然后根据这一考试成绩确定他们的升学去向。如果卡尔进入主体中学或实科中学，要再学习三年，中学毕业，升入职业学校学习，然后就业。如果卡尔的成绩突出，则进入完全中学，一直读到 13 年级（4 年小学加 9 年中学），取得完全中学毕业证书，不需再考试，也就取得了进入各类高等学校的资格。取得完全中学毕业证书者，大约占同龄人的 45%。

卡尔拿着完全中学毕业证书，就可以申请入某大学学习。德国大学奉行"学习自由"，允许学生自由选课，自由决定是否参加考试以及何时参加考试。因此，德国大学虽然规定学制为四年（1999 年加入博洛尼亚进程后也改为三年），但大多数人超过规定时间。这就形成一种矛盾，由于完全中学毕业生越来越多，许多毕业生等着入学，而已入大学者却不想毕业，因为德国大学不收费，而且还可以申请补助。四年大学毕业时，卡尔要参加国家考试或高等学校考试或硕士考试，分别可以取得特殊行业就业资格、专家称号或硕士学位。

卡尔大学毕业后，不需要参加专门的入学考试，就可以找自己感兴趣的专业领域的有关教授，请求其担任自己的导师，导师若认为卡尔适合做博士生，就可以收他为自己的博士生。此后，卡尔就需要跟着导师搞科研，写博士论文。德国大学的博士生教育没有固定的年限，一般需要 3 - 6 年。平均为 4.8 年。按照一般情况，卡尔得到博士学位时已 30 多岁了。

小华和他的博士之旅

作为一名中国孩子，小华的博士之旅要比其他主要国家的孩子艰难一些。

虽然改革开放以来我国教育事业发展迅速，也大约只有75%的人能读高中，40%的人能读大学，能够取得博士学位的人则更少了。

根据教育法的规定，小华应在6岁入学。我国的学制主要有两种：六三三制和五四三制，因此，小华的小学可能是六年制的，也可能是五年制的，不同学制的学校课程科目相同，但课程计划和教材不一样。小华的学校生活要比其他国家的小朋友艰苦得多，不但所要学习的课程多，而且每天还要做大量的家庭作业。教育部规定，小学一二年级不布置书面作业，三四年级书面作业不超过30分钟，五六年级不超过45分钟，但小学生作业量远远超过规定的时间。

小学毕业升初中，小华就近升入初中。① 初中有三年制和四年制两种，小学为六年制者则初中为三年制，小学为五年制者则初中为四年制。初中为义务教育阶段，所有学生都学习统一的课程。初中毕业，小华要参加高中入学考试或中等专业学校入学考试，以决定是升入普通高中、职业高中或中等专业学校还是就业。虽然职业高中和中等专业学校的毕业生也有升大学的机会，但普通高中仍然是通往大学的主要桥梁。普通高中学制三年，主要是为升学做准备的，一般高一学习同样的课程，高二开始分文、理两科。这种做法在世界上也不多见。

高中毕业，小华经过高等学校入学统一考试，进入大学学习。大学有专科、本科之分。专科一般修业年限为2－3年，本科修业年限大多为四年。专科毕业后可以就业，也可以通过专升本考试升入本科三年级学习。在我国，专科毕业不授予任何学位。小华本科毕业，可以戴上学士帽。此后可以就业，也可以考研究生。硕士研究生入学考试一般考五门：两门公共课（政治、外语）和三门专业课，初试及复试成绩合格者入学。硕士研究生阶段为三年，既学习课程，也要进行科研，写出硕士学位论文。通过论文答辩，可以获得硕士学位。小华取得硕士学位后，若想继续攻读博士学位，仍需参加博士研究生入学考试，考试由报考学校组织，一般考外语和两三门专业课，初试和复试成绩相加，合格者入学。博士研究生修业年限为三年，三年中修读一部分课程，但以科研训练为主，最后需写出博士学位论文，通过论文答辩，方可取得博士学位。

――――――――――――

① 中华人民共和国于2015年全面实现9年义务教育。

　　从读小学开始到取得博士学位,一般都需要 20 多年的时间。在几个主要国家中,中小学一般都需要 12 – 13 年的时间(美、法、日、中 12 年,英、德 13 年),大学本科一般 3 – 4 年,研究生阶段为弹性学制,硕士研究生一般需 1 – 3 年,博士研究生一般需 3 – 6 年。

第四部分

教学是如何实现的？

　　教学是教育的基本途径，它是教师有目的、有计划、有组织地指导学生掌握系统的科学文化知识和技能，发展智力、体力，陶冶品德、美感，形成全面发展的个性的活动。教学活动涉及"依据什么教"、"教学些什么"、"怎样教"、"在什么状态下教"等问题。"依据什么教"反映的是依据学习规律进行教学，"教学些什么"集中体现了中小学的课程设置与课程设计，"怎样教"则反映的是教学方法、教学手段和教学组织形式，"在什么状态下教"则反映了学制等。任何时代的教学首先要依据客观规律来实施，桑代克的实验与对学习规律的描述在一定程度上揭示了学习的规律；课程设置和课程设计都与培养什么样的人有关，古代社会要培养通才，因此无论是中国古代还是西方古代的教学内容都十分丰富，课程设置具有全面性；随着现代社会的到来，大机器生产带来的分工，使专业人才的需求超过通才的需求，分科教学、分科考试日益占据了主导地位，考试的分化和竞争性也日益严重。当然，现代科学技术的发展，也为个性化的教育和高效的教育提供有力支持，"互联网＋"不仅是一个概念，更重要的是改变了教育的方式方法、教学手段和教学组织形式。

十九　桑代克和他的饿猫

——学习内在机制的把握

　　学习的内在机制，是指学习是如何展开的，即学习是如何发生、进行和结束的，具体是指个体通过何种途径获得和积累经验并以相应的行为变化表现以适应环境变化。关于学习的观点从古代就有，但做出较为科学解释的是当代心理学家爱德华·桑代克。

　　爱德华·桑代克1874年8月31日出生在美国的麻萨诸塞州。在大学时代，他虽然读的是文学专业，但却对心理学特别是学习问题感兴趣。2000多年来，人们对学习有各种各样的解释，如柏拉图认为知识先验地存在于人的灵魂当中，只是人在出生时受到惊吓把它给忘了，出生后学习的过程就是对原有知识的回忆。英国感觉论者洛克则用联想来解释学习。他认为人类是通过经验而获得知识，学习是由观念联想构成的，人们之所以看到桌子时就会联想到椅子，是由于人们在以往的经历中桌子与椅子多次联系在一起的缘故。英国经验主义哲学家休谟认为，学习就是养成习惯性动作，如穿衣服、系鞋带这类动作，经过千百次重复，成为不受意志和理性支配的习惯性动作。但桑代克不满足这些学说对学习的解释，开始着手研究学习问题。大学毕业后，他投到哈佛大学心理学家W.詹姆斯的门下，成为第一位用动物实验来研究学习的人。桑代克起初用小鸡做实验，他用书本隔成迷津，训练它们走迷津。房东对他在房间里养小鸡非常讨厌，便把他赶了出去。桑代克没有办法，便去求詹姆斯帮助，詹姆斯就让桑代克住在他家的地下室，继续做实验。后来桑代克用猫做实验，他把一只饥饿的猫关在特制的迷箱里，箱外放一块猫能看得见的鱼或肉。迷箱内设有一种可以打开门闩的装置。例如，绳子的一端连着门闩，另一端连着一块踏板，只要猫按下踏板，箱门就会打开。猫第一次被放入迷箱时，拼命挣扎，乱咬乱抓，试图逃出迷箱以取得食物。经过一阵折腾之后，猫偶然碰到踏板，逃出迷箱，吃到了食物。桑代克记下猫逃出迷箱所花费的时间后再次把猫放进迷箱，进行下一轮实验。猫再次被放入箱仍然会乱抓乱咬，但这个过程缩短了，猫用了较短的时间就将门打开。实验连续做了多次，猫逃出迷箱所需的时间越来越短。猫逐渐明白了哪些动作是有效的，哪些动作是无效的，到了最后，猫一被放入迷箱，就去按踏板，跑出迷箱，获得食物。桑代克认为，猫学习打开迷箱的过程，是经过多次尝试，不断减少无效劳动，不断舍弃错误动作的过程。因此，他得出结论，学习的过程就是尝试与改正错误的过程。他的学习理论被称为"试误说"。

　　桑代克在总结他的实验的基础上提出了三条主要学习规律。第一，准备律。在他的实验中，为了保证猫进行学习，必须使猫处于饥饿状态。如果猫吃得很饱，把它放进迷箱后，它很可能对外面的食物不感兴趣，因而不会学习如何逃出迷箱，而是蜷缩在里面睡觉。所以，学习必须以动机准备为前提。对于人也是一样，如果学习者对学习材料有准备，渴望学习，则易学会；反之亦然。第二，练习律。在桑代克看来，试误的过程就是一种反复练习的过程，学习必须经过反复的练习。在学习过程中，如果加以练习，刺激－反应之间的联结便牢固，成绩就好；反之不练习，则联结的力量减弱，成绩就不好。同时，前后练习的时间越接近，则联结越牢固，成绩越好；反之亦然。第三，效果律。在实验中，为了保证学习的发生，除了猫必须处于饥饿状态外，食物是必要的，猫通过学会打开箱门可以得到奖励，即获得食物。反之，如果猫逃出迷箱后得到的是惩罚而不是奖励的话，那么猫就不会再试图跑出迷箱了。因此，桑代克得出结论，如果反应的结果是令人愉快的，那么学习就会发生；如果反应的结果是令人烦恼的，那么这种反应行为就会削弱而不是加强。一句话，学习成绩与感到满足还是烦恼有关系。

　　桑代克的试误说受到苛勒的挑战。苛勒比桑代克小 14 岁，是德国格式塔学派的代表人物之一。1913 年，苛勒在任普鲁士科学院类人猿研究站主任时，到非洲沿海的西班牙属的特纳利夫岛做研究工作。他到了特纳利夫岛 6 个月之后，战争爆发了，使他无法离开该岛，结果他在那里待了 4 年，研究猩猩的行为，并于 1917 年出版了他最重要的著作《猩猩的智慧》。在特纳利夫岛上，苛勒共设计了 17 种主要实验。他给猩猩出了这样一些问题：猩猩能够看到香蕉，但够不着，猩猩唯有通过采用它们经验中不曾有过的新方法才能获得香蕉。在不同的实验中，苛勒为猩猩准备一些不同的物品，如木箱子、竹竿、手杖等。在一次实验中，苛勒为猩猩准备了几只箱子。苛勒发现，黑猩猩在尝试着跳了几次无法取到香蕉时，便不再做这些动作了，而是蹲下来仔细观察，忽然之间认识到箱子不是随便放在那里的，而是可以用来作为获取香蕉的工具。于是，它把一个箱子搬过去，站在箱子上去够香蕉，但仍够不着。它又搬来一个箱子把它和另一个箱子摞起来，然后爬上去取得了香蕉。在另一次实验中，苛勒为猩猩提供了两根可以接起来的竹竿。在实验中，猩猩开始时做了些多余的动作，无法取得香蕉，就蹲在那里，好像是在思考问题的解决办法。这次它忽然觉察到竹竿和香蕉的关系，便拿起竹竿打香蕉，当仍不能够得着香蕉时，它又陷入思考，突然觉察到两根竿之间的关系，便把两根竹竿接起来，最后得到了香蕉。苛勒把这种突然的"学会"叫作"顿悟"，因此，他的理论被称为"顿悟说"。

苛勒认为，在动物和人的学习中，练习不是重要的因素，重要的是对整个情景包括事物间的逻辑关系和目的与手段之间的关系的理解和觉察。如果不能把整个情景组成一个整体，即使长时间练习，也是徒劳无效的。虽然在开始时也有尝试的动作，但是到了某个机会就会突然"顿悟"，即使是试误进行的渐进学习的过程，也可以被解释成一系列小的、部分的顿悟。顿悟的发生取决于三个因素，一是综合（如把两根竹竿接起来）；二是分析（如从树上折树枝取代竹竿）；三是联系（如把竹竿、木箱与食物之间的关系联系起来）。通过顿悟而学习，不仅可以避免多余的试误，而且有助于迁移，这种学习本身就是一种奖励，因此，滥用各种外部奖励，如用糖果、好分数或金钱之类的东西来驱动学习，是没有意义的。

在当代，认知心理学派的皮亚杰、布鲁纳、加涅、托尔曼等人以及人本主义心理学派的罗杰斯，也都从不同的角度研究学习。认知学派把学习看作认知结构的改变，而人文主义学派则认为学习是自我概念的变化。"学习"这个使用频率相当高的词到底是指什么？学习到底是怎样发生的？学习有哪些规律？对于这些问题，人们一直在探索，却没有公认的回答。目前，一般认为学习是个体经验的获得及行为变化的过程。从学习的类型上看，既有解决问题的学习，又有行为规范的学习，还有间接经验即知识技能的学习。从学习的发生来看，桑代克的试误说以及苛勒的顿悟说，都只不过从不同角度解释了解决问题的学习问题。在解决问题的学习中，试误和顿悟都是存在的。学生的学习是人类学习的一种特殊形式，是在教师的指导下进行的，学习内容以前人经验为主，包括文化科学知识、技能和社会生活规范或行为准则，目的是把前人的经验变成自己的精神财富，掌握一定的知识，形成一定的技能和思想品德，为以后参与各种社会实践打下基础。

在中外历史中，都有不少对学习规律的研究成果。在我国古代，孔子认为学习规律包括学与闻结合、学与思结合、学与习结合、学与行结合等四项规律。孟子认为学习的基本规律有三，即自求自得、专心致志、渐进有恒。宋代著名教育家朱熹把学习规律总结为循序渐进、熟读精思、虚心静虑、切己体察、著紧用力、居敬持志。明末教育家王夫之认为学思并重、知行统一、循序渐进、养成习惯为学习的基本规律。在国外，前面讲过桑代克认为学习的基本规律为准备律、练习律、效果律。格式塔学派认为学习基本规律有接近律、相似律、连续律、记忆律等。

1989 年，我国著名学习问题研究专家曹恩迪教授主编出版了我国第一部系统研究学习问题的专著《学习论》，其中辟专章探讨学习规律，提出了内发律、循序律、思辩律、积累律、知行律等学生学习的规律，较全面地总结了学习的基本规律。下面谨对其五条规律做一简要介绍。

1. 内发律。学习的内发律，是指学习是一种发自内心的求索。学生的学习是在教师指导下的学习活动，教师的教和指导是学生掌握知识、发展能力的外因，而学生的学才是学生掌握知识、发展能力的内因。根据唯物辩证法，外因是变化的条件，内因是变化的根据，事物变化是外因通过内因起作用。因此，学生的学最终决定着知识的掌握和能力的发展。人的各种活动，都是由一定的动因即活动的动机引起的。进行学习活动的心理动因是学习动机，它源自学习者的学习需要，从事学习就是为了满足这种需要。学习动机有两种类型：一是为了实现某种目的而学习，称为外在动机；二是把对知识本身的追求作为自己的目标，叫作内在动机。外在动机和内在动机都可以推动学习，但起根本作用的还是内在动机。

2. 循序律。所谓循序律，就是指学习要按照事物发展的程序进行，学生的学习要遵循两个序：一是学生自身的身心发展规律，这里既包括认识规律，也包括身体发育成长的规律。学生的认识规律指学生的认识活动是一个由已知到未知、由简单到复杂、由低级到高级、由感性到理性、由知到行的逐步发展的过程。学生的身体发育成长规律是大脑及人体其他器官的发展变化规律。无论是课堂学习还是课外活动，都应遵循这两个规律。二是学科结构的序列，即学科逻辑关系。学习只有按照这个顺序前进，把握好先学什么、后学什么，才能顺利地掌握知识、发展能力。

3. 思辩律。所谓思辩律，就是在由具体到抽象、再由抽象到具体的辩证思维活动中发展思维能力。学与思的关系是思辩律的本质反映。学是接收、贮存信息，思是判断、处理信息。思维总得有思维着的东西，思维着的东西就是学得的知识，知识便是思维的"原料"。学是基础，思是发展，学的过程即思的过程，学必思，思在学中，善思才算善学。

4. 积累律。积累律，是指无论知识的掌握还是能力的发展，都是一个由少到多、由低到高的积累过程。正如古代著名思想家墨翟所说："江河之水，非一源之水也；千镒之裘，非一狐之白也。"① 知识积累的基础是记忆，知识的掌握和能力的发展要在记忆的基础上通过加工、转化、强化环节等实现。一般说来，由于知识领域之间是相互联系、相互渗透的，平时积累的知识越多，就越容易实现知识的迁移，做到举一反三、触类旁通，掌握知识和发展能力的速度也就会加快。

5. 知行律。知与行是古今中外教育家都十分关注的一对矛盾。知与行的关系，也就是理论与实践的关系，二者是相互促进的。知可以指导行，行可以使知深化。知与行是相资为用的，离开知的行和离开行的知都是不可思议的。所谓知行律，也就是指无论是知识的掌握还是能力的培养，都是通过知与行、理论与实践的结合实现的。

二十　追寻亚里士多德

——教学内容的演变

教学内容是教与学相互作用过程中有意传递、服务于教学目的的主要信息；教学内容按照一定的逻辑方式排列起来叫作课程。教学内容随着时代的发展而越来越丰富，同时也因为教育者的选择在教育教学过程中有不同的呈现。

公元前 384 年，亚里士多德出生于希腊北部马其顿王国的斯塔吉拉，父亲是马其顿国王亚密塔的御医。他少年随父习医。公元前 367 年他 17 岁，离开马其顿来到雅典，拜古希腊最有名的教师柏拉图为师，跟随柏拉图达 20 年之久。亚里士多德是柏拉图学园（Academy）中出类拔萃的学生，被柏拉图称为"学园之灵"。他一方面虚心向柏拉图学习，另一方面又不唯命是从。他反对柏拉图高谈玄理的学风，主张刻苦钻研，博览群书，并逐渐形成了独特的治学道路和方法。他努力收集各种图书资料，并为自己建立了图书室，这在当时是很罕见的。公元前 347 年，柏拉图逝世，亚里士多德便周游各地。四年后，亚里士多德受马其顿国王腓力二世的聘请，担任太子亚历山大的教师，

---

① 冉佳，程垫丰. 如何解决中小旅游社员工的流失 [J]. 山海经：故事，2016 (1).

达八年之久。后来亚历山大继承王位，建立起横跨欧亚非三大洲的亚历山大帝国，其领土西起希腊，东及印度河，南括埃及，北抵中亚。公元前335年，亚里士多德返回雅典，仿效其老师柏拉图，在雅典的郊区吕克昂（Lyceum）开办了一所学园，经费来源于亚历山大为亚里士多德提供的48000磅黄金，亚里士多德就在这里一边搞研究，一边教学。他经常与他的学生在学园内的林荫道上，边散步边讨论问题，世称"逍遥学派"。公元前323年，亚历山大病死巴比伦，雅典很快便掀起了反马其顿的波涛。亚里士多德也因此而受到牵连，被指控犯有"渎神罪"。鉴于亚里士多德的老师柏拉图的老师苏格拉底曾以"渎神罪"被判死刑，亚里士多德不得不逃离雅典，避居优卑亚岛，第二年就在此与世长辞了。

亚里士多德是一个知识渊博的学者，马克思称他为"古代最伟大的思想家"，恩格斯说他是古代"西方最博学的人"。亚里士多德的研究范围极广，对哲学、逻辑学、心理学、教育学、伦理学、修辞学、政治学、历史学、经济学、美学、物理学、动物学、植物学、生物学、医学、诗学等都进行过研究，出版了《工具篇》、《逻辑学》、《形而上学》、《尼各马可伦理学》、《政治学》、《修辞学》、《诗学》、《物理学》、《论天》、《灵魂》等著作。正像他的学生亚历山大统一世界一样，亚里士多德在学识上建立了"一统"的帝国，其百科全书式的兴趣和造诣，几千年间能出其右者甚少。

在古代，虽然取得亚里士多德那样的成就的学者不多，但学识渊博、通晓多种学科领域的学者却并不罕见。中国的孔子精通礼、乐、射、御、书、数；意大利画家达·芬奇在雕刻、音乐、诗学、生物学、数学、科学、技术等方面也显示出优异的才能；法国哲学家笛卡尔，不仅在哲学方面造诣深厚，而且在数学、物理学等自然科学领域成就非凡。这样的学者我们还可以列举出很多。但是，如果让我们列出几位当代的百科全书式的学者，恐怕绞尽脑汁也难以数出来。当代有的是在某一学科甚至某一狭窄的研究领域造诣颇深的专家，却没有通晓多个学科领域的大家，究其原因，固然与学科的分化有关系，但更重要的还是与知识价值观有关系，与人才观有关系，而这些又都集中体现在培养人才的学校课程上。

"课程"在英语中对应的是curriculum一词，其原来的意思是"赛马的跑道"，意思是说，就像赛马时骑手需沿着一定的跑道才能达到目标一样，学生在学校里学习也必须沿着一定的跑道前进，才能达到预期的目标，这个跑道就是课程，在历史发展的各个时期，人才观不同，知识价值观不同，学校的课程也就出现了巨大的差异。

在古代，知识的发展尚处于综合阶段，分化出来的学科非常有限。此时的学校教育与生产劳动的结合并不密切，主要是培养统治人才和管理人才，因此，学校教育中人文主义的知识价值观占支配地位，注重培养健全的个性，课程也就以人文科学为主。我国古代，孔子以"六艺"教人，课程分为礼、乐、射、御、书、数六类。汉代以后，中经隋唐至宋，四书（《论语》、《孟子》、《大学》、《中庸》）五经（《诗》、《书》、《礼》、《易》、《春秋》）成了各级学校的主要的甚至是唯一的课程。在西方，古希腊教育家柏拉图以"七艺"教人，将课程分为文法、修辞、辩证法、算术、几何、音乐、天文，其中文法、修辞、辩证法三科谓之"三艺"，主要是文科课程，算术、几何、音乐、天文四科谓之"四艺"，主要是理科课程。无论是中国的六艺和四书五经，还是古希腊的"七艺"，都强调给学生以全面的知识，培养通才，这种课程模式和人才培养模式延续了将近 2000 年。

到了中世纪，欧洲进入封建社会，文化和教育全部为教会所垄断，古代希腊和罗马的"七艺"被教会用宗教加以改造，用来为神学服务。后来，随着骑士制度的盛行，骑士教育成为世俗教育的重要形式，于是又出现了所谓的"骑士七技"，即骑马、游泳、投枪、击剑、打猎、奕棋和吟诗。课程内容十分狭窄。这个时期，无论是文化科学技术还是学校课程都带有明显的宗教神学色彩，被认为是教育史上的"黑暗时代"。

从 14 世纪中叶到 16 世纪末叶的文艺复兴运动在人类文明史上占据着特殊重要的地位。文艺复兴运动名义上是古希腊和罗马文化的复兴，实质上是反映新兴资产阶级意识形态的新文化运动。它以人文主义为旗帜，提倡人道，反对神道；提倡人权，反对神权；提倡个性解放，反对压抑和禁锢个性；提倡现实幸福，反对禁欲主义和出世思想；提倡知识与科学，反对蒙昧与无知。在人文主义新风的吹拂下，文化、艺术、科学和哲学欣欣向荣，学校课程也得到了革新和发展。传统的"七艺"课程经人文主义者的改造范围逐渐扩大，古典语文（希腊文、拉丁文）在学校课程中占有重要地位，一些学校增设了文学、历史、地理、力学等科目。宗教科目虽未取消，但已不占统治地位。长期被封建经院主义教育所否定的体育受到了重视，德育也被提到重要地位，并增加了新的内容。大学也相继建立了以希腊罗马古典文学为主的新学科，基本上改变了神学统治大学的状况。

文艺复兴运动为近代自然科学和社会科学的建立开辟了道路。物理、化学、生物、数学等自然科学领域的研究取得了突破性的进展，语言学、历史学、经济学、社会学、法学、哲学等社会科学也先后建立并发展起来。在这种情况下，在 17 - 19 世纪，西方学校课程中逐步增设了代数学、三角学、植物学、动物学、物理学、化学等自然学科。同时，由于资产阶级民主政治及其对外扩张的需要，由于民族文化的发展和国际交流的扩大，西方学校课程中增设了一些新的人文科目，主要有现代本族语、现代外国语、公民、历史、地理。另外，劳动学科逐渐进入课堂，体育学科受到普遍重视，美术逐渐成为课程的组成部分，音乐的形式和内容都得到了更新。

至 19 世纪中期，虽然课程体系中自然科学逐渐确立了应有的位置，但学校课程仍具有明显的人文主义色彩，无论是中小学还是大学，都是以通才为培养目标，注重个性的全面发展。19 世纪中叶，第一次科技革命的成果开始广泛应用于工业生产，社会生产方式和生活方式都发生了急剧而深刻的变化，从而对人才培养规格提出了新的要求。形势的变化在英国引发了一场"关于什么知识最有价值"之论争，斯宾塞、赫胥黎等猛烈抨击传统的人文主义教育，打出了科学教育的大旗。面对"什么知识最有价值"这一论争主题，斯宾塞明确指出，教育的目的在于为完满的生活做准备，而只有科学的知识才能为完满的生活做好准备，因为，"为了直接保全自己或是维护生命和健康，最主要的知识是科学。为了谋生而间接保全自己，具有最大价值的知识是科学。为了正当地完成父母的职责，正确指导的是科学。为了解释过去和现在的国家生活，使每个公民都能合理地调节他的行为所必需的不可缺少的钥匙是科学。同样，为了各种艺术的完美创作和最高欣赏所需要的准备也是科学。而为了智慧、道德、宗教训练的目的，最有效的学习还是科学"①。总之，人类生产和生活的一切活动都离不开科学，因此科学教育应成为学校教育的最主要的组成部分，学校应建立以科学知识为中心的课程体系。斯宾塞还亲自设计了以科学知识为中心的多学科的中学课程，包括解剖学、生理学、逻辑学、算术、几何学、力学、物理学、化学、天文学、地质学、生物学、社会学、外国语、心理学、教育学、历史、油画、雕塑、音乐和诗歌等。在这些

---

① 斯宾塞. 教育论 [M] . 北京：人民教育出版社，1962：43.

学科中，数学和自然科学占有最大的比重。当时，英、美实科中学都采纳了斯宾塞的课程体系。斯宾塞所倡导的科学主义知识价值观逐渐取代人文主义成为在课程理论中占支配地位的知识价值观，对中小学和大学都产生了巨大的影响。

进入 20 世纪，科学主义一直支配着学校课程，学校课程也相对稳定。随着中小学教育的普及和高等教育的发展，中小学教育逐渐成为基础教育，主要是为中学以后的教育打基础，因此，无论是发达国家还是发展中国家，其课程内容一般都包括语文、数学、外国语、物理、化学、生物、历史、地理、社会、音乐、美术、体育、劳动等学科，只不过有的国家采取分科课程，另一些国家采取综合课程罢了。人才培养的重心由中小学教育转向高等教育。在高等教育领域，人文主义与科学主义之争主要体现为通才教育和专才教育之争。从中世纪大学产生时起，大学虽然分为文学、法学、医学、神学四科，但课程涉及的知识面很广，培养的是通晓多方面知识的通才。随着科学技术的发展和知识领域的不断分化，19 世纪中叶的美国大学出现了系和专业的建制，高等教育人才培养开始由通才教育向专才教育转化。19 世纪后期，科学主义盛行，高等教育日益专业化、职业化，高等学校不再培养通晓多方面知识的通才，而是培养精通某一学科领域的专才，这种培养模式至今没有改变。100 多年来，高等教育培养出一批批数学家、物理学家、化学家、语言学家、法学家，但却没有培养出一个亚里士多德式的思想家。

第二次世界大战后，科学技术的发展呈现出三大特点：一是科学技术发展速度加快，新知识和知识总量急剧增加；二是科学技术的发展呈现出既高度分化又高度综合的趋势；三是科学技术向现实生产力的转化越来越快，知识的陈旧过程缩短。在这种情况下，狭隘的专才教育模式已不能适应时代发展的要求，培养通才再次成为高等学校人才培养模式的主流。美国大学前两年不分专业，所有学生学习同样的课程，两年之后再选定专业。法国、德国大学前两年为基础学习阶段，只分大的方向而不分专业，同一方向的学生学习同样的课程，大学后两年再深入学习专业知识。日本将大学四年分为教养部和专业部两个阶段，近年来虽实行一贯制教育，但通识教育并没有受到削减。各国这样做的目的就是要扭转专才教育的偏向，培养通才。当然，当今世界各国强调的通才教育并不是对 19 世纪以前的通才教育的简单恢复，而是结合当代社会对人的发展的客观要求以及人自身发展的实际需要，对原来的专才教育加以改造，拓宽专业口径，既重视对学生进行文理等多方面基础知识和基本技能的训练，以及健全个性的形成，又重视对学生进行某一学科、某一专业的专门技能的训练，是对原来的通才和专才教育在新形势下的综合，是一种新的通才教育。

在现实生活中，人们面对的现实世界包括自然、人类社会以及人自身，任何人在认识和改造世界的活动中都处在三种关系之中：一是人与自然的关系；二是人与社会的关系；三是人与自我的关系。这三种关系是相互渗透的。大学的各类专业，无论是理、工、医、农，还是文史、政法，都离不开上述三种关系。自然科学、社会科学和人文科学便是人类从不同侧面研究现实世界中三种关系的成果。在当今社会，无论你从事何种专业，都需要掌握自然科学、社会科学和人文科学的基础知识，否则你就不能全面、正确地把握专业领域的研究对象，无法全面实现人生的价值。

在新的时代，由于知识总量和亚里士多德时代已不可同日而语，像亚里士多德那样在各个领域都取得突出成就实属很难。但是，像亚里士多德那样掌握多个领域的学科知识，同时又有自己的主攻领域，既是时代发展的要求，也是可以实现的。

二十一 南风和北风
——教学方法的选择

教学方法是教师和学生为了实现教学目标、完成教学任务而采用的方式与手段的总和，它包括教师教的方法和学生学的方法，是教师引导学生掌握知识技能、获得身心发展而共同活动的方法。教学方法没有好坏之分，只有适宜之别。

法国作家拉封丹有一则寓言《南风和北风》，讲的是南风和北风比试谁的威力大。他们选择的比试方式是看谁能把行人身上的大衣脱掉。北风首先施展威力，行人顿觉寒气袭人。为了抵御北风的侵袭，行人把大衣裹得紧紧的。而北风吹得越急，行人就把大衣裹得越紧。北风没办法，就看南风的威力如何。只见南风徐徐吹拂，行人顿时感觉春暖衣厚，开始将大衣的纽扣解开。

南风继续吹拂，行人天热难耐，便把大衣脱掉了。北风和南风都是要使行人脱掉大衣，但由于方法不一样，结果大相径庭。这则寓言告诉我们，无论做什么事情，都要采用正确的方法。在学习上也是如此。好的学习方法可以取得事半功倍的效果，而不好的方法可能使人事倍功半。

在学校中，教师和学生是教学中的两个最基本的要素。由于教师在师生关系中起着主导作用，因此，学生学习的方法往往取决于教师教的方法，所谓教学方法是指教师和学生为了完成一定的教学任务，根据教学内容和学生的特点而采取的教和学的方法，学生在这个过程中求得发展，在古代和近代尤为如此。

在古代社会，教育的目的是培养统治阶级驯服的臣仆，教学内容主要是统治阶级的伦理道德和宗教教义。教师的教学以传授这些伦理道德和宗教教义为主要目的，视学生为单纯接受知识和记忆储存的容器。这一切就决定了古代教学方法主要是注入式教学方法，教师强行把一些知识、观念灌输给学生，学生主要是机械背诵，呆读死记。

早期的学校中最常用的方法是记诵法和抄写法。记诵法产生于古代埃及和印度，教师机械地灌输，学生呆板地记忆和背诵，方法单调而乏味。那时体罚盛行，学生若背诵不上来，就会受到体罚。抄写法就是教师让学生抄写的教学方法。古代希腊、罗马以及中国、印度等东方国家的学校，以阅读、书写为主要课程，因此，教师便让学生通过抄写来学习古代文字，进行阅读和记忆。适当的背诵和抄写，是学习中不可缺少的方法，古代学校以记诵和抄写为主要教学方法，给学生思考的空间非常小，对学生的发展是不利的。但是，早期的学校中也不是每个人都以记诵法、抄写法进行教学。中国的孔子在教学中主张学思结合，古希腊的苏格拉底以谈话法刺激学生的思维，引导学生掌握知识，都具有启发性教学的性质。

进入封建社会后，学校的教学方法虽然仍是注入式的，但不像以前那样太倚重灌输。古希腊哲学家、教育家普罗塔哥拉曾创立讲课法，将教学分为六个步骤：教师朗读课文；解释语言的韵律特征；对文中的历史和神话典故做出解释；评论作者的选词，说明不常用的词及其词源；讲解语法；最后对整篇课文进行评论。这种方法在当时并未为大多数学校所采用，到了中世纪，这种方法才盛行开来。中世纪大学以讲课法为主要教学方法，但对普罗塔哥拉的方法作了修改：教师在讲课文之前，先给学生说明课文的梗概及主要思想，然后用简要的语言讲解课文并诵读课文，复述课文的梗概，最后是释疑和举例。欧洲宗教改革时，耶稣会学校又对讲课法进行了改革，首先是教师流畅地通读两遍课文，然后逐句逐段地讲解课文大意语法，接下来是朗读其他作者类似的文章，比较其思想和言辞，评价文中借用的历史神话典故，最后对整篇课文进行评价。讲课法是今日常用的讲授法的萌芽，与原来的记诵法、抄写法相比有了很大的进步。但它还是较多地强调教师细致地讲解课文，学生通过上课记笔记，课后背笔记而记忆课文内容。在中世纪的学校中，还出现了问答法、辩论法等教学方法，对启发学生思维、激发学生的学习兴趣，产生了积极的影响。

进入近代以后，特别是18世纪以来，科学技术不断发展并开始被应用到生产过程当中，学校的主要目的发生了变化，主要是培养能够操作机器并掌握一定文化科学知识和技术的生产者和具有实际知识技术的管理者。教学内容也发生了一定的变化，人文学科特别是古典语言和文学所占比例逐渐减少，而近代自然科学（物理、化学、生物等）相继进入课堂，学校的教学方法也不得不随之发生相应的变革。首先，实物教学法开始受到重视。从文艺复兴时期开始，一些人文主义教育家如意大利教育家维多利诺、法国教育家拉伯雷、蒙旦等人就积极倡导实物教学。捷克教育家夸美纽斯则从理论上给实物教学法以支持，他认为一切知识均从感知开始，因而主张教学应从观察实物入手，如果不能对实物进行观察，也应利用图片或模型代替实物。后来实物教学法经洛克、裴斯泰洛齐、卢梭等人的发展，逐渐成熟，成为学校教育中的主要教学方法之一。其次，历史上的一些教学方法不断得到改革和发展。德国教育家赫尔巴特及其弟子提出的五段教学法，就是对中世纪讲课法的一种发展。五段教学法分为五个步骤：第一步是预备，即用问答、谈话等方式复习旧知识，并使学生知道当前所要解决的问题；第二步是提示，即呈现需要学习的新材料；第三步是联想，即教师引导学生对新旧材料进行比较，找出异同，把新旧知识结合起来；第四步是总结，即把分析比较的结果综合成结论或原则，使学生形成一般概念；第五步是应用，即通过练习巩固新知识，培养学生应用所学知识解决问题的能力。五段教学法在19世纪末20世纪初全球性的赫尔巴特运动中流传到世界各地的学校，至今仍有重要的影响。此外，演示法、实验法、实习法、游戏法等教学方法也发展起来，教学方法日趋多样化。

进入 20 世纪，进步教育运动在美国兴起。进步教育的主要代表美国教育家杜威对赫尔巴特以教师为中心的教育思想进行了批判，认为采用五段教学法进行教学，学生在课堂上唯一的活动就是静听，只能按部就班地吸收知识，而不能启发思维。杜威认为，人们对任何一个问题反省的思维过程都要经过五个步骤：①从情境中发现疑难点；②从疑难点中提出问题；③提出解决问题的假设；④推断哪一种假设是能够解决问题的；⑤通过实验验证与修改假设。因此，教学也应该以这五个步骤为依据展开：①给学生设置一种情境，使学生产生疑问，从而产生兴趣；②明确产生的问题，以问题引起学生的兴趣；③学生自己提出解决问题的假设；④学生自己提出解决问题的办法，预想结果；⑤学生自己做实验去验证自己的设想。这就是杜威的"五步教学法"。与五段教学法不同，杜威的五步教学法在步骤上可以变动。在杜威的影响下，在 20 世纪前半期还出现了克伯屈的设计教学法、莫里森的单元教学法、德克乐利的德克乐利教学法等新的教学方法。这些教学方法走出传统教学方法只重视教师的教，不重视学生的学的窠臼，注意发挥学生的主动性，同时也不再把知识传授作为教学的唯一目的，把能力培养提上日程。

第二次世界大战后，科学技术迅猛发展，知识总量剧增，而且知识的陈旧周期缩短，给学校教育提出了新的更高的要求。体现在教学方法方面，它要求教学方法必须进行创新和改造，不能仅仅满足系统知识的传授，而更应重视学生能力的培养；不能仅仅重视教师教的方法，而更应重视学生学的方法，使教师教的方法围绕学生学的方法组织起来。因此，世界各国都进行了教学方法的改革和实验，新的教学方法如雨后春笋，层出不穷。在国外有布鲁纳的发现法、布鲁姆的掌握学习法、兰本达的探究 - 研讨教学法、哈伯特的哈伯特教学法、奥苏贝尔的意义接受学习法、克拉斯诺夫的问题教学法、沙塔洛夫的纲要信号图示法、瓦根舍因的范例教学法、弗雷内的弗雷内教学法、洛扎诺夫的暗示教学法、铃木镇一的铃木教学法、广岗藏亮的解决课题教学法、斯金纳的程序教学法等。在国内，有湖北大学黎世法教授创立的六课型教学单元教学法、江苏省特级教师邱学华创立的尝试教学法、北京市特级教师马芯兰创立的四性教学法、江苏省特级教师李吉林倡导的情景教学法、黑龙江矿院胥长辰教授创立的学导式教学法、上海市育才中学创立的读、议、讲、练教学法等。

近年来，有关学生学习方法的研究成果也日渐丰富。学生在校的常规学习由预习、听课、复习、作业、系统小结等五个环节组成，每一个环节都有一定的方法。预习就是指预选自学新教材。从预习的时间和内容上划分，预习有课前预习、阶段预习和学期预习三种，但对大多数学生来讲，主要应进行课前预习。预习时，一般要大概了解新教材的内容和思路、重点和难点，提出不明白和需要深入理解的问题，必要时可以尝试做点预习笔记。预习应把握好粗细的度，预习过粗则可能会流于形式，达不到预期效果；预习过细则可能花费的时间太多，甚至会降低听课的积极性。听课是学生学习的中心环节，听课质量的高低，直接影响到学习的其他环节。一般说来，听课时要目的明确，专心致志，积极思维，勇于质疑，必要时做好课堂笔记。复习是及时消化、巩固所学知识，促进知识系统化的重要手段，是与上课紧密联系的一个学习环节。复习有许多种，这里说的复习是指课后复习。由于遗忘的规律是先快后慢，复习应及时进行，尽量做到当天所学内容当天复习，而且应先复习后做作业。复习并不是简单地重复课堂学习，看一看笔记或教科书，背一背定义、定理和公式，而是要学会独立思考，并对所学知识进行归纳总结。做作业是学习过程的有机组成部分，是检查学习效果、巩固加深对所学知识的理解，培养分析问题和解决问题的能力的重要手段。做作业的基本要求是：先复习教材，再做作业；认真审题，弄清题意；积极思考，独立完成；及早完成，自我检查。系统小结是指在一定阶段内对自己的学习进行系统化总结，以使掌握的知识更加全面、系统、深刻、牢固。系统小结一般在学完一章或一个单元后进行，在期中或期末还要进行阶段性的小结。系统小结可以以各种方式进行，可以用简略的字句写出一个提纲，可用几个公式加以归纳，可有几句口诀帮助记忆，也可用方框图、系统图、示意图、表格等形式将知识系统化。

现在国外非常流行 SQ3R 学习法，主要用于阅读教科书和其他重要书籍，值得借鉴。SQ3R 是 Survey（纵览）、Question（提问）、Read（阅读）、Recite（背诵）、Review（复习）五个英语单词的缩写，代表读书学习的五个步骤。第一步是纵览，即对全书做粗略的浏览，了解书的序言、目录、索引、后记和提要。第二步是提问，即在浏览全书时要提出并记下自己想到的问题，也可试着解答。第三步是阅读，这是中心环节，通常要求读得慢而透彻，时常还要回过头去重读某些内容，读后要基本上掌握全书的内容。第四步是背诵，即在理解的基础上将书的主要观点和基本内容复述出来，有些重要部分最好能背下来。第五步是复习，即在看完一部分后应当进行小结和回忆，以后也要有重点地进行复习，以巩固学习成果。

国外还流行一种适合于多人一起学习的方法，叫 LOVE 学习法。LOVE 是 Listen（听）、Outline（写纲要）、Verbalize（表达）和 Evaluate（评价）四个英语单词的缩写，代表学习的四个步骤。第一步是听，即在一般了解某章内容后，一个人以适当的速度大声朗读，直到读完这一章的第一部分，其他人则要认真听。第二步是写纲要，即听的人要一边听一边记下关键词句、名字、数字等重要内容，并可以要求朗读者加快或者放慢朗读速度，或重复某些内容，当朗读结束后，听的人要以笔记为基础写出一个简短的提纲。第三步是表达，听的人根据刚才所写的提纲，复述朗读者朗读的内容，要求尽可能回忆出其全部主要观点。第四步是评价，即朗读者对照原文评价复述的准确性和完整性，在发生差错时要及时加以纠正并可作一些适当的提示。当按该方法完成一部分内容后，在进行下一部分的学习时就可交换一下读和听的角色。

学习方法多种多样，学习者也千差万别。没有一种方法是放之四海而皆准的科学方法，科学的方法就是既适合学习者自身的特点，又适合学习材料的特点的方法。每一个人都应根据自己的特点和学习材料的特点，对现有的学习方法改造，或创立新的方法，寻找适合自己的方法。

二十二　柏克赫斯特和她的学习合同
——教学组织形式的改革

教学组织形式是指为完成特定的教学任务，教师和学生按照一定要求组合起来进行活动的结构。在教育史上先后出现的影响较大的教学组织形式有个别教学制、班级授课制、分组教学制、道尔顿制和特朗普制等多种组织形式，而后三者则是针对班级授课制的弊端提出的，其中以柏克赫斯特的学习合同最为著名。

教师和学生签学习合同，对于我国的中小学教师和学生来说恐怕还是一件新鲜事。而在国外，一提到柏克赫斯特和她的学习合同，几乎没有人不知道。

　　柏克赫斯特是20世纪美国著名女教育家。1920年她应麻萨诸塞州道尔顿市道尔顿中学校长杰克曼的邀请，在该校进行教学改革。柏克赫斯特认为，儿童天性好学，生来具有很强的好奇心，教师必须利用这些有利条件，引导他们学习。为此，必须对传统教学制度进行彻底的改造，建立新的教学制度。新的教学制度应遵循自由、合作、时间预算三个原则。自由，就是要让儿童自由地学习，在学生专心学习任何科目时，教师都不应该加以妨碍和阻止，不要给学生任何压力，不要用课程表规定学生在某时学某一门科目或某时听某教师的课，应允许学生按照自己的计划和速度对学习做出安排。合作，就是指学生在自由的前提下应互相交往、互相帮助，以达到共同提高的目的。时间预算，就是指学生在明确应该做什么事情之后，应对学习做出计划。

　　根据这三个原则，柏克赫斯特首先将教室改为各科作业室，作业室兼有教室、自修室、图书馆等多种功能，按照学科性质设有黑板、桌椅、书籍、图表、标本和仪器等等。其次是把传统的课堂讲授改成学生自学，把各科学习内容编制成分目的作业大纲，规定应完成的各项作业。在完成这些工作后教师和学生签订学习合同，合同一般包括一个月的学习安排，它用生动有趣的语言介绍学科大概内容，并规定每周的具体要求，以及参考资料的目录。学生按照这份合同，根据自己的兴趣和能力自由支配时间在各作业室自学。学生可以自由地进入作业室，没有时间的限制。学生没有兴趣时可以随时离开。如果有了疑难问题，可以查阅参考书，也可以小组讲座，还可以问老师或同学。各作业室配有该科教师一人，作为顾问供学生随时咨询，一般是做个别指导，必要时才进行集体讲授。学生完全根据自己的能力安排学习进度，学得快的可以提前更新学习合同，学得慢的可以延长完成学习合同的时间，没有统一的时间限制，不存在留级问题。教师手里有学生作业记录表、教师作业室记录表和每周进度统计表三种记录表，用以记录学生指定作业的完成情况。

　　柏克赫斯特的教学改革一举获得成功，在国内外引起强烈的反响。由于她的改革是在道尔顿中学进行的，她的做法一般被称为"道尔顿计划"或"道尔顿制"。柏克赫斯特的教学改革主要涉及教学组织形式的改革，是对传统的班级授课制的改革。她为什么要改革班级授课制？对班级授课制的改革还有哪些？这一切得从教学组织形式的沿革过程说起。

　　学校从产生之日起，就采用一定的组织形式进行教学活动。最早出现的教学组织形式是个别教学，即教师分别对个别学生进行教学。古代希腊、罗马的学校和古代东方国家的学校，都采用这种教学组织形式。我国古代的官学以及奴隶社会的私学、封建社会的私塾和书院，也以个别教学为主要形式。个别教学明显带有师徒相传的性质，其特征是教学速度慢、效率低，没有明确或固定的学习年限，学生既不分年级，也不分科进行学习。这种教学组织形式适合学生人数少的教学要求，是古代教育规模小、学生人数少而且年龄层次和知识水平相差悬殊的教育发展状况的反映。

在个别教学之后产生的是个别－班组教学。这种教学组织形式的特点：第一，教师教的不再是一两名学生，而是一个班组的学生；第二，不再是一个教师讲授所有教学内容，而是由一位教师主讲，若干名教师辅助讲授；第三，教学时主要由教师个别地给每个学生讲授指导，同时也由学生共同进行某些学习活动，如全组朗读、互相讨论；第四，学生在年龄、程度、修业年限及学习进度上仍参差不齐，但修业顺序有了一定程度的计划和安排；第五，班组的学生人数不固定，学生随时可以入学或退学。最早使用这种教学组织形式的是我国汉朝的太学，我国宋代以后的官学和书院、西欧中世纪末期至文艺复兴时期的学校，均采用过这种教学组织形式。

文艺复兴之后，欧洲各国的资本主义工商业有了一定的发展，受教育的人数增加，教育规模不断扩大，人们开始探索新的教学组织形式。16世纪中叶，路德教派的教育家斯图谟在斯特拉斯堡创建古典文科中学。他根据学生的能力分班，采取分组教学制度。他把6－15岁的学生分成10个班级，每个班的年龄和水平基本一致，每个班按照固定的课程和教科书进行教学。这便是现在世界各国普遍采用的班级授课制的萌芽。欧洲的俄罗斯、乌克兰、法国、捷克等国也都有类似的教学组织形式。

17世纪，捷克教育家夸美纽斯在总结前人和自己长期教学实践经验的基础上，第一次对班级授课制作了理论阐述。他主张根据学生的年龄和知识水平划分班级，由教师按照固定的课程表和统一的进度进行教学；学校的教学应该有学年的划分，同时开学，同时放假，学年开始时，学生同时升入一个年级，开学以后不再招生，在学期中间也不能随便退学；每个班级应学习同样的功课，采用同样的教材；每周上课五天半，星期六下午不上课，星期天放假；每天上课分上午和下午进行，各两个小时，其余时间为自学。班级授课制与个别教学或个别班组教学相比有许多优点：第一，教师按固定的课程表同时对数十名学生进行教学，扩大了教育对象，加快了教学进度，提高了教学工作效率；第二，根据学生的年龄和知识水平编班，对班级进行集体教学，有利于学生之间的相互交流，有利于相互促进，共同提高；第三，统一规定教学内容和教学时间，保证了教学的计划性和组织性，有利于提高教学质量；第四，一个班级同时开设几门课程，各门课程交替安排，既可以扩大学生的知识领域，增强学生兴趣，又能减轻学生大脑的疲劳，符合教学的卫生要求。班级授课制适应了扩大教育规模和提高教育质量的需要，很快为世界各国采用，逐步成为全世界范围内最基本的教学组织形式。我国最早采用班级授课制的学校是在1862年清政府在北京开办的京师同文馆。1905年，废科举、兴学堂，班级授课制开始在我国学校推广开来。

在19世纪初，初等教育迅速发展，但是学校缺乏师资，于是英国的两位牧师贝尔和兰喀斯特发明了"导生制"，他们先对选出的优秀学生（导生）进行讲授和训练，然后再由导生把学到的知识教给其他学生。这样，一个教师就可以教几十人，甚至几百人了。在19世纪，导生制曾在英、美、法、意各国盛行一时，对初等教育的发展起到了积极的促进作用。我国著名教育家陶行知从美国留学回国后曾在我国推行导生制，陶行知称为"小先生制"。不过，导生制并没有动摇班级授课制，它只不过是班级授课制的一个变种而已。在师资问题解决以后，这种教学组织形式便自行消失了。

班级授课制的优点是明显的，但也存在不足之处，最主要的一个局限性就是教师同时面向全班教学，难以适应学生的个别差异，缺乏灵活性。因此，19世纪末20世纪初，欧美各国针对班级授课制的不足，探索和研究新的教学组织形式，出现了道尔顿制、分组教学、开放教学、不分级制和多级制等多种教学组织形式。

分组教学产生于19世纪末20世纪初，但在第二次世界大战之前曾受到众多人的抨击。20世纪60年代以后，分组教学再度引起各国的高度重视，各种实验和改革蓬勃兴起。分组教学大致可以分为两大类：外部分组和内部分组。

外部分组就是打破传统的按年龄编班的做法，按照学生的能力、兴趣或学习成绩标准重新编组。其主要形式有能力分组和兴趣分组。能力分组又分跨学科能力分组和学科能力分组两种形式。跨学科能力分组的通常做法是按智力高低或学业成绩测试分数的高低，把某一年级的学生分成若干组，如A、

B、C 组等，这种分组的依据是学生的一般能力和各科平均成绩，而不是某一特定学科的成绩。对于不同的组，教师以不同的教学内容和进度来进行教学。学科能力分组是根据学生在某一特定学科的学习成绩或能力分组。如一名学生数学成绩非常好，数学则要分在数学 A 组上；英语成绩不太理想，英语课则可能分在英语 B 组或 C 组上。学科能力分组的最大特点是照顾了学生在不同学科上的不同学习能力和发展水平。所谓兴趣分组，就是根据学生的兴趣爱好分组，一般在选修课和课外活动中实施。这种分组既可以是跨班级的，也可以是跨年级的。

内部分组是在传统的按年龄编班的班级内，根据学生的学习能力、学习成绩、学习兴趣等因素将他们二次分组。内部分组也有多种形式。一种是按照学习内容和学习目标进行分组。例如，在经过一个单元班级教学后对学生进行诊断性测验，根据测验成绩将学生分为 A、B、C、D 若干组。分组后，A组学生自学补充教材，B 组学生由老师给上附加课，C、D 两组均由不同的教师教他们复习基础教材。经过一段时间的教学再进行测验，然后各组合并在原来的班级里，学习下一单元的知识，然后再测验，再分组。这样不断合并，不断分组，直到学期结束。二是在学习内容和学习目标相同的情况下按照不同的方法和媒介手段进行分组。一般做法是：在班级教学的基础上，根据学生的兴趣、爱好、能力进行分组，一部分学生借助教学机器或电化教具等手段进行自学或做作业；一部分优等生和差生组成小组，由前者辅导后者；另一部分学习特别差的学生编成组，在教师的直接指导下做功课。还有一种做法就是在分组后，对各组布置不同难度和分量的作业。学习好的学生做难的作业，学习差的则做较容易的作业或者少做一点作业。三是合作学习的分组。20 世纪 70 年代以来在美国较流行，具体做法是由教师选择一名优秀生、一名差生和两名中等生组成小组，使同学之间相互帮助、相互合作、共同提高。

开放教学，也称开放班级或开放课堂，产生于 20 世纪 30 年代的英国，自 50 年代起相继在英国、美国、加拿大、澳大利亚、联邦德国、瑞典和以色列等国流行开来。开放教学放弃了班级教学的形式，没有固定的教学计划和教材，以学生的兴趣为中心，让学生在活动中学习。在开放教学的形式下，教室被分成几个中心，一般称"兴趣区（角）"或"活动区（角）"，每个区或角都准备了大量的可供学生活动用的材料。如在"数学角"里，可能会放有卷尺、码尺、绳子、石子、贝壳、橡子、天平、算术棒、各种标有容量的容器、沙箱、水箱等。学生来到教室后，可以自由地选择自己感兴趣的活动：阅读、计算、做实验、画画、唱歌、演奏乐器、演剧、跳舞、制作模具、缝纫、烹调等，可以发出任何声音，可以随意走动，只要不故意干扰别人就行。教师不再面对全班讲课，没有固定的课时表，也没有考试和升留级制度。教师的作用在于为学生布置学习环境，进行个别指导。如果学生东游西荡，教师可以向他提出建议，或采取措施激发他的兴趣，但不会强迫他或命令他参加某项活动。

在 20 世纪 60 年代，美国的许多地区为了克服年级制的呆板性和机械性，取消了年级，不再按照年龄的大小分班。不分级制允许学生根据自己的学习成绩和学习能力安排进度。同时，也有一些地区实行多级制，即在不取消年级制的条件下，学生可以同时修几个年级的课业，如同一个学生可以修二年级的阅读课、本年级的数学课、四年级的科学课等。

从世界各国现行的教学组织形式看，班级授课制仍是最基本的教学组织形式。鉴于班级授课制的局限性，世界各国一方面缩小班级规模，实行小班教学，另一方面使班级授课制和能力分组、个别教学等结合起来，既发挥班级授课制的优点，又注意学生的个别差异。

二十三　两张课程表
——教学管理方式的调整

课程表是由学校教学处等特定部门要看上级规定的课时、按照时间顺序对一周内每天所学内容的编排表格。从现代学校诞生以来，几乎每所学校或每个班都在开学之前编排课程表，以便帮助学生和教学了解课程安排的进程。随着时代的变化，课程表也从刻板规定走向弹性规定。

对于课程表，我们再熟悉不过了。在学校里，老师和学生大都按照课程表来进行教学。但是，各国的课程表是不同的，以美国和中国两所小学的课程表为例（表4-1，表4-2）。

表 4 - 1　美国某小学教育课程表

时间＼星期	1	2	3	4	5
8：30　准　备					
9：00	阅读	阅读	阅读	阅读	图书馆
10：00	拼字	写字	拼字	写字	拼字
10：15	语言	音乐	语言	音乐	语言
10：45	社会科	理科	社会科	理科	社会科
11：45　午　餐					
1：00	美术	体育	美术	体育	美术
1：25	美术	保健	美术	保健	美术
1：50	算术	算术	集会	算术	算术
2：40　个别指导（必要时）、学习计划					
3：30　放　学					

资料来源：钟启泉．现代课程论[M]．上海：上海教育出版社，1989：530．

表 4 - 2　中国某小学课程表

时间＼星期	1	2	3	4	5
7：50 - 8：00			晨　会		
8：05 - 8：45	语文	数学	语文	数学	语文
8：55 - 9：35	数学	语文	数学	语文	数学
9：35 - 9：40			眼保健操		
9：40 - 10：05			课间操		
10：05 - 10：45	音乐	体育	社会	自然	社会
10：55 - 11：35	活动	英语	美术	英语	计算机
11：35			放　学		
2：00			预　备		
2：05 - 2：45	自然	劳动	体育	音乐	作文
2：45 - 3：00			眼　操		

续表

时间＼星期	1	2	3	4	5
3：05－3：45	班会	书法	思品	活动	作文
3：45－4：20	夕　会				
4：20	放　学				

资料来源：钟启泉．现代课程论［M］．上海：上海教育出版社，1989：531.

对于第二张课程表，我们都很熟悉。每天六七节课，每节课45分钟，这不是我国中小学常见的课程表吗！第一张课程表是美国中小学典型的课程表，虽然每天的教学也分节进行，但每节课的时间却不一样，长的达60分钟，短的只有25分钟。这种安排教学时间的方式称为活动课时制。

传统上，每节课的时间都是一样，一般都在40－60分钟。今日，大多数国家仍沿用传统的固定课时制。如我国小学一般每节课40分钟，初中45分钟，高中45－50分钟；日本小学每节课45分钟，初中和高中都是50分钟；德国中小学每节课的时间因州而异，大多在40－50分钟，以每节45分钟者居多。每节课之间一般休息5－15分钟。在20世纪50年代，美国首先对传统的固定课时制进行改革，试图打破原来每节课45－50分钟的固定死板的做法，改由根据学校不同学科和不同教学活动来确定不同的上课时间。活动课时制设置短课和长课，短课15－30分钟，长课甚至可以超过一个小时。受美国活动课时制改革的影响，我国上海的育才中学也曾进行过活动课时制的实验。育才中学将课时分为大课和小课两种，大课55分钟，小课30分钟，不同学科使用不同的课时。以逻辑思维为主的物理、数学等课多采用大课，而以形象思维为主的音乐、生物等课多采用小课。每天安排六节课，大课与小课交替进行。法国的活动课时制是另一种做法，上午有的课每节45分钟，有的课每节55分钟，下午的课则是60分钟。活动课时制打破了死板、固定的课时模式，根据教学内容的特点采用长课或短课，有利于充分利用教学时间，使学生的学习活动有张有弛，但它也给教学管理增加了难度。

与活动课时制相似的还有单元课时制。在既不延长也不缩短学日的情况下，单元课时制将每节课的时间缩短，节课增加。具体地讲，就是把学日划分成一系列称之为"单元"的教学时间单位。每个学日通常被分为22个单元，每个单元20分钟。以每个学日从上午8：00开始，下午3：20结束为例，上午 8:00 – 8:20 为第一单元,依次类推,下午 3:00 – 3:20 为第二十二个单元。实行单元课时制,目的在于根据教师和学生讲授和学习某一课题在时间上的需要安排教学时间,使每一单位的教学时间都能得到充分利用。有的课可能只需要一个或两个单元,有的课则可能需要连续进行三个或四个单元。例如,某化学教师需要为学生安排一次实验,如果按照传统的 45 – 50 分钟的课时安排实验,许多时间都花在装置仪器、清洗等准备工作之上,常常未等实验做完,就到了下课时间了。现在,这位教师可以要求连续占用三个、四个甚至更多的单元时间,使自己有更多的时间来指导学生做实验。单元课时制的优点是为师生双方的教与学都提供了较大的灵活性,缺点是管理上较麻烦。传统的课程表每学期排一次即可,而单元课时制的课程表则需要经常变动,一般每周安排一次。安排单元课程表对教师和行政人员都提出了很高的要求,一方面它需要教师必须及时地提出所需的单元数,另一方面它需要行政人员与教师的协作和配合,行政人员要做大量的协调工作。由于工作较复杂,实行单元课时制的学校一般利用电子计算机来安排每周课程表。

在教学时间的组织和安排方面,除了课时制度以外,学年制度、学期制度和学日制度也有些改革,而且各国之间差异较大。

自从夸美纽斯在 17 世纪确立班级授课制以来,以学年为单位安排教学一直是各国学校坚持的做法,但在学年的具体安排上却有所不同。首先,各国中小学学年的长短不一。1986 年,联合国教科文组织所属的国际教育年鉴局对 70 个国家的中小学进行了调查,结果发现有 41 个国家每学年的教学天数为 180 – 200 天,19 个国家超过 200 天,10 个国家少于 180 天,其中最多的是日本,为 243 天;最少的是中非共和国,只有 150 天。有趣的是,教学天数多的国家教学质量一般较高,但教师和学生的负担较重;教学天数少的国家(如少于 180 天)一般教学质量较差,但教师和学生的负担较轻。目前的趋势是,教学天数多的国家纷纷提出要缩短学年,减少教学天数(如日本开始试行五天制),而教学天数少的国家则要求延长学年,增加教学天数,如美国自 1983 年起各州开始逐渐增加教学天数。其次,各国中小学学期的安排也不尽相同。夸美纽斯建立班级授课制时,曾建议把一个学年划分为春季和秋季两个学期,学生在秋季学期开始时入学或升入高一年级。现在大部分国家仍实行两学期制,在暑假为学生安排长暑假,然后是新学年的开始。少数国家(如日本)的学年从春季学期开始,也有一些国家实行三学期制。以法国为例，该国中小学每年 9 月 16 日开学，9 月 16 日至次年 1 月 2 日为第一学期，其中 10 月 30 日至 11 月 4 日为期中假期；1 月 3 日至 4 月 3 日为第二个学期，其中 2 月 10 日至 2 月 18 日为期中假期；第三个学期从 4 月 4 日至 6 月 30日，6 月 30 日学年结束。

自 20 世纪 80 年代以来，一些西方国家开始对传统的学期制进行改革。他们认为，学年的设计应有助于防止师生双方的疲劳，减少疾病和缺课现象，最大限度地促进教和学；应有助于课程的计划和组织；应有助于减少学校开支，达到学校资源的最有效的利用。在改革当中，出现了四学期制、五学期制、六学期制。四学期制的时间安排主要有两种形式：一种是四个学期都要在校学习的制度，如俄罗斯的中小学，第一学期一般从 9 月 1 日至 11 月 5 日，然后是 5 天的秋假；第二学期从 11 月 10 日到 12 月 29 日，然后是 12 天寒假；第三学期从 1 月 11 日到 3 月 23 日，然后放 8 天的春假；第四学期从 4 月 1 日到 5 月 25 日。美国的一些中小学实行四学期制，其时间基本上与每个季度相同。每个学期之后安排 20 多天的假期。另一种是只要求在校学习其中三个学期的四学期制。美国实行四学期制的学校大多数采用这种做法。具体操作上又分非选择性和选择性两种。采用非选择性模式的学校，由校方规定学生在哪三个学期在校学习，目的在于使每个学期在校的学生大体上保持相等；采用选择性模式的学校，允许学生自行选择哪三个学期在校学习。五学期制一般将学年划分为五个学期，每个学期为九个星期，学生可以选择其中的四个学期在校学习，也可以在校学习五个学期。六学期制一般将一个学年划分为六个学期，每个学期两个月，学生选择其中的四个或五个学期在校学习。在西方某些国家的学校甚至完全抛弃了实行了 400 多年的学期制，回到学期制以前的做法，全年对学生开放，学生在任何时候都可以到校学习，只要满足在校学习时间的最低规定即可。

在学日制度上，世界各国也不一样。在班级授课制刚确立时，夸美纽斯按照基督教所谓上帝创造万物的作息时间为学校安排每周的作息时间，即每个星期上课六天，星期六下午不上课，星期天休息。这种时间安排为世界各国所沿用。1870 年，英国实行五日工作制，学校也开始实行五日制教学。此后实行五日制教学的国家越来越多，星期六上午上课的国家呈逐渐减少的趋势。有一些实行六日制教学的国家，如法国、比利时、荷兰、日本等国，一般在每周的中期休息半天，通常是星期三下午，起初是为了安排宗教活动，现在则是自由安排。现在，日本也由六日制向五日制转变了。美国一些州开始进行每周四个学日的实验，减少学生在校学习天数，增加每天在校学习长度，但每周学习总时数保持不变。有意思的是，美国的学生家长对减少在校学习天数表示欢迎，而日本的学生家长大多数人不赞成由六日制改成五日制，赞成者也多附加一些条件。

在每天的时间安排上，世界各国也没有统一的模式。大多数国家教学时间分为上午和下午两段时间进行，中午有一定的休息时间。但具体做法又有差异。美国、英国等国中午的休息时间通常只有半个小时到一个小时，下午3点多钟就放学；而中国、西班牙等国的午休时间较长，为两个小时左右，因此学生放学时已是下午四五点钟了。还有一些国家，如德国、丹麦、奥地利、意大利，学生只上半天的课，中午 12：00－1：00 就放学了，下午基本上不上课，即使上课也只安排一些活动和体育课。不过，学生中午放学后的去处，是这些国家学生家长一直操心的问题。

在教学时间的安排上，各国的趋势是减轻学生的学习负担，有效地利用有限的时间，方便教师和学生的教与学。可以断言，教学时间的安排将日趋灵活、多样。

二十四　"家里蹲大学"让你梦想成真

——教学手段的创新

我国著名教育家、清华大学校长梅贻琦先生曾经说过："大学者，非谓有大楼之谓也，有大师之谓也。"但谁也不能否认，一所大学的存在首先必须要以校园、教学楼、图书馆、仪器设备的物理存在为前提。走进任何一所规模宏大的大学，你都会看到连绵的楼群、葱郁的草地、来去匆匆的莘莘学子。整个校园好像在向你说："我们这儿贮藏着知识，如果你想得到它，你必须到里面来取。"是啊，在近代大学产生以来的 800 多年间，一代代学人正是背着行囊，或远行千里，或漂洋过海，去心目中的大学汲取知识的营养的。不过，时过境迁，在科学技术高度发达的今天，你完全可以在自己的家里上大学。只要你有一台电子计算机并将它联网，你就可以在家里读哈佛大学、普林斯顿大学、牛津大学、剑桥大学，世界上的名牌大学、名牌专业任你挑选。你所要做的就是坐在计算机前，轻轻地用鼠标一点，找到所读大学的网上教室，阅读教授的讲授内容，完成教授布置的作业，并通过电子邮件回答教授提出的问题，参与同学的课堂讨论。蹲在家里读大学，太神奇了！

是的，的确是太神奇了。而在短短的二十几年之前，这一切对我们来说还是科学幻想呢！实际上，在漫长的教育历史长河中，人类创造更为有效、更为便捷的教学手段的努力一刻也没有停止过。

原始社会的教育是在生产劳动和社会生活中进行的。教育者所使用的教学手段主要是口语，并辅之以动作、表情以及实物。文字的产生带来了学校的发展，也带来了教学手段的第一次革命。有了文字，才使超越生存代的信息传递成为可能，才使人体的器官（眼和手）初步得到了延伸。教师向学生传授知识，不仅可以通过口耳相传的方式进行，而且可以通过文字传授的方式，通过手抄书进行。教学的形式也开始由在群体中学习变为以个别学习为主，学习的经验也由以直接经验为主转变为以间接经验为主。

我国在公元7世纪发明了雕板印刷术，在11世纪中叶又发明了活字印刷术。印刷术特别是活字印刷术的发明带来了教学手段的第二次革命。在印刷术发明之前，书籍都是用手工抄写的，这种昂贵的书籍对大众来说是可望而不可及的，这就在客观上形成了少数人对知识的垄断，而印刷术的问世则从根本上打破了这种垄断，优质廉价的书籍终于成为大众的读物，使教育规模的扩大成为可能。印刷术的发明使教师和学术从砚墨挥毫的纯粹事务性的抄抄写写中解放出来，将更多的时间和精力用于知识的传授和学习。印刷术的发明，使标准的教科书取代了容易出错的手抄本，使统一教学内容成为现实。

与此同时，人们开始人工制作一些教学手段。如我北宋天圣四年，御医王唯一设计制造出一尊针灸铜人模型，上面刻示着经络腧穴的位置用来说明针灸的方法，这可能是世界上最早的一尊医学教学模型。我国古代的算盘不但是一种教学生认识数量关系和培养实际运算技能的极好的工具，而且也是一种有效地发展学生智力的手段。它把数的概念、数量关系（加、减、乘、除）及其间相互转化的关系，绝妙地体现在物质实体（珠、档）之中，使学生在操作过程中提高自己的思维水平。17世纪捷克教育家夸美纽斯，在教学中广泛运用图象、图表、模型、标本等直观性教学手段，让学生看看、摸摸、听听、闻闻。他出版了一本语言概念和图画形象相结合的教材——《世界图解》，以 150 幅插图传递科学文化知识。而后，德国教育家福禄倍尔发明了"福禄倍尔恩物"，以绒线球、圆球、正立方体、圆柱体、三角形和正方形双面彩色板、金属环等模型，发展儿童的空间能力、创造才能和审美观念。

19 世纪末，幻灯开始用于学校教学，引发了教学手段的第三次革命，教学手段的发展进入电化教学时期。在这个时期，人们将众多的新技术应用于教学领域。20 世纪初，学校在教学中开始使用无声电影、唱片。20 年代至 40 年代，学校又先后使用了无线电收音机、有声电影和钢丝录音机。50 年代至 60 年代，广播电视、磁带录音机、语言实验室、程序教学机、闭路电视、卫星通信等现代科学技术，纷纷用于教学领域。许多传统的教学手段也得到了很大改善，如黑板，在质地、颜色、名称、形式、功能上都有很大的变化。绿色、蓝色、棕色等书写板不仅克服了传统黑板反光耀眼、打滑的缺点，而且更能适应学生学习心理的需要；白板可作为放映屏幕，并便于教师使用多色笔；毡板、磁板可用于张贴展示纸片、卡片等教学材料。电化黑板把放映教学影片、播放有线广播和电视节目结合在一起，可让学生一边听课，一边看表演，一边做笔记。一擦黑板就粉尘飞扬的粉笔已让位于无尘粉笔、泡沫塑料吸水笔。以前挂在教室前面的地图越来越少，地球仪、宇宙天象仪等仪器设备则越来越多地进入了教室。

在这个时期应用的各种技术中，值得一提的是教学机器和程序教学的发展。最早提出程序教学的是美国心理学家普莱西。他于 1924 年设计出世界上第一台教学机器，并把测验、批改作业等日常工作交给教学机器处理，以便节省教师的精力用于更重要的工作。20 世纪 50 年代，美国的另一位心理学家、教育家斯金纳，在普莱西教学机器的基础上，对教学机器进行了改造，发明了斯金纳圆盘机、斯金纳多重选择机、斯金纳游码算术机等多种教学机器。斯金纳的教学机器一般包括四个部分：输入部分、输出部分、存储部分和控制部分。斯金纳根据教学目标和内容的需要，通过对材料进行选择、组织、设计、呈示、解释等编序过程，编制程序教材。他先将一般的学科分成单元，再将单元分成小单元，小单元再细分成更小的元素，然后将这些元素片断予以排列，组成逻辑的系列，最后通过教学机器呈现给学生。程序教学有两种模式，一种是直线式，一种是分支式。直线式是把学习材料分成一系列连续的小步子。每呈现一步都要求学生回答，如果答对了，就继续下一步；如果答错了，机器就呈现出正确的答案，使学生了解到自己答错了，然后再进行下一步。分支式也把学习材料分成一系列连续的小步子，但每一个步子中都有几个分支，每一个分支都是一个答案，其中有的是正确的，有的是错误的，可供选择。如果选对了，就可直接进行下一步。如果选错了，这个分支就告诉你错了，并给予一些补充知识，帮你纠正，然后学生再回到先前的小步子重新学习或重选答案。

电化教学手段突破了以前的机械教学手段的局限，最大限度地延长了人体器官，使教学效率大大提高，为世界各国中小学教育的普及和高等教育的大发展做出了重大贡献，同时也为学生的发展提供了多种多样的学习途径和方法。但教学手段历史上的最具有深远意义的革命来自电子计算技术和网络技术在教学中的应用，它直接延长人的大脑，并导致教学方式的革命性变革。

早在1946年，美国人就发明了电子计算机，并试图将它应用于教学。但是，由于当时的计算机技术本身还不成熟，种种尝试都未能成功。20世纪70年代初，随着电子学的发展，微型电子计算机终于取得了关键性的突破，计算机技术开始应用于教学当中。起初，计算机在教学中的应用主要包括两个方面：一是计算机辅助教学（computer – assisted instruction，CAI）；一是计算机管理教学（computer – management instruction，CMI）。

计算机辅助教学的作用是多方面的。首先，实现人 – 机对话，实施个别教学。学习者在与主机并网的教学终端装置上，可以据自己的要求，用键盘向计算机提出问题，主机便在事先设计并储存的资料库中，找出其所需的教学内容，并在屏幕上显示出来，同时，电声输出器也传出讲解的声音。学习者能看、能听，如果未听懂，可以请求重讲。每讲完一课，计算机屏幕上就呈现出思考题或练习题，要求学习者回答，计算机根据学习者回答情况，加以分析、判断，进而提出新的学习材料，进行讲解。其次，进行模拟教学。利用计算机技术，可以模拟人体器官、病理现象、航天飞行、汽车驾驶、月球、太空、海底、地心等，给学生以身临其境的感觉，帮助学生理解深奥的知识和现象。再次，指挥、控制各种视听工具，综合地进行自动化教学。例如，可以用电子计算机控制指挥由多种收、录、播音系统和摄、录、映像系统装置组成的语言实验室、生物专用自动化教室等进行各种教学活动。另外，计算机辅助教学还可以储存大量的信息资料供学习者利用，可以开发教学游戏等。

计算机管理教学的作用也不少。教师和管理者可以用它评定学生作业和考试成绩，记录班级名单、表现、管理工作需要的各种资料。利用计算机管理教学系统进行管理，不仅运转速度快，节省人力和时间，保密性强，而且无"官僚气"，不徇私情。它还有传统管理所不具有的一些功能。例如，美国纽约市的一些学区就利用计算机管理教学系统来协助防止学生逃学。每天清晨，自控电话就打到缺席生家中，由预先录制好的磁带放出校长的声音，提醒家长送孩子上学。学生也可以利用计算机管理教学系统。例如，可以用它测试自己的成绩和表现，用它分析自己对学习内容的掌握程度。

在计算机发明不久的 20 世纪 50 年代，美国就有人想建立计算机网络，使计算机用户摆脱地域的分隔和局限，在网络达到的范围内实现资源共享。这种想法在 1969 年得以实现，美国国防部高级研究计划管理局建立了可联结四台计算机的计算机网络，称为阿帕网（APPANET）。进入 70 年代后，网络技术迅速发展，世界各国先后建立了几十万个局域网和几万个广域网。1989 年，美国国防部中止了对阿帕网的支持，与阿帕网相联系的大型局域网发展成为互联网（internet），北美、欧洲、亚洲、非洲、南美洲、大洋洲的一些国家和地区相继与互联网连网。目前，世界上几乎所有国家和地区加入互联网。互联网将世界各国的各种计算机网络联结起来，实现了全世界范围的信息交换和资源共享。

网络技术特别是因特网技术的发展，使教学技术手段实现了飞跃性的突破。现在无论是发达国家还是发展中国家，几乎所有的大学都建立了校园网，并连接上互联网，它们和政府部门、大型组织一道，为中小学的师生提供教学和交流的园地，为中小学提供大量的网络资源。许多国家和地区的中小学也开始进行计算机网络教学，师生们通过公共教育网络使用互联网。1993 年，美国琼斯国际大学获得美国中北部学校协会的认可，成为第一所获得资格认可的网络大学，开创了正规网络教育之先河。越来越多的国家和地区成立网络大学（或称虚拟大学），开展网络教学。网络大学为学习者提供了极大的方便，学习者不必为工作忙无法脱产去读大学而烦恼，也不必千里迢迢去传统的大学去就学，工作之余坐在家里，就可以注册学习各个大学的网上课程，拿到大学文凭。

可汗学院的成立与运行、连接计划的提出与实施、MOOC 的使用与扩展、"互联网＋"等概念的形成与转化，不仅令人耳目一新，而且也极大地转变了人们的教育观念和教育行为，拓展了教育的空间，解决了优质教育资源的共享问题，使教育的个性化得以实现，使学生的主体地位日益突显。可汗学院（Khan Academy），是由孟加拉裔美国人萨尔曼·可汗创立的一家教育性非营利组织。旨在利用网络影片进行免费授课，向人们提供免费的高品质教育。该项目由创立者给亲戚的孩子讲授的在线视频课程开始，迅速向周围蔓延，并从家庭走进了学校，甚至正在"翻转课堂"，被认为正打开"未来教育"的曙光。2013年6月，美国总统奥巴马公布了名为"连接教育"（Connect-ED）的新计划，要求美国联邦通信委员会（FCC）充分利用并升级"教育折扣"（E-Rate）项目，力争在未来五年内使美国99%的学生都能用上高速互联网。奥巴马指示联邦政府要更好地利用现有资金，让高速网络和最新的教育技术走进校园，使教师更好地利用新技术进行教学。MOOC（massive open online courses）即大型开放式网络课程，是2000年之后发展出来的概念。2012年，美国的顶尖大学陆续设立网络学习平台，在网上提供免费课程，Coursera①、Udacity②、EdX③三大课程提供商的兴起，给更多学生提供了系统学习的可能。"互联网+"就是"互联网+各个传统行业"，是利用信息通信技术以及互联网平台，使互联网与传统行业进行尝试融合的基础创造出新的社会形态。2015年3月5日的十二届全国人大三次会议上，李克强总理在政府工作报告中提出"互联网+"行动计划，2015年7月4日，国务院印发《关于积极推进"互联网+"行动的指导意见》（国发〔2015〕40号）。"互联网+教育"成为"互联网+"行动计划中最大实践群体。凭借大数据、云计算、移动互联等技术优势，加上"免费使用"的互联网思维，互联网在教育领域掀起了一股革命性的浪潮；新的人机交互模式、人工智能正在重构学习的过程和体验，免费学习、反转课堂都在互联网下成为现实。

---

① 是免费大型公开在线课程项目，由美国斯坦福大学两名计算机科学教授吴恩达（Andrew Ng）和达芙妮·科勒（Daphne Koller）创办。旨在同世界顶尖大学合作，在线提供免费的网络公开课程，期待未来所有人都可以获得世界最高水平教育。2012年4月成立。

② Udacity，是一家致力于将免费大学教育带到全球各个联网角落的创业公司，它希望改变现在人们通过传统的教育机构来获得教育资源的状况，让每一个有机会上网的孩子都能享受到优质教育资源。Udacity先有的课程资源是免费的，但是学生若要通过某些考试来获得Udacity的官方认证则是要收费的。

③ EdX：是麻省理工和哈佛大学于2012年5月联手发布的一个网络在线教学计划。主要目的是配合校内教学，提高教学质量和推广网络在线教育。除此之外，还进行教学法研究，促进现代技术在教学手段方面的应用，同时也加强学生们在线对课程效果的评价。

二十五 郑板桥和他的《教馆歌》
——教师的专业化

教师有广义和狭义之分，广义的教师是泛指传授知识、经验的人，狭义的教师是指受过专门教育和训练、并在教育教学活动中担任教育教学工作的人。《中华人民共和国教师法》第一章第三条将教师定义为："履行教育教学的专业人员。承担教书育人、培养社会主义事业建设者和接班人、提高民族素质的使命。"人类有了教育，便有了教师；但受过专门教育和训练的教师是伴随着班级授课的产生而出现的，其专业化程度要求随着教育的发展而不断提高。

"教馆本来是下流，傍人门户度春秋。半饥半饱清闲客，无枷无锁自在囚。课少父兄嫌懒惰，课多弟子结冤愁。"① 我国清代著名书画家、"扬州八怪"之一的郑板桥，早年曾在乡下私塾中教书度日。清代私塾的教书先生，社会地位低下，生活清困，为"三教九流"中下九流中的职业。郑板桥有感而发，写下《教馆歌》。

"师者，传道、授业、解惑也。"如果按照韩愈的这一标准，教师的职业可以追溯到人类社会早期。在人类社会早期，人类为了种族生存和繁衍的需要，年长一代便向年幼一代传授劳动经验和生活经验，从而产生了人类的早期教育活动，产生了早期的"教师"和"学生"。这时的"教师"主要是由一些有经验、掌握一定技术的能人担任的。例如，我国古代相传：燧人氏教人钻木取火；有巢氏教民构木为巢；伏羲氏教民以猎；包牺氏教民以渔，画八卦；神农氏制作耒耜，教民稼穑；嫘姐发明养蚕取丝；仓颉造字；黄帝发明指南针；舜帝发明烧砖；等等。这些虽不完全可信，但却可以认为他们是当时传授生产知识和生活经验的能人、长者中的代表人物，是后来产生的教师的祖先。

严格地讲，教师作为一种职业是在奴隶社会初期学校教育出现之后产生

① 钮云华. 学陶师陶追求有品位的教育人生 [J]. 长三角：教育，2012 (6)：88-89.

的。这时的教师已经从生产劳动过程中解放出来，成为专门从事教育活动的人。在早期的官学中，教师都是政府委任的官吏，享受国家的俸禄，他们的地位相当于今日西方的教育公务员。古代私学的发展，大大促进了教师职业的发展。中国春秋战国时期的孔子，西方古希腊的苏格拉底，都是世界上第一批私学教师，也是最早的以教师为职业谋生的知识分子。

在教师职业产生后的很长一个时期内，社会对教师没有什么资格规定，只要有知识、有经验即可充任教师。从历史考证看，现在学位制度中所包括的学士、硕士、博士，起初都有教师的意思。学士是指初级教师，即可以在导师指导下教书的教师；硕士是指可以独立教书的教师，硕士学位便是加入教师行会的资格证书；博士是指水平高、有权威性的教师。教师与有知识的人基本上是同义词。他们一般在当时已存在的各级学校中接受教育，没有专门的培养教师的机构。教师的地位也因国而言，因教师的性质而异。在西欧，教师的地位仅次于神职人员和政府官吏，以至于有这样一种说法：牧师和乡村女教师结婚是最门当户对的理想结合。东方国家的教师地位低一点，人们最希望从事的职业是做官，做官不成或遭到挫折，才去做教师。从官学教师和私学教师的比较看，官学教师吃皇粮官饷，地位较高；私学教师受聘于东家，属于"打工"性质，职位没有保障，而且地位较低。

随着教育规模的扩大，学校需要更多的教师，同时，有关教育科学的研究取得了较丰富的成果，成立专门的培养教师的机构便被提到议事日程。1684年，法国天主教神甫拉萨尔在兰斯建立了世界上第一所教师训练学校，此后，各种形式的师范学校在法国、德国、英国、美国、日本等地相继出现。我国在1898年成立的京师大学堂中设立师范馆，这是我国的第一所师范教育机构。在19世纪末，美国率先把师范学校升格为师范学院，其他国家也相继仿效，开始由师范学院培养教师。第二次世界大战后，美国又率先将师范学院归并于综合大学，或在综合大学设立教育学院，在文理学院设立教育系，独立的师范学院已所剩无几，开创了以综合大学为主培养教师的先河。现在，大多数国家都通过综合大学和师范学院（或教育学院、高等师范学校）两个途径培养教师，以综合大学为主。在世界主要国家中，只有俄罗斯（继承苏联的做法）和中国（受苏联的影响）以专门师范教育机构培养教师，综合大学只起补充作用。

现在，各国对教师的任职资格都有严格的规定。中小学教师一般都必须是大学本科毕业，取得学士学位。美国、英国等国开始要求中小学教师取得硕士学位。对于大学教师，一般都要求具有博士学位或本专业的最高学位。相比较而言，我国对任教资格的要求较低。根据教师法的规定，取得幼儿园教师资格，应当具备幼儿师范学校毕业及其以上学历；取得小学教师资格，应当具备中等师范学校及其以上学历；取得初中教师资格，应当具备高等师范专科学校或者其他大学专科毕业及其以上学历；取得高中教师资格，应当具备高等师范院校本科或者其他大学本科毕业及其以上学历；取得高等学校教师资格，应当具备研究生或大学本科毕业学历。

大多数国家都通过公开招聘的形式录用教师，被录用教师和学校或者学校主管部门签订工作合同，明确双方的权利、义务和工作条件。为了鼓励教师积极进取，各国都建立职称制度。英国中小学教师的职称按级排列依次为主任教师（即校长）、副主任教师（副校长）、高级教师、四级教师、三级教师、二级教师和一级教师；大学教师的职称按级排列依次为教授、副教授或高级讲师、讲师。日本中小学教师的职称依次为一级教师和二级教师，大学教师的职称依次为教授、副教授、讲师和助教。美国中小学教师的职称因州而异，以威斯康星州为例，依次为专家教师、终身教师、专业教师和助理教师。美国大学教师的职称依次为教授、副教授、助理教授和讲师。我国各级各类学校也实行教师职称制度，中小学教师的职称依次为高级教师、一级教师、二级教师和三级教师，大学教师的职称依次为教授、副教授、讲师和助教。

就大多数国家而言，中小学教师的社会地位和经济待遇不高，但处于中上水平。日本、德国、法国的中小学教师地位比较高，是令人向往的职业。美国中小学教师的地位偏低，最近的一次调查统计结果显示，对"如果你能够重新选择，你是否仍愿做一名教师"这一问题做出肯定回答的教师只有20%左右。与中小学教师相比，大学教师在大多数国家都具有较高的社会地位和经济待遇。

教师和学生的关系问题，是学校教育中的一个重要问题，也是每一位教师和学生都要面对的问题。有人形象地把教师与学生的关系比喻为"谁是太阳，谁是月亮"，到底是教师应当围绕学生转呢？还是学生围着教师转呢？还是应该有其他的一种关系？

在古代，大学曾有"先生的大学"和"学生的大学"之分。意大利的博洛尼亚大学是"学生的大学"的代表，在博洛尼亚大学，课程的安排，教师的聘用等皆由学生决定，学生管理学校，教师是学生聘用的雇员，在这里教师是"月亮"，学生是"太阳"，教师围着学生转。法国的巴黎大学是"先生的大学"的代表。学校的管理权掌握在教师手中，学校的方针政策都是由教师制定的。在这里，学生是"月亮"，教师是"太阳"，学生围绕着教师转。由于后来国家将大学置于其管辖之下，国家选择教师作为其代表管理学校，"学生的大学"逐渐消失了，大学全都成为先生大学。在中小学，自古以来人们就把儿童作为管束的对象，根本就没有出现"学生的学校"，教师中心一直是中小学师生关系的唯一模式。

在教育理论界，对"教师中心"还是"学生中心"，曾有过许多争论，其中主要是传统教育派和现代教育派之争。传统教育派的代表人物德国教育家赫尔巴特把教师与学生比作舵手与航船，认为学生的成长全仰仗于教师的指导。在传统教育派看来，学生的头脑不过是一个"容器"，可以任意进行填塞。这种以教师为中心的观点遭到现代教育派代表人物美国教育家杜威的批判。杜威认为，学生具有一种内在的能力，不需凭借外界的帮助，就能达到社会行为的和谐，教师的作用就在于尊重儿童的本能和身心发展特点，为他们创造适合其本能发展的环境，使其与生俱来的能力得以发展。因此，在教师与学生的关系上，他反对教师中心论，提倡儿童中心论，认为在教育活动中儿童就是太阳，儿童就是中心，教师应该围绕学生的需要组织各种教育活动。赫尔巴特已去世 100 多年了，杜威作古也有 40 多年了，他们的观点虽影响仍在，但其偏颇之处已是众人皆知了。教师中心论也好，学生中心论也罢，都有一定的局限性。现在世界各国都在努力创建一种新型的师生关系，即民主、平等、和谐的师生关系。新型的师生关系强调以学生为重心进行施教，一切为了学生的发展。新型的师生关系还强调"教学相长"。我国古代教育名著《学记》曾指出："学然后知不足，教然后知困。知不足，然后能自反也；知困，然后能自强也。故曰：教学相长也。"① 在信息社会，师承传授已不再是知识的唯一来源，学生可以从各种媒体掌握知识，虽然从总体上来讲"教师闻道在先"，但在许多具体问题上很可能"弟子不必不如师"，因此师生间相互学习已成为一种时尚观念。

① 马大刚. 谈谈教与学的辩证法［J］. 人民教育，1979（3）：21－23.

二十六 戒尺与教鞭

——学校规矩的守望

学校规矩，即学校规章制度，是学校为规范管理、教育、教学行为而制定规则和制度的总和，是广大教职工和全体学生的行动准则，即所遵循的是学校内部的"法律"，是保持工作与学习秩序、提高工作与学习效率的依据，任何时代、任何类型的学校都需要规章制度的建立与完善。

在小篆中，"教"是这样写的："𢾭"。这个字是什么意思呢？文字学家的解释有三种：其一，左边表示一小孩头发乱蓬蓬，右边表示大人执鞭管教；其二，左边表示小孩到了束冠之年（古代 12 岁行成年礼，束冠，开始进学校学习），右边表示大人执鞭管教；其三，左上边的"爻"为《易经》中的两仪符号，代表经典著作，左下边"𡥉"为孩子，表示让孩子学习经典著作，右边表示大人执鞭管教。不管哪种解释，都有"大人执鞭管教"这一种含义在里面。也许正因为如此，我国的教育文化中才有了"孩子不打不成器"和"严师出高徒"的谚语；一直到新中国成立前，我国私塾里的教书先生还一手拿着课本，一手拿着戒尺，好像随时要对不用心读书的学生打板子。

无独有偶，英国有句谚语：Save the rod, spoil the child. 直译就是"省了鞭子，就会惯坏孩子！"和我国的"孩子不打不成器"如出一辙。今天，世界上绝大多数国家都已明令禁止对孩子施以体罚，讲究绅士风度的英国却是最晚禁止体罚的国家之一，直到 1987 年和 1998 年英国政府才分别对公办学校和私立学校下了体罚禁令。

自从学校教育产生以来，世界各国各级各类学校都制定了一系列规章制度。"没有规矩，不成方圆。"自古如此，只不过随着时代的发展变化，规章制度的内容也有所变化而已。

在古代，我国学校的规章制度有多种名称：学规、学则、教约、揭示等。它规定着学生立志为学、修身处世、待人接物的基本要求，以及学校生活的一些守则。清康熙四十六年，张伯行编纂《学规类编》二十七卷，收集历代各家学规，刊行于天下。已知最早的学规是先秦时期问世的《管子·弟子职》，据郭沫若、闻一多诸家考证，《弟子职》是当时齐国稷下学宫的学则。《弟子职》详细规定了为人、学习、饮食、洒扫、休息等方面的基本要求，如为人要谦恭虚心、善良正直、温柔孝悌，不可骄横恃力、心志虚邪；学习要朝学暮习，持之以恒；在接受先生的讲课时，一定要从年长的同学先开始；及至用饭之时，先生将食，弟子把饭菜送上，先生吩咐之后，弟子才开始进餐。秦汉以后，西汉扬雄曾作《法言·学行》，西晋虞溥著有《厉学》，也可视为训诫士子、学人的学则，但内容比较简略，并不系统。

至南宋，大教育家朱熹在总结前人办学规条和经验教训的基础上，结合自己的办学思想，制定了《白鹿洞书院揭示》，通称《白鹿洞学规》。其内容主要有五个方面：一是"五教之目"，即"父子有亲，君臣有义，夫妇有别，长幼有序，朋友有信"。二是"为学之序"，即"博学之，审问之，慎思之，明辨之，笃行之"。三是"修身之要"，即"言忠信，行笃敬，惩忿窒欲，迁善改过"。四是"处世之要"，即"正其谊，不谋其利；明其道，不计其功"。五是"接物之要"，即"己所不欲，勿施于人。行有不得，反求诸己"。[①] 朱熹拟订的《白鹿洞学规》比较笼统，难以为各类学校遵从。于是朱熹的弟子程端蒙和友生董铢将《白鹿洞学规》具体化，制定了一个一般书院和官、私学的通则，称为《程董二先生学则》，朱熹亲自写跋予以推荐。《程董二先生学则》的主要内容有：在每月的初一和十五，要行拜师礼；严格遵守作息制度；居住的地方必须端庄整洁；行走和站立必须身体正直；看和听的姿势必须端正，不能瞟着眼睛看人，不能侧着耳朵听人讲话；说话必须谨慎；容貌必须庄重；衣冠必须整洁；饮食必须节制；不能随意外出；读书要专心；写字必须正楷工整；不能潦草、歪斜；桌案必须整齐，堂屋和内室必须清洁干净；称呼他人时要根据对方的年龄予以尊称；等等。这十几条纪律，每条都有详细的规定，违反纪律者，轻则遭到先生的批评，重则被开除学籍。

元明清三代的书院和官、私学，大多参照《白鹿洞学规》和《程董二先生学则》，制订自己的规章制度。如明末顾宪成为东林书院定立《东林会约》，

---

① 毛礼锐等. 中国古代教育史［M］. 北京：人民教育出版社，1979：393.

要求学生"饬四要，破二惑，崇九益，屏九损"，① 规定也非常具体。王九溪为岳麓书院制定《岳麓书院教条》，共计十八条要求。虽然我国古代学校中体罚盛行，但学校的规章制度中并没有具体规定什么时候可以体罚以及体罚的形式，这种权力留给教师自己。古代学校的学规主要是劝诫性的，但有些学规也规定了处罚的条款，如《颜习斋教条》规定：清早吃完饭后务必按时早到校，对一次迟到时间过长及迟到达到了三次的人要严以责备；举止要严肃、端庄，举止轻佻者要予以责罚。清代兰鼎元的《棉阴学准》规定：考试找人替考者且经批评教育而不悔改者、参与赌博且不能悔改者，要开除其学籍。清代陈寿祺在《拟定鳌峰书院事宜》中规定：文章中抄袭雷同的文字达四句以上者，同时扣除两人的全篇文章，若整篇文章雷同，则要上报上一级官府，取消其考试资格终身；对于非法闹事、不遵守学校规定、行为放肆者予以开除，行为严惩者上报到学政衙门，取消其考试资格终身；不用心读书，沉迷于戏闹、游玩以及赌博者，予以开除。

在古代西方的学校中，无论是古希腊的学校还是古罗马的学校，都有严格的规章制度。当时的学校盛行背诵课文，学生若是背不下来，就会挨鞭子，可惜现已无法找到那时学校的规章制度。比较完整系统的规章制度出现在文艺复兴之后。如1684年美国康涅狄格州纽黑文市霍普金斯文法学校的学校管理条例中，对有关学生的规定主要有：第一，每天早晨上课之前，校长要召集学生作一次简短的祈祷，以祈求神降福于他们的工作和学习。第二，做功课期间非经教师允许不得外出。如无必须，一次不得有两人以上同时请假外出。第三，对老师要尊敬，对同学要文静而有节制，不打架、不吵架、不污辱人，不用脏话骂人，不许亵渎上帝的名或说其他下流污秽的话。若出现上述情况，教师予以批评教育、告诫、警告和惩罚，使之改正。屡教不改者，开除学籍。第四，在作礼拜时，学生不能贪玩、睡觉、举止粗暴无礼或不守秩序，否则，就是对上帝犯罪，教师视情节轻重予以处罚。第五，班长每天至少点名一次，记下迟到和缺席者，并在适当的时候召集全班同学对他们进行纠正和批评，以作为处罚。第六，未得教师的允许，不得以任何借口（生病或伤残除外）逃学或旷课。如果没有家长或亲友的请假条，没有特殊情况

---

① 学网资讯．顾宪成《东林会约》中的教育思想［EB/OL］．http：//xue163. com/3125/10381/31254935. html. 2017 - 03 - 28.

和绝对必要的充足理由，教师不得准假。

1695 年，基督教学校兄弟会的创始人拉萨尔为了指导基督教学校兄弟会办学，拟定了《学校行为规范》，对学校的课程、教法、惩罚、奖励等做出了具体的规定，对后世影响很大。值得注意的是，《学校行为规范》对学生的惩罚与奖励作了细致的规定，尤其是对体罚对象和体罚程度，都有明文规定。例如，体罚对象为：第一，拒绝服从管束者；第二，听课走神形成习惯者；第三，弄脏书本和不交作业者；第四，惹事生非、打架斗殴者；第五，在教堂中不专心祈祷者；第六，在做弥撒和学习教义问答时，态度不谦恭者；第七，犯有重大过失者；第八，旷课、不参加弥撒及教义问答课者。体罚的级别分为五等：第一，申斥。即对犯有过失的学生进行呵斥和训戒。第二，苦行。如下跪，或令学生额外记忆教义问答课本的内容，甚至让学生手持书本专注看书半小时。有时令学生两手夹书，眼睛下视，身体不得晃动。第三，使用套圈。用一种特制的带金属箍的套圈，将不上学、嬉戏、迟到或不遵守课堂纪律的学生套住，限制其活动，只留出右手，使能握笔写字。第四，鞭打。使用教鞭或戒尺进行体罚。为避免受罚者感到难堪，体罚在专设的体罚室进行，被打学生不得放声哭喊，不能用手抚摸鞭打部位。体罚后，学生要立下誓言，不再犯同样过错。第五，退学。对体罚后仍不悔改者，勒令退学。但《学校行为规范》同时规定，要尽量避免处罚，即使当惩罚变得绝对必要时，决不在急燥、愤怒的情绪影响下惩罚，而是在温和适度、镇静沉着的态度下去惩罚。老师不得给学生起侮辱人格的浑名绰号，不得揪学生的耳朵，不得扯他们的头发或拧他们的鼻子，也不得向他投掷任何物品。除非任何其他惩罚均未奏效，教师不得体罚学生。关于对学生的奖赏，《学校行为规范》规定：对虔诚者，能力过人者和勤勉努力者予以奖励，奖品有书、画、十字架等物品。①

19 世纪后期以后，世界各国在教育思想上开始尊重儿童的个性和特点，民主、平等、博爱等思想观念也逐渐为人们所接受，因此，学校管理制度开始发生变化，趋势是多进行引导，少进行惩罚，逐步减少甚至取消体罚。基督教学校兄弟会的《学校行为规范》在 1870 年修订时，将其鞭打部分几乎全部删去，用剥夺权利或体力劳动等惩罚手段取而代之。进入 20 世纪以后特别

① 滕大春. 外国教育通史（第二卷）[M]. 济南：山东教育出版社，1989：285–287.

是第二次世界大战以后,世界上绝大多数国家都取消了体罚。我国在新中国成立后禁止体罚学生,并为各级学生制定了学生守则和日常行为规范,各个学校也根据自己的特点制定了校规校纪,对学生的学习、作息、考试制度、考勤制度、公共秩序等方面做出规定,而且附有奖励和惩罚办法。

现在有许多人认为我国学校纪律太严,应该像西方那样尽量少管学生,给学生以自由。实际上,我国学校的纪律规定并不比西方学校多,也并不比西方学校严。有些学校中的罚站、殴打学生、给学生布置惩罚性作业等现象,多属教师个人行为,从国家到地方乃至学校的法律条文、规定,都不支持这类行为,只不过对这类行为打击不力罢了。西方国家的学校也制定规章制度,纪律也很严明,而且各种条例比我国还要多。以美国为例,美国的中小学生入校后每人一册校规,各种注意事项及奖惩措施一目了然。美国中小学要求学生每一天上课前都要宣誓忠诚于美利坚合众国以及所在的共和国(即州);学生不得无故缺勤、迟到或早退,否则就通知家长;学生要按时完成作业,因无故旷课而耽误作业或考试,将不能补做,其成绩以不及格论处;在上课期间,学生不允许离开学校的范围;学校供应午餐,任何学生不得回家吃午饭;在学校范围内及校车上禁止吸烟、喝酒,甚至携烟、酒、打火机、火柴等物品都要受到重罚;学生衣着应得体大方,衣服不能太紧身、太暴露、太透明,不能带任何徽章、像章、珠宝,不能印有与淫秽、吸毒、饮酒、犯罪有关的图形或文字。有一些行为在美国学校被视为严重失当行为,违反者将被严惩,包括暂停上学和开除。这些行为主要有:第一,以犯罪行为、暴力、噪音、威胁、恫吓、消极反抗等行为破坏学校的功能和运作;第二,损坏学校的公共财物和学校师生员工的私有财物;第三,因为民族、宗教、肤色、国籍、性别、年龄或者残疾等原因而对其他任何学生、学校雇员或来校参加活动的人士采取骚扰、报复、强制、威胁等行动;第四,骚扰、报复、强制、威胁、伤害他人;第五,用猥亵、肮脏、恶毒的语言攻击教职工;第六,拥有、携带、使用、转移那些有理由被认为是武器的危险器械;第七,享用或拥有烟草或任何烟草制品;第八,拥有、购买、转移、出售麻醉剂、酒精饮料、毒品和仿制毒品;第九,拥有淫秽物品;第十,赌博、偷盗、勒索钱物。还有一些行为被认为是不适当的,如逃学、过多缺课、考试作弊、迟到、拒绝服从教职工的指导、乱扔杂物、使用水枪等。一般说来,这些行为还够不上开除或暂停上学的惩处,但很可能会被罚站或给予早来校或晚离校的惩处。

如果屡教不改，也可能给予暂停上学或开除的处分。① 在美国，家长打孩子是不合法的，孩子或邻居可以打电话给警察，警察可视情况决定是否将家长带走。但在美国的不少州，教师体罚学生却是合法的。而且处罚的时候明确告诉学生违反了校规哪一条哪一款。在我国，老师一家访，往往就是学生出事了，于是中小学流传一句顺口溜：天不怕，地不怕，就怕老师到我家。而在美国，学生一犯错误，老师就要打电话给学生家长，于是美国学生也流传一句顺口溜：天不怕，地不怕，就怕老师打电话。

教育过程既是促进人的身心全面发展的过程，也是促进青少年社会化的过程。人就其现实性而言是一切社会关系的总和，个体的社会化就是在社会文化的熏陶下，由自然人转变成为社会人的过程，具体是指个体在特定的社会文化环境中，学习和掌握知识、技能、语言、规范、价值观等社会行为方式和人格特征，成长为能够履行社会角色的社会人的过程。学校是有组织、有计划、有目的地向个体系统传授社会规范、价值观念、知识与技能的机构，也是青少年实现社会化的最重要最有效的场所。学校的价值观、规划制度对青少年起着潜移默化的作用，使学生在遵守价值中理解价值、形成价值观，遵守规范中理解规范、养成规则意识，在遵守秩序中理解秩序、践行秩序。

---

① 黄全愈. 素质教育在美国 [M]. 广州：广东教育出版社，1999：126 - 148.

第五部分

成才的秘密武器有哪些？

一个人成才离不开客观环境，更离不开主观努力。主观努力包括在拥有良好的非智力因素和智力因素基础上的立志、热爱、坚持、勤奋等。稳定的情绪、良好的性格、持续的专注力等非智力因素以及敏锐的观察力、强大的记忆力、丰富的想象力、严密的思维能力等智力因素都是一个人成长的基础，而立志、热爱、坚持、勤奋则是一个人成才的必要条件。立志，就是一个人立下志向，体现为在某一方面决心有所作为的努力方向。从小就立下远大的志向，树立远大的理想，是一个人成才的前提；热爱是一个人对某种事情保有持久的热情和兴趣，这是确保一个人能够持续努力、坚持不懈的动力源泉；坚持源于一个人的毅力，是人们为达到预定的目标而自觉克服困难、持续努力的行为表现。勤奋则表现为一个人认认真真，努力干好一件事情，不怕吃苦，踏实工作。当然，每个人的学习成效与人的身体规律和身体健康状况密切相关。

二十七 负薪立志终成才

——立志与成功

所谓立志，就是要确立自己的志向、理想和抱负，就是要确立人生的奋斗目标。志向、理想和抱负，是人生航程中的灯塔，是激励人前进的巨大动力。

在西汉初期，有个叫朱买臣的人，从小父母双亡，孤苦伶仃，靠自己上山打柴来维持生活。要是碰上雨雪天气或柴草卖不出去，他经常连饭都吃不上。朱买臣虽然家境贫寒，但却有着远大的抱负和志气，那就是好好读书，将来做一个才学渊博、对社会有用的人。他到山上去打柴，经常还要带上书本，打一会儿柴便坐下来看一会儿书，有时连挑柴走路的工夫也不放过，一边走路一边看书。许多人对他的做法大为不解，有些人还嘲笑他是"癞哈蟆想吃天鹅肉"。朱买臣不为所动，矢志不渝，坚持一边砍柴，一边读书。年龄渐渐大了，朱买臣成了亲，家中增添了一个人的吃饭花销，而生活依然是靠他一个人打柴来维持，日子过得很艰难。妻子看不惯朱买臣的做法，经常责备他，要他放弃读书，去外边学点小手艺，以便多挣点钱。朱买臣不为所动，宁愿忍饥挨饿也要读书学习。妻子过不惯这种艰苦的生活，又不能使丈夫回心转意，便离开朱买臣改嫁他人了。妻子的离去也没能动摇他的决心，他一如既往，继续一边砍柴卖柴，一边挤时间读书。就这样日复一日，年复一年，朱买臣的知识日渐渊博，所写的辞赋文笔优美、思想深刻，引起文坛的轰动，就连当时太学的大学士也都很钦佩这位樵夫的才学，争相拜读他的作品。汉武帝即位后诏举贤良方正、直言极谏之士，朱买臣得到朋友的举荐，先拜为中大夫，后又相继出任会稽太守令、主爵都尉，一直做到丞相长史，一时负有盛名。

古往今来，每一个在学习上取得成功，在事业上做出重大贡献的人，都是像朱买臣一样，从小就立下远大的志向，树立远大的理想目标。中国铁路工程专家詹天佑12岁赴美留学，目睹了美国近代科学技术所发挥出的巨大能量，领略了火车、轮船的极大优势，也看到了祖国由于铁路被别人控制而造成的灾难，立志要学好铁路技术，在回国后一定要用自己的双手在神州大地修建中国人自己的铁路。周恩来十三四岁的时候，就立志"为中华之崛起"而读书。数学家陈景润在上初中的时候，就想到"数学是干什么事都少不了的知识"，立志在数学方面为祖国做出贡献。正是这些远大的志向，给予他们以鼓舞和力量，使他们能克服种种艰难困苦，最终实现自己的理想。正如北宋大文学家苏轼所言："古之成大事者，不唯有超世之才，亦有坚韧不拔之志。"[①] 明代著名思想家王阳明在总结了古人成才的经验后，也深有感触地说：

---

① 马春生. 志不立，如无舵之舟［J］. 发展论坛，1999（6）：56–57.

"志不立，天下无可成之事。"①

　　一个人有了远大的志向、理想和抱负，就会产生高尚的情趣、博大的胸怀和执着的追求，就不会为蝇头小利而动心，为声色犬马而沉沦。无论生活条件多么艰苦，环境多么险恶，他都会以昂扬的斗志奋勇向前。古往今来，任何一个成大事业者都有一番艰苦卓绝的创业史，他们之所以能够战胜困难，取得成功，无不是因为受到远大目标的鼓励。相反，一个人如果没有远大的志向，缺乏崇高的理想和抱负，就会像一艘没有舵的船，只能随风飘泊，任其浮沉；就会失去奋斗的动力，暮气沉沉，无所作为，甚至可能为追求个人私利而滑到邪路上去。

　　立志，要立大志，就是要把个人的志向、理想、抱负同社会的理想结合起来。在现阶段，我国各族人民的共同理想是建设有中国特色的社会主义，把我国建设成为高度文明、高度民主的社会主义现代化强国。这是我国社会发展的趋势，是我国人民的利益和愿望。作为一名现代青年，要顺应历史潮流的发展，把自己个人的志向和理想建立在新时期我国人民的共同理想的基础之上，为实现共同的理想而奋斗。这就要求我们把今天的学习同社会主义现代化建设联系起来，确立为社会主义现代化建设而立志成才的远大理想。但是，社会共同的理想、抱负并不否定每个人有自己的理想和抱负，恰恰相反，只有将共同的理想转化为个人的各种各样、绚丽多彩的理想，共同的理想才能得以实现。过去，我们只强调树立抽象的理想，而忽视个人的志向和抱负，这是极其片面的。由于每个人的兴趣、爱好、家庭环境、先天素质不同，每个人的志向、理想也可以不同。有的想当一名探索自然奥秘的科学家，有的想当救死扶伤的白衣天使，有的想当驾驶宇宙飞船遨游太空的宇航员，有的想当为百姓伸张正义的法官，有的想当甘为人梯的人类灵魂工程师……这些志向、理想、抱负，都是与社会的共同理想相一致的，都是值得为之奋斗的志向、理想与抱负。

　　"无志之人常立志，有志之人立长志。"在现实生活中，我们经常看到有些人一会儿想搞科学研究，一会儿想下海经商，一会儿又想当歌星，今天立一个志，明天立一个志，这山望着那山高，没有一个确定的目标，结果什么目标也实现不了。古人云："志于彼而又志于此，则不可名为志，而直谓之无

① 向贤彪. 志不立，天下无可成之事［J］. 海峡通讯，2016（8）：64-65.

志。"一个人的精力和生命是有限的，不可能在各个领域都取得成就，只有坚定志向，沿着一个既定的目标不懈努力，才能获得成功。在这方面，苏阿芒为我们树立了榜样。苏阿芒从小酷爱外语和文学，上小学时就读完了《三国演义》等古典文学名著，向往着将来当一名文学翻译家。但通往理想的道路却十分坎坷。苏阿芒高中毕业后，连续三年参加高考都名落孙山。不久父亲去世，家庭生活越来越困难，上大学是不可能了。但苏阿芒没有气馁，而是决定走自学的道路，一定要在外语和文学方面做出成绩。在"文化大革命"期间，他被打成"里通外国"的"现行反革命"，遭到揪斗、毒打，并被关进监狱，但他仍然以钢铁般的意志继续学习外语。到 1979 年被平反昭雪、无罪释放时，苏阿芒已掌握了世界语、英语、法语、德语、俄语和意大利语六种文字，而且还不同程度地学会了西班牙语、瑞典语、葡萄牙语、波兰语等十几种语言。他在五大洲近 40 个国家，用 20 多种文字发表过文学作品。有人问他成功的秘诀是什么？他的回答是：坚持自己的目标，认准一条路就坚决走到底。

志向是远大的，理想是美好的，但理想并不等于现实，必须靠努力奋斗来实现。因此，必须把握住实现理想抱负的起跑线。俗话说："不积小流无以成江海，不垒砖石无以成大厦。"有了远大的理想只是第一步，实现理想并不是靠一鸣惊人而完成的，它必须荟集平时的学习和工作成果。这就要求我们根据远大理想制定近期目标以及具体的学习、工作目标，把平时的学习和工作搞好。一个个小的具体目标的实现，将会引向远大目标的实现。

一位心理学家曾做过这样一个实验。他把 100 名学生分为 A、B 两组，先让 A 组学生都拿上粉笔，面对墙壁，要求他们尽量往高里跳，并在最高点上画上记号。然后，他在比开始达到的高度高出 20 公分的地方画上记号，对 A 组学生说："你们还可以跳得更高，看，这就是你们的目标！"于是，50 名学生再跳，结果有 25 名跳得比这个记号还高。接着，B 组学生实验，先让他们跳一次，画上记号，然后，只对他们说："你们能跳得更高。请试试。"再让他们跳，结果 B 组的 50 名学生中只有 15 名达到 A 组的 25 名学生达到的那种高度。实验完成后，心理学家询问 A、B 两组中第二次跳得高的学生，他们是否对自己跳的高度感到满意时，A 组的 25 名学生全部都答"满意"，而 B 组的 15 名学生中回答"满意"的却只有 8 名。这个实验告诉我们：有了明确、具体的目标，人就更能充分地发挥潜在的能量去实现这一目标，成功的可能性会明显提高；具体目标的实现，可以使人感受追求和获得成功的喜悦，起到鼓舞士气的作用。因此，制定好具体目标是非常重要的。

制定具体目标，要求越具体、越明确，效果就会越好。因为目标越具体明确，为达到目标所付出的努力就越有方向性，从而可以更有力地调动积极性，而且制定的目标是否达到了，也比较容易判断。当然，目标既不能定得太高，也不能定得太低。目标太高，经过努力仍未达到，就会因此而失去信心。相反，目标太低，轻而易举就能达到，也就失去了目标激励的意义。因此，目标既要明确具体，又要有一定的难度，是从自己的实际出发制定的经过努力可以达到的目标。

要实现美好的理想，必须从现在做起。对一个人来说，他真正拥有的只有今天，只追忆昨天成功的喜悦和憧憬明天未来的美好，而把握不住今日的时机，是不会有任何有意义的实际行动的，也不会获得任何的成功。正如《明日歌》所言："明日复明日，明日何其多！我生待明日，万事成蹉跎。"无论远大目标的实现还是具体目标的达到，都只能从现在做起，从今天做起。

远大志向和理想的实现，不可能是一帆风顺的。客观条件的变化，自我估计的偏差，认识方法上的欠缺，都可能使理想的实现受到影响、干扰和阻碍，甚至会偏离正确的轨道。曲折和坎坷是不可避免的，关键是要有坚韧不拔的毅力。历史上的伟大人物并不是天生的，他们在其奋斗历程中也遇到过这样或那样的失败与挫折、不幸与痛苦，他们没有向失败和痛苦低头，而是与命运抗争，摆脱不幸和痛苦，执着地追求自己奋斗的目标。因此，要实现远大的理想和抱负，必须有毅力、有恒心，有克服困难、战胜挫折的勇气，百折不挠，不达目的誓不罢休。

二十八　解读木村久一和达尔文语录

——兴趣与成功

所谓兴趣，就是人积极认识客观事物的心理倾向，它使人对某种事物给予优先的注意。兴趣是学生学习的动力源泉。赫尔巴特认为，兴趣既是教学的出发点，也是教学的归宿。

木村久一是日本著名学者，他有一句非常有名的话："制造凡人的方法是极为简单的，那就是不让孩子热衷于某一事物，只这一点就够了。对任何事物都不着迷，都不感兴趣，这就是凡人的特征。"① 英国著名生物学家达尔文在自传中写道："就我记得我在学校时期的性格来说，其中对我后来发生影响的，就是我有强烈而多样的兴趣。沉溺于自己感兴趣的东西，深入了解任何复杂的问题和事物。"② 木村久一和达尔文的话告诉我们：一个人要想有所作为，干一番事业，就必须有广泛而浓厚的兴趣。

兴趣和爱好是十分相似且关系密切的两种心理现象。兴趣是一种认识倾向，爱好是一种活动倾向，爱好是在兴趣的前提下产生的，当兴趣进一步发展，不仅仅是希望弄清一种活动是怎么回事，而且要反复从事这种活动时，兴趣就变成了爱好。例如，我们爱好打乒乓球，一般是从了解如何打乒乓球这一兴趣出发，后来在活动中获得无穷的乐趣，便希望反复进行这种活动，对乒乓球的兴趣也就变成了对乒乓球的爱好。正是由于兴趣和爱好之间有着如此密切的关系，我们一般把二者并列，称为兴趣爱好。

兴趣是在需要的基础上产生和发展起来的。当一个人有了某种需要时，他必然会对有关的事物优先注意，并且产生对它向往的心情，即对有关事物发生了兴趣。例如，当我们饿了，有了饮食的需要，就会产生对食物的兴趣；当我们有娱乐的需要，就可能对体育活动、电影、电视等娱乐活动感兴趣。人有各种各样的需要，因而也就有各种各样的兴趣。人的需要发生改变，其兴趣也随之而改变。例如，一开始我们可能因需要了解某一物理现象而对物理学产生了兴趣，当我们对该物理现象有了一定的了解之后，可能不再对物理学感兴趣，这时可能因需要了解某一天文现象而对天文学感兴趣。

兴趣和人的年龄增长呈正相关，一般说来，随着年龄的增长，人的兴趣不但在数量上会增加，而且在中心兴趣和兴趣的浓厚程度上也会发生变化。有人曾对认识兴趣中具有中心意义的读书倾向变化进行过研究，发现不同年龄阶段人们的读书兴趣各有其特点。第一个阶段为绘画期，年龄为 4 - 6 岁，儿童通过对绘画的解读丰富感性经验。第二个阶段为传说期，年龄为 6 - 8

① 苏林枝. 创新英语课堂教学，激发学生学习兴趣［J］. 中学英语园地：教学指导，2012（20）：92 - 93.
② 达尔文. 达尔文自传［M］. 曾向阳译. 南京：江苏文艺出版社，1998：96.

岁，儿童希望通过传说丰富想象力。第三个阶段是童话期，年龄为 8－10 岁，儿童希望在童话中验证自己的想象和思维。第四个阶段为故事期，年龄为 10－15 岁，儿童想从故事对现实生活的具体描绘中获得社会的间接经验。第五个阶段为文学期，年龄为 15－17 岁，儿童希望通过文学作品寻找理想的自我。第六个阶段为思想期，17 岁以后人们开始探索人生的目的和价值。

兴趣和性别、个性也有密切的关系。从国内外的一些调查结果看，男性多对自然科学、体育等感兴趣，而女性则多对文学感兴趣。性格外向的人往往兴趣广泛，但兴趣的稳定性较差；性格内向的人兴趣较少，但稳定性较强。能力较强的人容易对许多事物产生兴趣，而能力较弱者则往往会因感到问题太难而不对某些事物产生兴趣。

兴趣在学习、工作和活动中具有重要的意义。兴趣可以调动人的积极性，从而使人以充沛的精力投入到学习、工作和活动中去。我们都有这样的体验，当我们从事感兴趣的活动时，总会处在愉快、满意、兴致淋漓的状态，积极性很高；而在做没有兴趣的工作时，总觉得枯燥乏味，难以调动起积极性。兴趣可以提高学习、工作和活动的效率，因为兴趣使我们优先集中注意，减少分心现象；兴趣可以使我们产生愉快的情绪体验，克服倦怠和疲劳；兴趣可以提高大脑的活动效率，增进记忆，活跃思维，诱发深入而又富有创造性的思考。

古今中外的科学家、思想家、艺术家、文学家，大都知识渊博，兴趣广泛。古希腊哲学家、科学家亚里士多德在哲学、心理学、逻辑学、物理学、生物学、历史、政治学、伦理学、美学等领域都有研究和著作。伟大的无产阶级革命家和经济学家马克思，兴趣广泛，精通数学、物理、化学、经济学、历史、哲学、文学和音乐。我国汉代杰出的科学家张衡，在天文学、地理学、数学、机械学以及文学和绘画方面都有很深的造诣，他不但发明了地震仪，而且擅长文学和绘画，是东汉六大画家之一。南北朝科学家祖冲之是一位伟大的数学家，同时又是天文学家和物理学家，他同时还对经学和先秦哲学有研究，并精通乐律，熟知农业种植知识。广博的兴趣使他们从多方面获取知识，思维广阔，在事业上取得了非凡的成就。

举凡取得非凡成就的人，不但兴趣广博，而且都在兴趣广泛的基础上有一个中心兴趣。人的精力和时间是有限的，对于一般人来讲很难对自己感兴趣的领域都进行深入的钻研，因而应在多种兴趣中确定一个中心兴趣，在这方面获得深入的发展。我国著名的物理学家钱学森，有"万能科学家"的美誉。他对空气动力学有着浓厚的兴趣，对铁道机械工程、薄壳结构理论、工程控制论、物理力学和系统工程学等也颇有研究，同时他还爱好文学，学过绘画和拉小提琴，搞过文艺，在各个方面都取得了一定的成就。但他并不是在上述各个方面平均用力，而是在广博的兴趣中确立空气动力学为中心兴趣，利用极其渊博的知识为背景，发挥自己在空气动力学上的优势，在航空工程上取得巨大成就。

要想在某方面取得成绩，仅有兴趣是不够的，还必须把兴趣作为推动自己活动的动力，深入持久地从事自己感兴趣的活动。我国著名数学家陈景润，自幼酷爱数学。老师在一次介绍哥德巴赫猜想时称"哥德巴赫猜想是皇冠上的明珠"，陈景润对哥德巴赫猜想这颗明珠产生了兴趣，并立志要向哥德巴赫猜想进军。在这种动机的推动下，陈景润刻苦钻研，锲而不舍，终于在哥德巴赫猜想研究中取得了突破。

兴趣不是与生俱来的，而主要是在后天实践活动中培养训练而发展起来的。培养兴趣，首先应该培养好奇心，使自己产生探究的需要，这是兴趣产生的基础。翻开科学史我们可以发现，科学家正是受到好奇心的驱使，而对科学领域的问题产生了兴趣，从而完成科学研究上的发明创造的。意大利物理学家伽利略在比萨教堂作礼拜时，看到悬挂在屋顶上的吊灯被风吹动后来回不停地摆动。这种现象司空见惯，很多人都见过，都没有去理会它。而伽利略却对之感到好奇，并对这个现象产生了浓厚的兴趣。于是，他用手按着自己的脉搏，看吊灯每摆动一次，脉搏要跳动几下。他就这样看着、数着、看着，结果却发现了一个奇妙的规律：尽管每一次的摆幅不同，周期却是不变的。伽利略就这样发现了共时性定理这个钟表的原理，那年他只有18岁。牛顿偶然看到苹果落地，感到很好奇，苹果为什么要往地上落而不往天上飞呢？牛顿以此为出发点进行研究，发现了万有引力定律。"蒸汽机之父"瓦特，有一次在烧水时，看到烧开的水蒸气把壶盖顶得直颤动，这也是一个司空见惯的现象，瓦特却觉得很好奇，并决心探究其中的奥秘，结果发明了蒸汽机，掀开了第一次工业革命的序幕。我们生活在知识丰富的世界里，只要肯动脑筋，遇事追根究底，就会获得知识，兴趣也就会随知识的获得而丰富和增强。

从兴趣发生和发展的角度看，兴趣可以分为两种：直接兴趣和间接兴趣。

所谓直接兴趣，就是对某一事物或活动本身发生兴趣。如看戏、看电影、看球赛，其中的故事情节、美丽的景色或精彩的场面，可以引起我们的兴趣。所谓间接兴趣就是对某一活动本身虽不感兴趣，但对该项活动的结果感兴趣。如一个学生可能对学习过程本身不感兴趣，但对学习的结果感兴趣；一名工人可能会对某项劳动不感兴趣，而对劳动后获得的报酬感兴趣。在我们所必须从事的活动中，许多是枯燥乏味的，对之不感兴趣，但又不得不做。这时，我们就必须对活动结果有明确的认识，通过对活动结果意义的认识激发间接兴趣，从而促使我们鼓起勇气，战胜困难，胜利完成活动任务。在历史上，马克思50多岁学习俄语，诺贝尔研制炸药九死一生，居里夫人为提取镭硬是用原始的方法从沥青中耐心提炼，这些活动本身都是十分艰苦、危险的，但他们都为了自己心中的目标而奋斗，在取得成绩后才能体会到经过千辛万苦换到的快乐与满足。值得注意的是，许多活动是从间接兴趣开始的，但在活动过程中却产生了直接兴趣，实现了间接兴趣与直接兴趣的结合，这是我们培养间接兴趣的理想境界。

兴趣的培养和自信心有着密切的关系。如果一个人自卑心理较重，怀疑自己的学习能力，总觉得自己不是学习的料，甚至把自己归入"愚笨者"的行列，那么，他是很难对学习产生兴趣的。因此，树立必胜的信心，是培养兴趣的前提条件之一。与此相联系，我们在确定学习目标时，应该选择难度与自己的水平相适应，经过努力可以实现的目标，以胜任成功鼓舞信心、激发兴趣。难度太大，实现不了目标，会降低信心和兴趣；难度太小，没有挑战性，也不容易激发兴趣。

二十九 披荆斩棘的利剑
——毅力与成功

人的天赋是有差异的，但勤奋和毅力可以弥补天赋的不足。爱因斯坦、爱迪生、达尔文等不少科学巨匠，都自认为天赋不足，他们获取成功的诀窍，就是勤奋和毅力。毅力是成才之路上的一把披荆斩棘的利剑，谁有了这把利剑，谁就能在自己的领域里大显神威，达到理想的境界。

27 年磨一剑

李时珍是我国明代著名的药物学家和医学家。他出身于医学世家，自幼就随父兄上山采药，或代父抄写药方，因此他从小就对医药学感兴趣，立志成为一名出色的医药学家。在他的刻苦钻研下，24 岁便正式行医治病。当时的医生对药物的识别和性能的掌握，主要依据《本草》，这是历代医学家传下来的一个药物学著作，书中介绍的药物品种不全，而且还有不少错误，因此经常因药物使用不当而发生严重医疗事故。于是，李时珍决心编写一部更全面、准确、翔实、可靠的药物学著作。他首先大量阅读历代本草书目，其他诸如子、史、经、传、声韵、农圃、医卜、星相、乐府诸家的著作，只要有参考价值的都认真阅读，先后共阅读了 800 多部医书、药书和其他相关著作，记下了几百万字的笔记。然后又带着徒弟庞宪和儿子李建之，跋山涉水采集药物标本，收集民间药方，终于掌握了大量翔实可靠的药物学资料。在此基础上，他经过 27 年的辛勤劳动，三易其稿，终于完成了我国古代最伟大的药物学巨著《本草纲目》。《本草纲目》共 50 卷，190 多万字，记载药物 1892种，药方 11096 个，是旧《本草》的 4 倍。

纵观人类文化史，科学上的伟大发现、文学上的鸿篇巨著，无一不是血汗和毅力的结晶。洪升写《长生殿》用了 9 年；曹雪芹写《红楼梦》用了 10年；吴敬梓写《儒林外史》用了 14 年；王祯写《农书》、孔尚任写《桃花扇》都用了 15 年；司马迁写《史记》用了 18 年；阿·托尔斯泰写《苦难的历程》用了 20 年；达尔文写《物种起源》用了 27 年；王充写《论衡》、哥白尼写《论天体的运动》用了 30 年；列夫·托尔斯泰写《战争与和平》用了 37 年；马克思写《资本论》用了 40 年；哥德写《浮士德》用了 60 年，直到 82 岁的高龄才告完成。

生物学家巴斯德曾经说过："告诉你我达到目标的奥秘吧，我唯一的力量就是我的坚持精神。"[1] 其实，坚持不懈、持之以恒，是每一位成功者的奥秘。

坚韧不拔的诺贝尔

艾尔佛莱德·诺贝尔是 19 世纪瑞典化学家，他从青年起就对炸药的研制与生产产生了兴趣。研制炸药随时都有生命危险，就如生活在火山顶上，不

---

[1]　陈碧蓝．忠于理想的坚持［J］．学生·家长·社会，2013（1）：1.

知哪天火山就会爆发。失败和灾难一次次光顾这位年轻的化学家，但他都没有屈服。1864年9月3日，诺贝尔的实验室发生爆炸，诺贝尔年仅23岁的弟弟埃米尔·诺贝尔和3位助手全部遇难，政府也因此禁止他在市内试验和生产炸药。诺贝尔强忍着巨大的悲痛，到郊外没人居住的梅拉伦湖上办了个水上工厂，继续顽强地探索。1867年秋，诺贝尔开始用雷酸汞做引爆剂。在经历了几百次失败之后，他逐渐地逼近目标。一天，只听得"轰"的一声巨响，只见诺贝尔的实验室被抛向天空，人们惊恐地说："诺贝尔完了！诺贝尔完了！"可是，过了一会儿，却见鲜血淋淋的诺贝尔从废墟中爬了出来，他发疯似地奔跑狂呼："我成功了！我成功了！"诺贝尔就是这样不怕挫折和失败，最终取得成功的。他成功地发明了硅藻土猛炸药、无烟炸药、胶质炸药等，推动了科技和工业的发展。1895年11月27日，诺贝尔立下遗嘱，将其一生积累的巨额财富约920万美元作为基金，以其每年的利息约20万美元作为奖金，奖给在世界和平、科学发展和人类进步事业方面做出卓越贡献的人，这就是举世闻名的"诺贝尔奖金"。从1901年起，每年12月10日（诺贝尔逝世纪念日），都在瑞典首都斯德哥尔摩的音乐大厅举行诺贝尔奖金授奖仪式。

我国明末清初的史学家谈迁在史学上取得的成就，在很大程度上应归功于不怕失败与挫折的坚韧不拔的精神。谈迁自幼家境贫寒，没有钱买书，完全靠借书、抄书收集资料，前后整整花费了27年的时间，好不容易才写成一部500万字的编年体史书《国榷》，不料竟被小偷给偷走了。这一劫难并未动摇他编写史书的决心。他来到京城北京，用两年半的时间访问降臣、皇亲、宦官以及公侯门客，继续收集资料，重写、修订《国榷》。就这样，又经过10年的辛勤劳动，谈迁终于完成了第二稿《国榷》，此时他已是白发苍苍的老人了。

类似的事例还有很多。例如，发明大王爱迪生经过40000多次试验，战胜一次又一次失败，才研制出"爱迪生电池"；京剧艺术家盖叫天在练功时摔断了腿，但从不气馁，以顽强的毅力重新登上舞台；意大利著名物理学家、天文学家伽利略，因其坚持哥白尼的日心说而长期受到天主教会的迫害，但他不屈服，并在极其恶劣的生活条件下，忍着病痛，顽强地写出了现代物理学的第一部伟大著作《两种新科学的对话》；英国物理学家、数学家开尔文在回顾自己55年的科学生活时，甚至说只有"失败"两个字可以道出他的全部艰辛。前人成功的历程告诉我们，无论在事业上还是在生活中都不会一帆风顺，失败和挫折是在所难免的，只有不怕失败和挫折，并善于从失败和挫折中总结经验的人，才能踏着失败，走向成功。

创造奇迹的圣女

海伦·凯勒是美国著名的社会福利事业家，她把自己的毕生精力都投入到社会福利事业中去，被称为"奇迹般的人物"、"战胜了三重苦难的圣女"。她生于1880年，出生时本来是个发育正常的婴儿，但在1岁半时不幸患了重病，从此便失去了听觉、视力，声带功能也萎缩了，成了一个又聋又哑又瞎的人，感官中唯一可以用来学习的便是触摸觉。从6岁起，在家庭教师萨利文的指导下开始学习盲文和哑语。她克服种种困难，以坚强的意志学会了盲文和哑语，并掌握了中小学的全部知识。1900年，20岁的海伦·凯勒考入美国著名大学哈佛大学，四年后以优异的成绩从该校毕业，成为世界上第一个接受了高等教育的盲聋哑人。毕业后，她便投入到盲、聋、哑和伤残人的福利事业。她不仅在美国，而且飘洋过海到世界其他国家进行旅行演讲，为残疾人争取理解和支持，为残疾人带来了光明和希望。美国著名作家马克·吐温曾这样评价道：19世纪有两个伟大人物，一个是拿破仑，另一个就是海伦·凯勒。

人生道路多坎坷，坦途是不多见的。由于各种各样的原因，人难免处于逆境之中，如家境贫困、体弱多病、身体残疾等。不怕逆境，在逆境中奋起，是许多人成功的秘诀。美国的海伦·凯勒如此，我国的张海迪也是如此。在我国古代，从逆境中奋起的事例更是不计其数，"文王拘而演《周易》；仲尼厄而作《春秋》；屈原放逐乃赋《离骚》；左丘失明，厥有《国语》；孙子膑脚，兵法修列；不韦迁蜀，世传《吕览》；韩非囚秦，《说难》《孤愤》"。①难怪英国诗人拜伦说："逆境是达到真理的一条通途。"

有人将我国705个成才者的家庭分成贫、中、富三种类型，对不同条件下的成才情况进行了调查，发现家庭条件富有者占6%，家庭条件中等的占69%，家庭条件贫困的占25%。其中，以家庭条件中等的人所占比例最大，而贫困家庭出身的比例竟为富有家庭的近5倍。身处逆境的贫困家庭子女，

① 张根明. 活着的理由——《报任安书》第五段解读［J］. 作文新天地：高中版，2016（4）：28－31.

具有较强的摆脱困境的动力，虽然他们相对被剥夺了良好的教育条件，但是他们可能会以坚强的意志去克服困难，争取实现既定的目标。

在学习、工作和生活中，困难和逆境是不可避免的。如果我们能正视厄运，直面困难，逆境便会成为奋斗的动力，我们便会一步一个脚印地勇往直前。

三十　天才出自勤奋
——勤奋与成功

"天道酬勤"、"一分耕耘一分收获"、"功夫不负有心人"等警句名言，都是对勤奋者的寄语与褒奖。王若飞、盖叫天、牛顿、柳比歇夫的成功都有赖于他们的勤奋。

一张作息时间表

上午5:00起床，5:30－6:30读书

6:30后喝咖啡入厂（由宿舍到工厂须走一刻钟）

7:00－11:30作工

11:30－12:30午餐

12:30－1:00阅读

下午1:00入厂

1:30－5:00作工

5:30－6:00晚餐

6:30－9:00读书

9:30后睡眠

这张作息时间表，是我国无产阶级革命家王若飞同志1920年在法国勤工俭学时给自己制定的。当时，他在法国一家钢铁厂当学徒，每天要干八个小时的繁重工作。除了做工之外，他还在业余时间从事大量的革命工作和社会活动。在工作如此繁忙的情况下，他每天硬是挤出四五个小时的业余时间来自学。连起床后的一个小时、午饭后的半个小时都不放过。经过几年的努力，他不但掌握了法语，而且大量阅读马克思、恩格斯的著作，终于成为我党的

一位革命理论家。

王若飞是一个勤奋者。事实上，打开世界科学技术史我们就会发现，那些取得丰硕的成果、为人类做出巨大贡献的科学家、发明家，无一例外地把勤奋当作通往科技高峰的阶梯。

牛顿是英国近代著名的物理学家，建树丰伟：在力学上，总结出机械运动的三大定律（惯性定律、力和运动的关系定律、作用和反作用的定律），发现万有引力定律，创立了经典力学体系；在光学上，发现光的一种干涉图样（牛顿环），创立微粒说；在数学上，确立了二项式定理，与莱布尼茨几乎同时创立微积分学；在天文学上，创制出反向望远镜，初步掌握了行星运动的规律；等等。站在牛顿的丰碑之下，后人无不为其超人的智慧而惊叹，许多人断定他为天生的奇才。然而，牛顿小时候的天赋条件和教育条件并不好。牛顿是一个普通农民的遗腹子，出生时只有两斤半重。当他三岁时，母亲改嫁，牛顿便寄住在舅舅家里，中学还没读完就辍学了。但生活的艰难并没有使他停止学习，他经常因看书入迷耽误事而受到母亲的责骂。在读大学和工作以后，牛顿有了较好的学习和工作环境，他愈加勤奋，做起实验来经常废寝忘食。数十年如一日地勤奋努力，使牛顿终于成为一个科学巨人。

"天才，不过是1%的灵感加上99%的汗水。"这是"发明大王"爱迪生的一句名言，也是他一生获得1000余项发明专利的经验之谈。

伟大的生物学家、进化论创始人达尔文在总结其成功的经验时说："我所完成的任何科学工作，都是通过长期的考虑、忍耐和勤奋得来。"[1]

爱因斯坦也有一句名言："在天才和勤奋两者之间，我毫不迟疑地选择勤奋，她是几乎世界上一切成就的催产婆。"[2]

著名文学家鲁迅，为年轻人提出的忠告是："伟大的成绩和辛勤劳动是成正比例的，有一分劳动，就有一分收获，日积月累，从少到多，奇迹就可以创造出来了。"[3]

可见，勤奋是成才的阶梯。勤能补拙，宋朝陈正之从"陈傻子"变成"陈学者"，靠的完全是勤奋。天资聪颖的人要想成才，也要靠勤奋。宋朝

① 周红. 探索达尔文成功的情商奥秘 [J]. 人力资源管理，2013（8）：214－216.

② 吴秀婷，从小爽. 勤能补拙，熟能生巧 [J]. 中学生数理化：高一版，2010（7）：6.

③ 王鹏. 培养积累的习惯　提高学生的语文能力 [J]. 文学教育：中，2010（1）：159－160.

"神童"方仲永，便是因为在学习中懈怠下来，而从"神童诗人"变成了庸才。"书山有路勤为径，学海无涯苦作舟。"只有不畏劳苦，辛勤耕耘，才能达到胜利的彼岸。

柳比歇夫的"时间统计法"

柳比歇夫是苏联著名的昆虫学家，他一生中共出版学术著作70多部，发表学术论文12500篇，内容涉及昆虫学、科学史、农业遗传学、植物保护、进化论、哲学等多个领域，被人称为奇才、怪才。柳比歇夫取得如此丰硕的成果，是与他的时间统计法分不开的。他从26岁开始，每天都要核算自己的时间，任何活动，如休息、看报、散步、谈话、写作、游泳、读书等，全都要记下来用了多少小时多少分钟，一天一小结，每月一大结，年终一总结，直到他1977年去世，56年如一日，从不间断。他做时间统计的主要目的是看自己是否科学合理地运用了时间，是否浪费了时间，以便在以后科学地安排时间。

惜时如金，爱时如命，是勤奋的具体体现，也是每一个成功者的主要性格特征。他们都善于抓住点滴的时间投入学习与工作。像柳比歇夫一样，达尔文也是一个爱惜时间的人。达尔文体弱多病，其划时代的著作《物种起源》，是他与疾病搏斗的结晶。当有人问他在身体如此虚弱的情况下怎样做了那么多事情时，达尔文的回答是："我从来不认为半小时是微不足道的一段时间。"印度著名物理学家雷曼，1930年曾因提出光的传播原理而荣获诺贝尔物理学奖。他在工作时总是分秒必争，从不浪费时间。他在接受记者的采访时，精辟地分析了爱惜时间与成才的关系。他说："每天不浪费或者不虚度或者不空抛剩余的那一点点时间，即使只有五、六分钟，如果加以正确运用，也一样可以取得很大的成就。反之，游手好闲惯了，就是有着聪明才智，也不会有所作为。"①

雷巴科夫曾经说过：时间是个常数，但对勤奋者来说，又是个变数，它的单位有年、月、日、时、分、秒，用"分"来计算时间的人，比用"时"来计算时间的人，时间多59倍，它标志着分秒必争。每一位有志之士，都应

---

① 李勤松. 第一位亚裔诺贝尔奖获得者——C. V. 拉曼［J］. 物理教师，2007, 28（5）: 57.

该树立时间观念，养成珍惜时间的习惯，重视点滴时间的利用，提高时间利用效率，并且要从现在做起，那种"明日复明日"的思想是要不得的！只有牢牢把握住今天，把握今天的分分秒秒，才能赢得明天，拥有美好的未来。

盖叫天练功

著名京剧演员盖叫天，天资并不太好，但却凭着勤奋好学的精神和坚韧不拔的毅力，成为一代名家。他是把日常生活中的各种活动都和练功结合起来，在别人眼中是负担的各种琐碎活，都成了他练功的机会。例如，他洗脸时，从来不用盆架，而是把脸盆放在地上，蹲着洗脸，一边洗脸一边练蹲功，脸也洗了，蹲功也练了。他擦桌子更是与从不同，别人是这边擦完，再绕到那边擦擦，而他却这边擦后，从桌子下面钻过去，桌子擦了，腰功也练了。

盖叫天将两件可以同时做的事情安排在同一时间过程，从而节约了时间，提高了工作效率。在时间运筹上称作复线运筹法。其实，在日常生活中，有许多机会可以运用这种方法。例如，散步的时候可以同时背外语单词；旅行途中可以观察自然或思考一些难题；等等。只要做个有心人，我们总是能够利用某些时间，同时去做两件甚至三四件事情，提高时间利用率。

勤奋，不仅要做事珍惜时间，而且要科学地运筹时间。复线运筹法只是时间运筹的方法之一，另外还有重点运筹法、绝缘运筹法、交错运筹法、分散运筹法等。

重点运筹法就是将自己精力最充沛的、最长的那段时间，用来做最重要或者难度最大的事情。例如，我国著名作家秦牧，总是在精力最充沛的时候看文艺理论、社会科学方面的书籍，而在精力比较差的时候就看小说、诗词和画册。学校里课程表总是把重要的课程排在上午，把次要的课程排在下午，也是这个道理。

绝缘运筹法，就是为了排除干扰，集中精力完成重要的学习或工作任务，而与外界隔绝一段时间的时间运筹方法。例如，著名物理学家、诺贝尔奖金获得者李政道，在一次会议上听了数学家伍拉的演讲后，对非线性方程领域里孤子的解很感兴趣，便向伍拉借来系统的资料，认真钻研。为了尽快看完文献并将它归还伍拉，李政道便闭门谢客，用了一星期的时间集中精力将资料全部看完，并创立了新的孤子理论，将孤子理论向前推进了一大步。

交错运筹法就是变换学习、工作内容，使大脑保持高效的工作状态，以求在一定的时间内做更多的有意义的事情的时间运筹方法。交错有两种情况，一种是学习与休息的交替，另一种是不同学习与工作内容的交替。例如，生物学家居维叶在担任巴黎博物馆馆长时，专门设立了几个工作室，这种研究疲倦了，就钻进另一间工作室，用以转换工作内容。

分散运筹法就是把某项学习或工作任务所需的总时间，分成若干小段时间去进行。实验证明，学习比较长的或难度较大的材料，分散运筹时间的学习效果比较好。这是因为分散进行学习，可以避免学习时间长而造成的兴趣性降低和注意力减退，可以避免前后学习材料的相互干扰。

三十一　患上学校恐惧症的爱因斯坦

——情绪与成功

情绪是指伴随着认知和意识过程产生的对外界事物态度的喜、怒、哀、乐、惧等心理体验。每一个人都具备各种情绪，情绪参与我们的一切活动当中，与身体健康、智力活动都有着密切的关系。

在 20 世纪的科学界，没有比阿尔伯特·爱因斯坦更伟大的科学家了。1905 年，26 岁的爱因斯坦便发表了《论动体的电动力学》的论文，揭示了狭义相对论的基本原理，震惊了整个科学界。在狭义相对论的基础上，爱因斯坦在 1916 年又发表了《广义相对论原理》，揭示了时间－空间的辩证关系，引发了理论物理学和哲学上的一次革命。1921 年，爱因斯坦由于在光电效应方面的卓越成就而获得了诺贝尔物理学奖。爱因斯坦在一生中取得如此辉煌的成就，大家一定以为爱因斯坦小时候在学校是个出类拔萃的学生吧？其实不然，爱因斯坦小时候学习成绩非常差，且患有学校恐惧症，还因此而被学校开除了呢！

爱因斯坦于 1879 年 3 月 14 日出生于德国南部的乌尔姆小城，父母是犹太人，父亲海尔曼·爱因斯坦经营一家小小的电气工厂，母亲受过良好的教育，喜爱文学和音乐。爱因斯坦幼年发育迟缓，直到 4 岁才伊呀学语，9 岁时仍然不能流畅地说话，以至于他的双亲一直以为他"智力低下"。6 岁那年，爱因斯坦上了小学，学习成绩非常差，只有算术略好一点。同学们都讥笑他笨，老师们也都嫌弃他，经常骂他"笨蛋"、"蠢才"。爱因斯坦因此非常害怕上学，一提及"学校"两个字，他都会感到焦虑不安。但父亲又是个严厉的人，爱因斯坦不敢逃学，每天都是硬着头皮去上学。他特别讨厌古文课和历史课，这两门课的成绩也最差，这两门课的科任教师对他也最凶，经常挖苦、讽刺他，甚至体罚他，弄得他一看到任课教师就紧张得发抖，上课时大脑简直一片空白。10岁时，多亏数学的成绩略好一点，爱因斯坦才勉强地升入中学，但成绩依然毫无起色，唯一的变化是他对欧几里德、牛顿、斯宾诺莎、笛卡尔的著作很感兴趣，读起来爱不释手。学校的老师们谁也没有发现爱因斯坦有什么才能，他们也不能再容忍爱因斯坦的"愚笨"，终于有一天老师告诉他，"你别再上学了"，理由是有他在班里，会影响其他学生的学习。就这样，爱因斯坦被学校开除了。

爱因斯坦失学后，其叔父发现了爱因斯坦在数学方面的潜在能力，便开始教他代数和几何。走出学校的爱因斯坦情绪放松，学习效果非常好。15岁时，他跟叔父学习了解析几何、微积分，16岁时又学起了光学，在数学、物理学方面均初现锋芒。17岁时，爱因斯坦考入瑞士的苏黎士大学工程系，从此开始了他的物理学学习与研究生涯，并逐渐蜚声学术界。

爱因斯坦在中小学期间对学校产生了害怕的情绪，这种情绪在心理学上称为学校恐惧症。爱因斯坦由于学业成绩不理想而遭到老师、同学们的讽刺和嘲笑，是他产生学校惧惧症的原因，而学校恐惧症则给爱因斯坦的心理带来更大的压力，在学校的日子总是在紧张、压抑、恐惧的情绪中度过的，学习成绩自然也就上不去。反倒是在被学校开除了之后，爱因斯坦从学校恐惧症中解脱出来，其聪明才智才充分发挥出来，在叔父指导下学习起来如鱼得水，如饥似渴，并很快显示出在数学、物理学方面的特殊才能。从某种意义上讲，正是学校开除了爱因斯坦，才没有淹没这位伟大的科学天才。

爱因斯坦的经历从一个方面说明了情绪与人的发展的关系。什么是情绪呢？我们在认识和改造世界的过程中，对于所接触到的各种事物，并不是无动于衷的，而是常常抱有一定的态度，对这些态度的体验，就是我们通常所说的情绪。例如，有一些事物使人愉快，另一些事物使人忧愁；有些事物使人赞叹，另一些事物使人厌恶；有一些事物使人愤怒，另一些事物使人恐惧。这些都是人们对客观事物是否符合自己需要的态度的不同体验。情绪的产生，是以人的需要是否得到满足为转移的。一般说来，人的需要得到满足，便产生肯定、愉快的情绪，反之则引起否定、不快的情绪。

每一个人都具备各种情绪，情绪参与我们的一切活动当中，与身体健康、智力活动都有着密切的关系。

俗话说："笑一笑，十年少；愁一愁，白了头。"这就生动地说明了情绪对健康的重要影响。我国古代著名医学名著《黄帝内经》指出，"喜伤心，怒伤肝，思伤脾，忧伤肺，恐伤肾"，"百病生于气也，怒则气上，喜则气缓，悲则气消，恐则气下，惊则气乱，思则气结"[1]，描述了不良情绪影响身体健康的情况。据传阿拉伯医学家伊本·西拿曾做过一个实验，他把一胎所生的两只羊羔安置在不同的条件下生活：一只羊羔旁边拴一只狼，让这只羊羔总是看到自己面前有一个可怕的威胁，结果这只羊羔由于处于极度恐惧状态而不思饮食，逐渐消瘦下去，不久就死去了；而另一只羊羔则在正常的条件下喂养，没有这类惊恐的情绪体验，能健壮地活着。在印度尼西亚的爪哇岛有一个尚未开化的部落，如果有人犯了罪，部落首领便请巫师来查清罪犯。巫师让所有的嫌疑分子都喝他配制的"法液"，并告诉大家清白无罪的人喝了"法液"会安然无恙，而罪犯则会死去。其实，所谓"法液"是一种有一定毒性的液体，但并不会毒死人。无罪的人坚信自己的清白，喝了"法液"都没事；而真正的罪犯却马上陷于绝望之中，喝了"法液"后恐惧异常，结果造成植物性神经系统严重失调，没多久就死了。现代医学研究表明，许多疾病如高血压、心脏病、癌症、胃溃疡、肺结核、哮喘病、精神病等的发生，都与不良的情绪状态有关。充满心理矛盾、压抑、不安全感和不愉快情绪体验的人，大脑长期处于紧张状态，促进激素的分泌发生异常，导致免疫力下降，因而易患各种慢性病。

不良的情绪状态会引发疾病，而良好的情绪状态则有益于健康，并可以治疗疾病。同样是身患重病的人，对生活失去希望者，其压抑、焦虑、恐惧、悲伤的情绪必然会加剧病情，很容易导致死亡；而对生活充满希望，坚信能战胜疾病者，则可能因其乐观的情绪而增强免疫力，最终达到康复。笑是一种积极的情绪反应，人在发笑时，肺部得以扩张，从而促进血液循环，舒筋活络，驱散心中的积郁，消除对健康有害的精神紧张。因此，现在有些国家

---

① 叶玉妹. 学经典浅论"百病生于气也"[J]. 辽宁中医杂志，2011（12）：2381–2382.

开设笑话医院或门诊，医生在给病人治病的过程中讲述各种各样的笑话，引病人发笑，据说效果不错。

情绪和智力活动也有着密切的联系，积极的情绪可以动员一切力量投入到智力活动中去，有利于智力活动的开展，相反，消极的情绪会抑制智力的运作，妨碍智力活动的开展。但情绪与智力活动的关系比较复杂。近年来心理学家对情绪紧张程度与学习效率的关系进行了研究，发现二者存在着倒U形关系（图5-1）。在情绪紧张程度过低或过高时，学习效率都不高，只有在情绪紧张程度适中时，学习效率最佳。我们都有这样的体验，在考场上，情绪过度紧张会使大脑皮层的活动产生一定程度的抑制而造成暂时遗忘，从而影响考试成绩，严重时还可能导致晕场甚至休克。相反，如果身心完全放松，情绪紧张度过低，大脑皮层不能进入兴奋状态，也不能考出最好的成绩。只有在适度紧张的情绪状态下，才能考出最好的成绩。

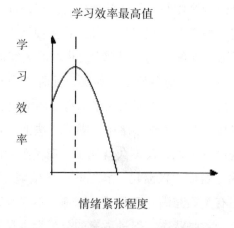

图5-1 情绪紧张程度与学习效率的关系

研究还表明，情绪对智力发展也有很大的影响。美国心理学家曾对4000名七岁儿童进行过调查研究，发现生活在和睦家庭中的孩子比气氛紧张的家庭中的孩子智商高。

既然情绪状态对人的身心发展有着如此大的影响，那么我们应如何调节和控制自己的情绪，保持良好的情绪状态呢？

首先，要保持愉快的心境。心境是一种持久、微弱、具有弥散性特点的情绪状态。如一个人在学习、工作中取得可喜成绩的时候，他就会产生一种愉快的和喜悦的情绪体验，这种情绪体验能使他的一切活动都染上满意、欢快的情绪色彩，他会感到一切都是美好的，花儿在笑，鸟儿在唱，连太阳、月亮露出的都是灿烂的微笑。相反，由于某种原因的影响，一个人也可能在相当长的一段时间内感到莫名其妙的烦躁或说不清的焦虑，在他心中，一切美好的事情都黯然失色。心境的产生，有主客观两方面的原因。在客观方面，国家的命运、家庭的兴衰、个人事业的成败、人际关系的协调与否、身体健康状况、季节和气候的变化等，都会影响心境。在主观方面，世界观、人生观对心境具有明显的调节作用。因此，要保持愉快的心境，除了保持身体健康、防止过度疲劳外，关键是要树立远大的理想和坚定的信念，树立明确的奋斗目标，树立乐观主义的人生观。

其次，丰富和端正自己的情绪经验。不良的情绪的产生，往往和情绪经验的缺乏有一定的关系。例如，参加考试时的怯场、参加比赛时的惊慌、遇到不顺心的事时不分场合的暴怒等，大都是因为临场经验不足而出现的。鉴于这种情况，我们应该多参加一些活动，丰富自己的情绪经验，并有意识地控制不良情绪的发展，增强情绪调节能力。

再次，从多种角度看待问题，学会自我解脱。在学习、工作和生活中，挫折和困难在所难免。从一个角度看，挫折和困难妨碍我们目标的实现，但从另一个角度，未必没有积极意义。俗话说，"吃一堑，长一智"，"失败乃成功之母"，也许迈过目前的这道坎前面就是阳光大道。苏东坡有词云："人有悲欢离合，月有阴晴圆缺，此事古难全。但愿人长久，千里共婵娟。"我们应该从这里得到一些启发。人生不如意事十之八九，针对这种现实，我们应采取达观的态度，从不良心境中自我解脱。

最后，要学会情绪的转移调节。所谓转移调节，就是要根据自我要求，有意识地把自已有的情绪转移到另一个方向上，使情绪得以缓解。例如，当我们有了烦心的事，可以换换环境，换点事干，正所谓"眼不见，心不烦"。当我们在日常琐事上遇到麻烦时，我们不妨尝试升华调节，把精力放在学习、工作等重大事情上，以期取得学习和事业上的成功。

三十二　居里夫人两获诺贝尔奖的秘诀
——性格与成功

性格是表现在人对现实的态度和相应的行为方式中的比较稳定的、具有核心意义的个性心理特征，它是一个人独特的、稳定的、最具核心意义的心理特征。因此，它是影响人的行为方式的重要因素，也是区别于他人的重要因素，

提起居里夫人，全世界的人都会为这位著名的物理学家和化学家感到骄傲。她把毕生献给了科学事业，发现钋、镭两种元素，两次获得诺贝尔奖金，是一位彪榜史册的伟大女性。

居里夫人本名叫玛丽·斯克罗多夫斯卡，1867 年出生于波兰首都华沙，父母都是学识颇高的知识分子，因此她从小就受到良好的家庭教育，学习成绩优秀。当时的波兰没有女子大学，要深造就必须到国外去学习。为了挣到足够的学费，玛丽在高中毕业后便远离父母，到离华沙 100 多公里处的农村做家庭教师。1891 年，玛丽终于如愿以偿，进入巴黎大学文理学院，仅用两年时间就以全年级第一名的成绩获得物理学学士学位。一年之后，她又以全年级第二名的成绩获得数学学士学位。此间，她结识了巴黎理化学校的实验室主任、"居里天平"的发明人皮埃尔·居里教授，共同的追求使他们成为志同道合的科学伴侣，玛丽从此被称为居里夫人，也从此开始了科学研究工作。

1896 年 2 月，法国物理学家亨利·贝克勒尔在科学院的每周例会上报告了他的发现：铀盐能放射出一种射线，它和 X 射线一样能穿透物质，但不同的是这种射线是自发产生的，不需任何外部刺激。居里夫人从中受到启发：铀矿中是否还存在其他物质呢？于是便和丈夫一起研究探索，经过两年的辛勤劳动，1898 年 7 月 11 日，居里夫妇郑重向外界宣布，他们发现了一种新的金属元素，并以自己的祖国波兰拉丁文字头将它命名为"钋"。五个月之后的 1898 年 12 月 26 日，他们又宣布发现了第二种新元素"镭"，并用近四年时间提炼十分之一克纯净的镭盐。1903 年，居里夫妇因此项成果获得诺贝尔物理学奖。

　　正当居里夫妇又要向新的目标进发时，不料祸从天降。1906 年 4 月 19日，皮埃尔·居里意外地惨死于车祸，居里夫人悲痛欲绝。但为了他们的事业，居里夫人擦干眼泪，坚强地承担起一切工作和家庭重担。为了提炼金属态的纯粹的镭，居里夫人孤军奋战，夜以继日地工作，常常因劳累过度而晕倒在实验室里。1910 年，居里夫人终于提炼出金属态的纯粹的镭，并于次年获得诺贝尔化学奖，成为第一个一生中获两次诺贝尔奖的科学家。

　　是什么因素促使居里夫人两度获得诺贝尔奖呢？一位科学史学家在对居里夫人的生平进行研究后指出：居里夫人成功的秘诀在于她坚强、自信的性格。居里夫人自己也曾经说过："我们应该有恒心。尤其要有自信心。我们必须相信，我们的天赋是用来做某种事情的，无论代价多么大，这种事情是必然要做到的。"[1] 居里夫人是位性格坚强的女性，正是她的坚强性格使她能够克服种种困难，最终到达胜利的顶点。20 世纪最伟大的科学家爱因斯坦曾经说过这一句名言："智力上的成就，在很大程度上依赖性格的伟大。"[2] 用这句话来解释居里夫人成功的秘诀，再合适不过了。

　　性格是人的个性中最重要、最显著的心理特征。我们在日常生活中可以发现，有人诚实、勇敢、谦虚、乐于助人，有的人却狡猾、懦弱、傲慢、自私自利。性格主要由两部分组成：一是一个人对现实的稳定态度，如对人热情还是冷酷，诚恳还是虚伪；对事认真还是敷衍，勤奋还是懒惰，等等。二是习惯化的行为方式，如在作业上遇到难题，勤奋的学生总爱钻研，积极探索解决问题的答案；马虎而又懒惰的学生则知难而退，抄袭别人的作业。其实，性格的这两个方面又是统一的，对现实的稳定态度支配着一个人的行为方式，而习惯化的行为方式又体现出他对现实的稳定特征。应当指出的是，一个人一时的、偶然的表现，不能代表他的性格特征。如一个人素来勤奋好学，偶尔有一次偷了懒，不能据此就认为这个人具有懒惰的性格特征。人的性格特征是稳定的、经常性的、习惯化的，如李逵总是那么勇猛、鲁莽，葛朗台总是那么小气、吝啬。正因为一个人的性格是相对稳定的，我们才可以从一个人的表情、动作、说话、走路姿势、待人接物甚至他的笔迹来判断他

---

① 陈曼琼. 自信浇开成功花［J］. 数字化用户，2013（18）.

② 梁继林. 略论"情商很重要"——兼议音乐对调节情绪、优化情绪的重要意义［J］. 科学社会主义，2013（5）：105 – 108.

的性格特点。

我们经常说某个人性格好，某个人性格不好，一般是从四个方面来说的，也就是说我们的性格特征在四个方面表现出一定的差异。第一，在对待自己、社会、集体、他人、工作和学习的态度方面，有谦逊与骄傲、自尊与自卑、严于律己与自由放任之分，有热爱集体与损公肥私、助人为乐与损人利己、热情诚恳与虚伪冷酷之别，也有勤劳与懒惰、细致与马虎、认真与敷衍、开拓进取与墨守成规之不同。第二，在情绪活动的强度、稳定性、持久性及主导心境方面，不同的人也特点迥异。有的人情绪反应强烈，控制情绪的能力较弱；有的人则情绪体验微弱，能冷静对待现实，容易控制情绪。有的人情绪比较稳定，变化不大；有的人则情绪起伏波动大，时而高涨，时而低落。有的人情绪持续时间长，对身体、工作、学习、生活的影响持久；有的人则情绪易生易逝，容易爆发情绪，也容易平静下来。在主导心境方面，有的人朝气蓬勃，有的人抑郁寡欢；有的人乐观振奋，有的人悲观、萎靡。第三，在意志特征上，有的人目标明确，主动性强，有的人盲目被动，冲动性强；有的人勇敢、坚强，知难而进，有的人懦弱、胆怯，知难而退；有的人是坚决果断，有的人优柔寡断；有的人沉着镇定，有的人惊惶失措。第四，在感知、记忆、思维、想象、注意等理智特征上，有的人观察敏锐，有的人粗枝大叶；有的人善于机械记忆，有的人善于理解记忆；有的人偏于形象思维，有的人偏于逻辑思维；有的人注意稳定、专心致志，有的人则易分心走神。

从以上四个方面我们可以看出，性格是有好坏之分的，性格的好坏对于人的学习、工作和生活都有着重要的作用和影响。古希腊唯物主义哲学家赫拉克利特曾经说过："人的性格，就是他的命运。"在复杂多变的社会环境中，一个人能否取得成功，在很大程度上取决于他的性格。一个人的能力有大小，但如果有良好的性格特征，他就能勤勤恳恳、兢兢业业地把自己的力量奉献给社会。我们经常看到，两个能力不相上下的人，具有勤奋、自信、创新精神和坚强意志的人往往能够取得比较大的成绩，而比较懒惰、自卑、墨守成规、知难而退者，则很难取得理想的成绩。优良的性格特征往往能够在一定程度上弥补某些能力的不足。俗话说"勤能补拙"，就是这个道理。其实，能力本身的发展也和性格有着密切的关系，事业心、责任感、自制力、自信心、进取心、创新精神以及克服困难的毅力等性格因素，对人的能力发展起着积极的促进作用。如果没有这些性格特征，即使有良好的遗传素质，也很难发展成突出的能力。性格不但和能力有着密切的关系,而且它还直接影响着人的道德品质、人际关系,从而影响学习、工作和生活的各个方面。因此,养成良好的性格,是至关重要的。

性格不是天生的,一个人刚刚降临人世的时候,只有神经系统活动类型的个别差异,而无所谓性格特征,性格是在成长过程中,在家庭、学校、社会等环境和教育条件的影响下,通过自己的主动实践过程逐渐形成的。一般认为,从出生到5岁为性格的雏型期。一个人从出生开始,就逐渐增加与周围社会环境的接触,接受各种社会影响,其态度体系和行为方式也在成长过程中逐渐形成起来。六七岁至十一二岁是性格初步形成的时期。在这个时期内,人开始进入小学接受教育,活动范围扩大了,知识、能力日益增长,一些行为习惯和道德观念逐步确立。12－18岁为性格的初步定型期。这一时期人的心理、生理变化迅速并逐渐成熟,社会交往日益扩大,世界观初步形成。从18岁至30岁左右,是性格走向成熟的时期。在这个时期,一个人要面临毕业、就业、恋爱、婚姻、独立工作与生活等生活中的重大改变,根据个人发展和社会发展的需要不断调整、改塑自己对待自己、社会、学习的态度,不断调节自己的行为方式,到30岁左右时,世界观逐渐形成,性格也走向了成熟,并趋于稳定。

在性格的形成过程中,社会环境的影响发挥了一定的作用,但人的主动实践的作用也不容小觑,而且,性格的形成有一个较长的发展期,即使在性格走向成熟以后,其稳定性也是相对的,而不是一成不变的。因此,当我们希望自己形成某种良好的性格特征或改塑某些不良性格特征时,完全可以根据自己的要求去重新塑造、培养自己的性格。在这方面,心理学家的建议是:

第一,确立正确的世界观、道德观和人生观。性格受世界观、道德观和人生观的指导,如果我们对世界的本质、人生的目的、人生的价值有了正确的认识,具备了辨别是非、善恶、美丑的能力,就容易形成良好的性格特征;反之,如果世界观、道德观不正确,对人生目的、人生价值认识模糊,就容易形成消极的性格特征。例如,如果一个人感到前途无量,并把自己的命运同祖国的命运联系在一起,就容易形成乐观、磊落、大公无私、舍己为人的性格特征;反之,如果一个人感到前途渺茫,认为人是自私的动物,就容易形成晦暗、猜疑、悲观、自私自利的性格特征。

第二,利用榜样的作用,用性格培养性格。俄国伟大的教育家乌申斯基说过：只有性格才能培养性格。历史上凡是有突出成就的科学家、发明家、思想家，不但具有出众的能力，而且具有坚强的性格。我们不妨多读一些科学家、发明家、思想家、革命先烈、英雄模范人物的传记，从他们的性格特征中受到启发和推动，并把他们当作自己行为的楷模，培养自己的性格。

第三，建立和谐的人际关系。融洽的人际关系使人乐观、开朗、进步，有助于良好性格的养成。古人云："己所不欲，勿施于人。"我们每个人都需要爱和尊重，需要友谊，同时我们也应当爱人如己，像尊重自己一样尊重别人。因此，我们要建立团结互助、体谅、合作、相互尊重的人际关系，避免争吵、怨恨、嫉妒、排斥、相互敌视等不协调的人际关系。

第四，学会心理的自我调节。每个人在成长的过程中都会有一些苦恼，如个人的容貌不好看，生理有缺陷，恋爱婚姻受挫，升学、就业不如意，工作不顺心，人际关系不协调等，这些问题处理不好，就会形成不良的性格特征。首先要学会接纳自己。个人的容貌、生理缺陷、家庭背景等，都是自己无力改变的，只有承认现实，欣然喜欢自己。其次，对于学习、工作和生活中的困扰和痛苦，可以找朋友、同事或长者说出自己的心事，请他们开导；也可以通过另一种活动来弥补不能达到的愿望，实现心理的代偿迁移。

三十三　牛顿请客
——专注与成功

专注，是一种集中精力、全神贯注、专心致志的品质。一个专注的人，往往能够把自己的时间、精力和知识凝聚到所要干的事情上，从而最大限度地发挥积极性、主动性和创造性，实现自己的目标。

牛顿是英国近代著名的科学家，他在力学、光学、热学、数学、天文学等领域都取得了辉煌的成就。由于他一心扑在科学事业上，以至留下许多感人的笑话。有一次，牛顿请朋友来家里吃饭，看到再过一会儿朋友才会到，他便走进实验室做起实验。他越干越带劲，竟把请客的事忘了。他的朋友来了，看到桌上已摆上饭菜，却不见牛顿的影子。他等了许久，肚子都饿得咕咕叫了，还不见牛顿出来。这位朋友早已习惯了牛顿的工作作风，深知牛顿一定是被什么有趣的问题吸引住了，把其他事情都抛到了脑后，于是就独自一个人吃了起来。他吃完了那盘烤鸡，想和这位专心致志于工作而废寝忘食的科学家开个玩笑，就把吃剩的鸡骨头放在牛顿位置上的盘子里，然后悄悄地离开了牛顿的家。又过了好些时候，牛顿做完了实验，兴冲冲地走出实验室准备吃饭。当他看到烤鸡的空盘子和自己盘子里的鸡骨头时，不禁一愣，自言自语地说："我还以为没吃饭呢，原来早已吃过饭了。"说完，他又回到实验室继续工作去了。

在科学界，这类笑话和轶事不胜枚举。我国数学家陈景润曾因攻克哥德巴赫猜想 1＋2 而闻名世界。一次他一边走路，一边思考他的数学问题，一下子撞在树上。他以为撞了人，连声说对不起，却不见对方有什么反应，抬头看才知道是撞在了树上。俄罗斯生理学家巴甫洛夫在他的实验室里同女朋友谈话时，还在思考着他的条件反射实验，不知不觉间竟把女朋友的手像捆被试动物一样，捆在实验台上。相对论的创始人爱因斯坦一次出门散步，因过于专心思考学术问题，回家时竟然忘了自己住在哪里。

为什么牛顿、陈景润等科学家会出现这样的笑话呢？道理很简单，因为他们一心想着他们科学上的问题，而对于这些问题之外的事情则一点也没在意。

在心理学上，这种把心理活动指向和集中于一定对象的现象，称为注意。注意是智力活动的组织者，是观察、记忆、思维、想象等智力活动的开端，并且始终伴随着这些智力活动，保证智力活动的有效进行。当我们观察某一事物的特征时，只有高度集中注意力，才能清晰地感知该事物，得出正确的结论。在记忆知识时，我们只有集中注意力，才不会被外界刺激干扰，从而取得好的记忆效果。思维时更需要高度集中注意力，否则就难以保证思路畅通。因此，注意在学习和工作中都具有十分重要的意义。在听课时，只有注意力集中，专心致志地听课，才能使自己的思路紧跟教师讲课的思路，避免遗漏重要的知识信息，并积极思考教师讲课的内容，深刻领会所学知识。在做功课时，注意力集中，解题思路就会畅通，做题的效率高，而且不容易出错。否则，如果心不在焉，不但做题效率低，而且可能错误百出，容易的题也会做错。在工作中也是如此，不论是搞设计，还是科学研究、操作机器，都必须高度集中注意力，否则不但工作做不好，而且还可能发生事故。

　　注意人人皆能，但不同的人注意力是有差异的，这些差异主要表现在四个方面：其一，注意的广度，即在同一时间内能够清楚地把握对象的数量。心理学家运用速视器进行的实验表明，在十分之一秒的时间里，成人一般能够注意到8－9个黑色圆点，或4－6个彼此不相联系的外文字母，或3－4个几何图形或无意义联系的汉字。在把握同样的事物时，注意的广度与知识经验有着密切的关系。例如，读外文著作，初学者是一个字母一个字母地去读，进而一个音节一个音节地去读；已有一定基础的人则可能以一个单词或词组为单位去读；而精通外文的人则可能一落眼就是一个句子或几个句子。其二，注意的稳定性，即注意力在一个对象上所能持续的时间。研究表明，不同年龄的人，注意稳定持续的时间长短有所不同。一般5－7岁的人每次注意稳定的时间约为15分钟，7－10岁约为20分钟，10－12岁为25分钟左右，12岁以后约30分钟。但由于每个人的个性特点不同、注意事物时的身体状况不同以及对注意事物感兴趣程度的不同，同一年龄阶段的人注意力稳定的时间也不同。注意稳定，我们一般称为专心；相反，注意不稳定，我们一般称为分心。其三，注意的分配，即在同一时间内把注意同时指向两种或几种对象，也就是日常所说的一心能否二用的问题。严格地讲，一心不能二用，因为一个人很难同时完成两件要求集中注意的事情。但在实际生活中，却有许多活动要求人们分配自己的注意，如司机开车既需要驾驶车辆，又需要留意车前的行人。但"一心二用"是有条件的。同时进行的几种活动的内容和性质必须有密切的联系，而且在这几种活动中只能有一种是比较生疏的，其余活动要达到自动化的程度。同时，注意的分配能力和个性特点有关系，有些人善于分配注意，可以轻松地同时做几件事；有些人则不善于分配注意，喜欢专一地做一件事情。其四，注意的转移，即根据新的任务，主动地把注意从一个对象转移到另一个对象上。在条件相同的情况下，神经活动类型属于灵活型的人转移注意要容易些、迅速些，已养成注意转移习惯的人亦然。

　　我们通常说一个人注意力强与弱，就是从这四个方面来衡量的，但主要还是指注意的稳定性的强弱。注意力强，是指一个人能够长时间地集中注意力，专心致志地学习或工作，即使在有干扰的情况下，也能够做到不分散注意力，从而有效地继续其学习或工作。举凡一些有成就的人，都具有这样的特点。相反，注意力弱则是指注意力不集中，容易分心，其主要表现是：（1）注意的紧张性降低，对事物和活动不能做出清晰的反映；（2）经常变换注意对象，不能把注意力长时间地指向和集中于必须注意的事物或活动上，心理活动处于频繁动摇的状态；（3）注意呆滞，缺乏灵活性，不能根据需要及时转移注意力；（4）心理活动完全离开注意对象而指向和集中于其他毫不相干的事物或活动上。

注意力的强弱与人的神经活动类型和气质特征有着密切的关系。例如粘液质的人容易集中注意力，而多血质的人则相对容易分心。神经活动类型是先天的，气质类型也具有很大的先天性，那么，是不是注意力强弱是天生注定的呢？不是。注意力强弱与实践活动中的培养训练有着更为密切的关系。当你觉得自己在学习或者工作中注意力不集中，效率低下，因而对自己的注意力不满意时，不妨听听心理学家的忠告：

忠告一：要有明确的目的和高度的责任感。美国马里兰大学洛克教授认为，目标是激励因素中最重要的因素。无论是学习还是工作，都要有明确的追求目标。有了目标，才会产生达到目标的需要，并认识其社会意义，从而产生强烈的责任感，形成巨大的推动力。一个人对学习和工作的目的和意义认识越清楚、越深刻，他的责任感也就越强烈，他就越能把注意从强迫的水平发展到自觉的水平，也就越能够长时间地集中注意力去学习和工作，学习和工作的效率也就会因此而大大提高。反之，一个人如果对学习和工作没有明确的目的和高度的责任感，饱食终日，无所用心，便会对学习和工作采取无所谓的态度。即使在安静的环境中也难以全神贯注地学习和工作，学习和工作效率之差也可想而知。

忠告二：培养广博而稳定的兴趣。兴趣是引发注意力的一个重要因素，有人甚至把兴趣称作注意的兴奋剂，因为一个人如果对某种事物或活动产生浓厚的兴趣，就会集中注意于这种事物或活动，并且能够长时间坚持下去。我们都有这样的体会，当我们读一本引人入胜的小说，由于为书中曲折的情节所吸引，读起来全神贯注、爱不释手，甚至废寝忘食，恨不能一下子看完它。相反，对于枯燥乏味的教材和令人厌烦的杂事，则难以集中注意力，读起来、做起来往往漫不经心、无精打采，更难长久坚持下去，原因就在于我们对它们不感兴趣。因此，培养注意力必须先培养兴趣。培养兴趣可以先从直接兴趣入手，因为直接兴趣容易引起人的注意。在注意已初步集中、稳定之后，再培养间接兴趣。兴趣既要广泛又要稳定，只有兴趣稳定了，注意力才能稳定下来。

忠告三：加强意志锻炼。注意力与意志力是密不可分的。对于当时不感兴趣的事物或活动，人们必须经过意志努力才能把自己的心理活动指向并集中在上面，而要保持注意的稳定性，意志的自制力则更为重要。一般说来，在安静的环境中学习和工作，注意力容易集中，而在嘈杂的环境中学习和工作则容易分心。因此，如何在嘈杂的环境中学习和工作而不分心，则是培养注意力的重心，这就需要依靠意志的自觉性、坚韧性、自制力来抵制分心因素的干扰。实验表明，只要有意志努力，在嘈杂的环境中学习和工作是可能的，而且即使在极其嘈杂的条件下，意志坚强的人仍然能够像在安静的环境中那样迅速而高质量地完成指定的任务，只不过比在安静的环境中更费精力，更容易疲劳罢了。据说毛泽东在青年时代，为了锻炼自己专心致志的能力，故意到人声嘈杂的城门去读书，其顽强的自制力从中可见一斑！

忠告四：保持身心健康，防止过度疲劳。注意作为一种心理现象，是大脑的机能，因此，注意力能否集中深受身体状况、特别是大脑和神经系统机能状态的影响。脑力劳动过分疲劳、体力不济、睡眠不足、营养缺乏等，都可能使人产生力不从心的感觉，难以集中注意力。因此，培养注意力必须注意劳逸结合，保持身体特别是大脑的健康。另外，在心理方面，要保持愉快、平静的心境，焦燥不安、惊恐未定、心潮澎湃等消极、极端情绪，都会影响注意力的稳定。

三十四　法布尔与巡警

——观察力与学习成效

观察力是构成智力的有机组成部分，是一种有意识、有目的、有组织的知觉能力，是由认识、思考、理解构成的综合知觉，具有能动性、深刻性和反应性。观察力是人认识问题、解决问题的前提。

法布尔是19世纪法国著名昆虫学家，因毕生与昆虫为伴，揭示了昆虫世界的种种奥秘，被世人称为"昆虫汉"、"昆虫世界的荷马"（荷马是传说中的古希腊著名诗人）和"无与伦比的观察家"。

法布尔自幼喜欢昆虫，即使在上学时也常常偷偷地在口袋里装着几只可爱的小甲虫，以便在课间观察。虽然法布尔能叫出他所能见到的每一种甲虫的名字，但他却怎么也学不会书本里的乘法表，学习成绩不理想。后来由于家境越来越困难，在勉强念完中学以后，法布尔不得不中断了学业，开始自谋生计，但他对昆虫的兴趣却并没有消退。他经常被昆虫界的奇妙现象迷住，常常一看就是几个小时，甚至十几个小时，把吃饭和劳累都忘到了脑后，有时还惹来一些麻烦。有一次，法布尔走在大街上，忽然看见几只蚂蚁在搬运东西，便停下来仔细观看，路边的行人不知发生了什么事，不断有人围过来想看个究竟，结果越围人越多，整个交通都给堵塞了。这时来了两个巡警，把众人驱散，发现法布尔仍然在独自观察着蚂蚁，似乎周围什么事也没有发生似的。巡警见状也无可奈何，只好劝告法布尔以后别在马路上观察蚂蚁，否则既影响交通，也不安全。还有一次，法布尔正躺在地上观察高鼻蜂的习性，一个巡警怀疑他是小偷便把他叫起来盘问。法布尔向巡警解释，说自己是专门到这儿观察昆虫的。那巡警不但不相信，反而轻蔑地对他说："先生，难道你冒着火辣辣的太阳在这儿躺大半天，就是为了观察那小小的高鼻蜂和苍蝇？"说着就想把他带走。巡警一扯他的衣服，发现他身上佩戴着一条红色的绸带，这是法国政府给荣誉勋位团成员颁发的标志。巡警这才知道发生了误会，连忙向法布尔道歉，请求他的原谅。可是法布尔丝毫不介意，又躺在地上继续观察他的昆虫了。

在法布尔之前研究昆虫的人，大都对昆虫的分类、解剖和形态感兴趣，而法布尔通过精细而又持久的观察，对昆虫的生活习性、性格和一生的变化进行了系统的研究，取得了丰硕的成果。他把自己的研究成果进行总结，写成了洋洋几百万字、10大卷的《昆虫记》，在世界昆虫学史上写下了辉煌的一页。1881年，法布尔由于在昆虫学上的卓越成就而被推举为法兰西科学家的通讯院士，并获得了科学院颁发的科学奖金。

法布尔的成就与他的观察能力有着密切的关系。观察是人们认识世界、增长知识、发展能力的主要手段，它在人们的学习、工作、生活中都具有非常重要的作用。观察是智力活动的源泉和门户。通过观察，人们可以获得有价值的第一手材料，获得有关事物的鲜明而具体的印象，经思维活动的加工、提炼，从而探寻事物发展的规律。在世界文明史上，许多科学家、发明家、文学家正是像法布尔那样依靠周密、精确、审慎的观察而取得非凡成就的。意大利科学家伽利略，就是从观察教堂里铜吊灯的摇曳开始，经过实验研究，发现了钟摆的定时定律。英国发明家瓦特从对烧开的水顶动壶盖的观察中得到启示，发明了蒸汽机。伟大的生物学家、进化论的创始人达尔文在几十年坚持不懈的观察的基础上，写出《物种起源》这部不朽巨著。他在总结自己的工作时指出："我既没有突出的理解力，也没有过人的机智，只是在觉察那些稍纵即逝的事物并对其进行精细观察的能力上，我可能在众人之上。"① 俄国伟大的生理学家巴甫洛夫的座右铭是"观察、观察、再观察"，他把这几个字刻到实验室的大门上。

那么，如何培养观察能力，提高观察效果呢？

首先，要明确观察的目的。观察的效果如何，在很大程度上取决于目的和任务是否明确。在观察时，如果目的任务明确，我们对某一事物的感知就会比较完整、清晰；相反，目的任务不明确，就会东看看，西望望，抓不住要领，得不到收获。比如我们每天都要爬楼，如果突然有人问你每天要爬多少阶楼梯，你可能答不上来，因为你每天在上下楼时根本没有观察楼梯台阶的多少。如果一个盲人和你住在同一层楼上，他就会准确地告诉你楼梯有多少个台阶，楼道有多宽，甚至第多少级台阶有被损，因为他在上下楼时有目的地感知了楼梯的情况。因此，在观察之前，就应该明确观察的目的和任务，而且尽量将目的、任务具体化。

其次，要掌握正确的观察方法。苏东坡在游庐山时写给和尚一首诗："横看成岭侧成峰，远近高低各不同；不识庐山真面目，只缘身在此山中。"在苏东坡看来，同样一个庐山，站在不同的角度观察效果是不同的。在观察事物时，方法不同、角度不同，效果自然就不一样。正确的观察方法包括以下几个方面。

在观察之前，要做好必要的知识准备。例如，要观察一个自然现象或化学反应，就要先学习有关自然现象和化学反应的知识，观察前的知识准备越充分，观察的效果就越好；反之，观察就很难取得预期的效果。

观察贵在全面细致，但全面细致并不等于盲目地随便什么与课题无关的东西都要细致观察一番，而是要善于围绕当前的目的任务去观察一切重要的细节。为了做到这一点，就必须在观察前制订一个完善的、周密的系统观察计划。观察计划要确定观察的具体项目、观察对象的各个部分和各种属性，

---

① 柯研. 谈中学语文教学中对学生观察能力的培养 ［J］. 吉林教育：综合，2016（13）.

确定观察的顺序。只有这样，才能有条不紊地观察，而不至于为无关的现象所吸引而耽误观察，或漏掉应该观察的内容。

观察事物时，要注意从多维度进行。在空间上，要立体观察，上下、左右、内外、远近，从不同角度、不同层次、不同的点面上观察。在时间上，不但要看现在，还要追踪观察，同时还要考虑事物发展的原有基础，要善于抓住事物的特征，特别是最能体现事物本质的特征。

观察时要特别注意事物发展的细节。英国某大学医学院教授杰克逊在上课时，给学生开了个小玩笑。他用手指蘸糖尿病人的尿并用舌头去舔尝味道，然后要求所有学生都这样做，学生都愁眉苦脸地勉强照办了，并一致报告说尿有甜味。这时，杰克逊问大家："你们知道我为什么要求大家这样做吗？"同学们回答说："为了让我们知道糖尿病人的尿是甜的。"杰克逊摇摇头微笑道："错了。我的目的是要求你们在观察时一定要注意细节。如果你们细心的话就会发现我伸进尿里的是拇指，而舔的却是食指。但这一点你们却谁也没看出来。"杰克逊以其特殊的方法教育学生在观察时要细心，其学生也因这次教训而提高了观察的效果。俗话说，差之毫厘，缪之千里。无论是学习还是研究中，对于细节的观察往往决定着学习或研究的成败。因此，在观察时一定做到严谨、踏实、细致。

在观察时要特别留心意外现象。在科学史上许多发现都是由于一些意外现象而取得的。生理学家伽伐尼对生物电的发现，丹麦物理学家奥斯特对电和磁关系的发现，俄国医生闵可夫斯基发现糖尿病等，都是在观察中抓住了意外现象，而后又深入研究的结果。法国细菌学家、近代生物学奠基人巴斯德曾有一句名言："在观察的领域中，机遇只偏爱那种有准备的大脑。"① 所谓机遇，就是一种偶然的机会。在观察中，各种机会都可能出现，头脑有准备，在机遇出现时认出并抓住它，是观察能力强的表现。

做好观察记录和总结。在观察过程中，对于观察到的情况要及时做记录，观察告一段落后要做好总结。法布尔、达尔文、李时珍、徐霞客等为科学发展和人类进步做出贡献的科学巨匠，在工作中都有一边观察一边记录的习惯，他们的鸿篇大作都是在大量笔记的基础上写成的。

---

① 张瑜. 有备而来，为高效的英语课堂"筑堤"——浅析小学英语教学中的预习指导策略[J]. 新课程导学，2016（25）.

再次，加强观察力训练。实践活动是观察力发展的基础。为了提高观察力，应有意识地加强观察力训练。观察力训练主要包括观察目的性训练、观察方法训练、观察准确性训练、观察分析力训练、观察重点训练、观察积累训练等方面。

观察目的性训练是观察力训练的基本内容，最常用的方法是任务法和列项画勾法。任务法，就是在观察训练的初期，在观察活动之前给自己提出明确的任务，使观察有计划地进行。列项画勾法，就是围绕观察任务列出一个观察项目表，按照所列项目逐项进行观察。

观察方法的训练主要是为了克服观察的无步骤和无顺序，常用的方法有顺序转换法和求同找异法。顺序转换法就是从不同的时间、空间、结构顺序观察事物，既可以由近及远，也可以由远及近；既可以从头至尾，也可以由尾至头；既可以从整体到部分，也可以从部分到整体。求同找异法就是指在观察时找出同类事物间的异同，并分析其相互之间的关系。

观察准确性的训练通常通过中心单元法和边缘视觉法进行。中心单元法就是指围绕某一观察对象或内容展开一系列观察活动，以训练准确地把握和理解事物的现象和本质的能力。边缘视觉法就是有意识地注意一些容易忽视的细节或事物的某些特征，做到眼观六路，耳听八方，既能把握事物的整体，又能敏感地观察到事物的细节。

观察分析力训练的主要目的是训练在观察中发现问题，提出问题，做出比较、分析和判断的能力，常用的方法有追踪法和破案法。所谓追踪法就是在不同时间、不同条件下对同一事物进行间断的反复的追踪观察，从而了解事物的发展进程，掌握事物的发展规律。破案法就从观察中看到的某一现象、线索中的疑问入手，溯根求源，找出问题的原因和解决办法。

观察重点训练主要是为了训练迅速把握事物的主要特征以及事物间差异和联系的能力，常用的方法有主要特征法和个体差异法。主要特征法就是在观察事物时，要抓住事物的主要特点和现象，以求把握事物发展的本质。个体差异法就是在观察同类事物时，既要把握其共同点，又要抓住事物间的个体差异。

观察积累训练主要是为了养成积累观察资料的能力和习惯，常用的方法有观察日记法和随感法。

三十五　张永年智激曹孟德

——记忆力与学习成效

记忆力是识记、保持、再认识和重现客观事物所反映的内容和经验的能力。记忆代表着一个人对过去活动、感受、经历的印象累积，是人们应用知识和经验解决问题的前提。记忆与遗忘是对立统一的，而遗忘是有规律的，因此在与遗忘做"斗争"的过程中可以遵循规律、反复练习、提高兴趣等来提高记忆力。

《三国演义》第六十回中讲了这样一个故事：益州刘璋手下有一谋士，姓张，名松，字永年，人长得额钁头尖，鼻偃齿露，身短不满五尺，言语有如铜钟。一日，张松受到刘璋之遣，带着金珠锦绮，赶赴许昌晋见曹操，不料却受到曹操的冷遇。因此，他决心教训一下曹操。曹操门下掌库主簿杨修，为了向张松展示曹操的雄才大略，拿出曹操新著的一本兵书对张松说："曹丞相酌古准今，仿《孙子十三篇》著《孟德新书》一部，您看能否流传百世呢？"张松接过书从头至尾看了一遍，全书一十三篇讲的全是用兵之要法。但他不露声色，看毕却大笑道："你以为这是什么新书？此书为战国时无名氏所作。吾蜀中三尺小童亦能背诵，怎能称得上新书？曹丞相将别人的兵书窃为己有，好不羞也。"接着，张松将《孟德新书》从头至尾背诵一遍，竟无一字差错。杨修将此事禀告曹操，曹操大惊："莫非古人与我暗合否？"他不愿落下剽窃之骂名，遂令手下将辛辛苦苦修著的《孟德新书》扯碎烧掉了。

我们都希望能够像张松那样有博闻强记、过目不忘的本领，但事实却很严酷，学过的东西却是记住的少，遗忘的多。有人对学习半个月后的遗忘情况进行过测验，发现小学生对历史知识遗忘了52%；中学生对化学遗忘了58%；大学生对心理学遗忘了75%，对物理遗忘了83%。① 遗忘数量之大，比例之高，确实令人遗憾。于是有人感叹：要是不遗忘就好了！其实，遗忘并不一定都是坏事。如果把一生中所经历的大大小小的事全都堆积于我们的大脑，那么不仅会加重大脑的负荷，而且会使各种烦恼和不愉快萦绕在我们心头。正是遗忘使

---

① 宋文广. 心理学 [M]. 济南：山东大学出版社，1999：133.

我们从烦恼和不愉快的事件中解脱出来，使我们忘记那些不重要的东西，而记住重要的事情。从这个意义上讲，遗忘是一件好事。但是，在学习和生活中，有许多我们并不希望遗忘的知识却被遗忘了，这才是真正的憾事。

英国哲学家培根曾经说过："一切知识的获得都是记忆，记忆是一切智力活动的基础。"① 正是有了记忆，人才能把在学习和生活中先后获得的经验联系起来，达到积累经验、扩大经验、储存知识的目的；也正是有了记忆，人才能展开感知、思维、想象，发展情感、意志和能力。那么，怎样才能增进记忆，减少遗忘呢？

1. 高效的记忆有赖于生理和心理的准备

记忆是大脑的机能，只有在大脑处于兴奋状态时，记忆的效果才好。因此，为了提高记忆效率，必须保持大脑的兴奋状态，主要是合理安排学习工作和休息睡眠的时间，在大脑最清醒的时刻进行学习和记忆。当机体疾病，或感到疲劳、怠倦的时候就应该休息。在身体状态不佳的情况下仍强迫自己记忆，只能事倍功半，甚至把已经记住的东西也给搞乱了。"头悬梁、锥刺股"的故事曾世代传颂，现在看来只是精神可嘉而已，但方法并不可取。

要取得良好的记忆效果，还应保持稳定的情绪，并对自己充满信心。在情绪紧张、焦躁不安或情绪激动、得意忘形的情绪状态下，记忆效果是不会好的。信心是学习成功的重要心理因素，如果在记忆时对自己的记忆力估计太低，给自己下"记忆力差"的结论，实际上是没有准备把东西记忆住，或者说是为以后记不住找台阶，这样是不可能记住东西的。

学习的目的任务和记忆效果也有密切的关系。有一个关于演戏的故事，讲的是一名监狱看守交给一个犯人一封信，让他照着念。在历次演出中，犯人念的那封信都是全文写出的。有一次，扮演看守的演员想跟犯人的扮演者开一个玩笑，便把一张白纸递给了他。扮演犯人的演员接过来一看就傻眼了，因为他根本记不住信的原文，他急中生智，诡称光线太暗，要求看守代读，便把信交给看守。看守的扮演者没想到对方突然杀了个回马枪，他自己也背不下信的原文，便托辞道："是呀，光线确实太暗了，我得去拿眼镜。"不一会儿，看守戴着眼镜上了台，并流利地代犯人念了那封信。不过这次他念的是写满字的信，而不是那张白纸了。这个故事告诉我们，如果没有明确的记忆任务或目标，多

① 张军. 政治记忆五法［J］. 第二课堂：高中版，2009（3）：62-64.

次接触的东西也不一定能记得住。两位演员虽然在台上多次读或听信的内容，但由于没有要求自己把它背下，所以无法将它背诵。心理学的许多实验也表明，在学习一份材料时，如果将目标确定为"大致了解"或"暂时记住"、"永远记住"，记忆的效果是不一样的。因此，心理学家建议，在学习非常重要的材料时，不妨给自己的脑神经下个命令：记住它！永远记住它！

2. 科学地安排记忆材料

记忆的效果和记忆材料的有密切的关系。一般说来，要达到同样的记忆程度，材料越多，需要的时间越多，平均每百字或千字所需的时间也越多。德国心理学家李昂曾做过实验，他让被试背诵字数不同的散文，达到恰能背诵时为止，不同材料所需的时间如表 5 - 1：

表 5 - 1　识记材料的数量和与识记时间的关系

散文字数	所需总时间（分）	每百字平均时间（分）
100	9	9
200	24	12
500	65	13
1000	165	16.5
2000	350	17.5
5000	1625	32.5
10000	4200	42.5

资料来源：张小乔. 普通心理学应用教程［M］. 北京：中国人民大学出版社出版，1989：243.

因此，心理学家建议将学习材料分解成若干个小的部分。至于每一部分应该多长，应视材料的性质和前后逻辑关系以及个人的学习能力而定，最好把长的学习材料分解成不太长而又相对完整的部分，不能把材料分解得支离破碎。在整篇材料的学习过程中，最好将整体记忆和部分记忆结合起来，先整体，后部分，再整体，穿插进行，直到能背诵下来。因为整体记忆虽有利于对全文意义的理解，但由于数量太多而导致效果不理想；而部分记忆提高了局部的记忆效果，但却妨碍对整个材料的理解，同时各部分之间难于衔接，容易造成次序颠倒，影响整个材料的记忆。因此先从整体上把握整个材料的意义，然后再分成若干部分加以记忆，最后再按整体记忆法把各部分连起来，记忆效果最佳。但是，对于篇幅短而且具有密切意义联系的材料，只采用整体记忆即可。如果材料篇幅较长，但各部分之间相对独立，联系不密切，则部分记忆的效果较好。将整体记忆与部分记忆相结合的综合记忆，适用于篇幅较长且具有密切意义联系的材料。

记忆材料的性质也影响记忆效果。一般说来，连贯的、有意义的材料容易记，而不连贯、无意义的材料则较难记住；熟悉的内容容易记，生疏的内容则较难记住。因此，要提高记忆的效果，必须加深对记忆材料的理解。对于无意义联系的材料，要赋予其人为的意义，使无意义材料意义化。例如，著名科学家爱因斯坦有一位朋友的电话号码是24361，按常规很难记，爱因斯坦没有机械地去记它，而是赋予它一定的意义性：两打（24）19的平方（361）。这样就很容易记了。

3. 掌握正确的记忆方法

良好的记忆效果，依存于科学的、得当的记忆方法。记忆方法多种多样，而且每个人也有自己独特的记忆方法。常见的记忆方法有：

整理分类法。对所学习的内容，需要按照其性质、特点、近义、反义、时空关系、种属关系等进行分类、系统化，这样记忆的东西日后很容易通过联想回忆起来，特别是学习新知识时，将新学知识归入相应类别，纳入已掌握的知识体系之中，不仅可以深化对新知识的理解，而且可以深化对原有知识的记忆。例如，学习了等边三角形的性质，便可将这个新知识纳入三角形性质的知识之中，搞清其性质的异同点。

编写提纲法。即先把记忆材料划分为几个部分，然后对几个部分编出记忆小标题，最后找出各部分之间的联系点，使整个记忆提纲成为一个互相连结的联想锁链。编写记忆提纲，可以提高记忆效果。有人曾做过实验：在相等条件下，对实验组学生要求编写提纲，对对照组则不要求编写提纲，结果实验组直接再现知识为65.3%，10天后再现知识为46.4%，而对照组则分别只有60.9%和26.0%。①

尝试回忆法。所谓尝试回忆，就是在背诵记忆所学的材料时，不是反复朗读一直到能够成诵，而是在读过几遍之后，便试着进行背诵和回忆，对于不能背诵之处，再进行重点记忆。

联想记忆法。一切记忆的基础在于观念或经验的联想。联想就是由一种

---

① 朱侃. 提高背诵效率的几种记忆方法 [J]. 教育与教学研究, 2001, 15 (11): 62-63.

经验想起另一种经验。在记忆中，可以通过联想的方法加强记忆效果。联想的方法很多，有类似联想，如由李白想到杜甫；有接近联想，如由农田想到庄稼；有对比联想，如由美想到丑；有关系联想，如由水果想到苹果、梨等，由阴天想到下雨；等等。

多种感觉渠道并用法。人对事物的认识是通过多种感觉器官实现的，进行记忆时也要动员各种感觉器官通过多种感觉渠道输入信息，使之共同完成记忆任务。例如，在记忆外语单词时，既要用眼看，又要用耳听；既要用手写，又要用口读，看、听、写、读结合，效果会大大提高。

过度学习法。所谓过度学习，就是指在刚刚记忆住的基础上，再反复学习几遍，以期进一步巩固。但过度学习也有个度，少了巩固不住，多了则浪费时间。究竟"过度"多少才合适呢？心理学家的研究表明，如果以刚能记住为100%，那么合适的过度就是150%。例如，如果你背诵一段文章时，重复6次刚刚成诵，那么再重复3次记忆效果最好。但这并不是说重复的遍数多了就无效了，而是过多地重复学习效率会下降。

克服干扰法。在学习中，学习材料前后相互干扰是常见的事情。在心理学上，先学习的材料对随后学习材料的干扰作用称为前摄抑制；后学习材料对先学习材料的干扰作用称为倒摄抑制。如学习一篇课文，总是开头部分和结尾部分容易记住，而中间部分则容易忘记，这是因为开头部分只受倒摄抑制的影响，结尾部分只受前摄抑制的影响，而中间部分则受两种抑制的影响。怎样才能克服前摄抑制和倒摄抑制的干扰呢？心理学家建议：前后学习的材料要尽量相同或者区别明显，不要安排性质相似的学习材料；把先学习的材料巩固好，再学其他的材料。

4. 搞好复习，减少遗忘

既然遗忘是不可避免的，那么就应该找出遗忘的规律，根据遗忘规律安排学习，减少遗忘，增进记忆。

德国心理学家艾宾浩斯对遗忘的时间规律进行了系统的实验研究。在实验中，他自己既是主试又是被试，实验材料为无意义音节，这种无意义音节由两个辅音和一个元音组成，如 DOK、ZAD、SOT 等。他选择无意义音节作为实验材料，主要目的是防止已有经验起联想作用。他共编制了 1200 个字表，每个字表包括 13 个无意义音节。在实验中，他采用重学法，当刚刚能够背诵时就不再诵读，然后分别在不同间隔的时间再次诵读到能够背诵，看比初背诵时节省多少时间，用以检验遗忘的量。其实验结果如表5-2：

表5-2 不同时间间隔后的保持成绩

时间间隔	重学时节省的诵读时间（%）
20分钟	58.2
1小时	44.2
8小时	35.8
1日	33.7
2日	27.8
6日	25.4
8日	21.1

资料来源：Averell L. , Heathcote A. The Form of the Forgetting Curve and the Fate of Memories [J] . Journal of Mathematical Psychology, 2011, 55（1）：25-35.

艾宾浩斯根据这一研究结果，绘制成一条曲线（图5-2），这就是著名的艾宾浩斯遗忘曲线（图5-2）。遗忘曲线表明了遗忘的时间规律：遗忘的进程是不均衡的，其速度是先快后慢。遗忘在学习结束后立即开始，短时间内遗忘比较快，在过了一些时间以后，遗忘则逐渐缓慢。

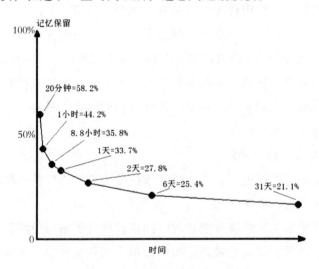

图5-2 艾宾浩斯遗忘曲线

资料来源：Averell L. ,Heathcote A. The Form of the Forgetting Curve and the Fate of Memories[J]. Journal of Mathematical Psychology,2011,55(1):25-35.

艾宾浩斯之后，多人曾经重复实验，都取得了一致的结果。当然，遗忘的进程也受材料性质的影响。一般说来，有意义材料比无意义材料遗忘得慢，但仍呈先快后慢的发展趋势。熟练的动作遗忘最慢，而且稍加练习即能恢复。形象材料，也不易遗忘，但遗忘的时间规律并没有变。复习是记忆之本，是减少遗忘的根本策略。怎样进行复习呢？首先，要根据遗忘先快后慢的规律，及时进行复习。无论是无意义材料还是有意义材料，复习都要赶在遗忘全面展开之前进行，才能取得较好的效果。记忆好比一堵墙，在坍塌之前就开始修补，总比全部倒塌之后再修补省事得多。因此，心理学家建议，最好能做到当天的功课当天复习。其次，要合理安排和分配复习的时间。复习时间的安排和分配，一般有两种方式，一种是集中复习，即在一段时间内集中、持续重复学习已学的材料；一种是间时复习，即将复习分成若干次，在两次复习之间有一定的时间间隔。心理学的实验证实，在材料的难度、数量、结构形式相近的情况下，间时复习的效果大大优于集中复习。再次，复习的形式要多样化。复习并不是机械地重复，而是一个积极、主动地掌握知识的过程。因此，在复习中，应当灵活运用各种学习、记忆的方法，使复习方式多样化。

三十六　贝尔和他的第一部电话机

——想象力与学习成效

想象力是人们在已有形象的基础上，在头脑中创造出新形象的能力。想象力不是凭空产生的，它有赖于积累丰富的知识和生存经验，有赖于旺盛的好奇心，有赖于对外在事物或内在想象保持一份敏感。想象力是人类创新的前提，是推动人类进步的源泉。

电话是当今社会最常用的通信工具，不论是在千里之遥，还是在异国他乡，只要拨几个号码，你就可以与你希望通话的人说话。电话缩短了空间距离，诺大的地球一下子变成了"地球村"。那么，电话是由谁又是如何发明的呢？

电话的发明者叫亚历山大·格雷厄姆·贝尔，是美国著名的发明家和实业家。贝尔1847年出生于苏格兰的爱丁堡，祖父和父亲都是著名的语音学家。童年时期的贝尔聪明伶俐，但特别贪玩和淘气，每次考试成绩都是全班倒数第一，最后不得不退学回家。关键时刻，贝尔的祖父决定亲自教育贝尔。这位知识渊博的老人对贝尔既慈祥又严厉，他不但使贝尔树立了努力奋斗的雄心壮志，而且使贝尔的学习成绩突飞猛进。更重要的是，在祖父的教导下，贝尔表现出丰富的想象力和奇妙的幻想力，对全部自然知识都怀有浓厚的兴趣。1863 年，16 岁的贝尔以优异成绩考入爱丁堡大学，攻读语音学专业，毕业后又到伦敦大学深造。22 岁那年即被美国波士顿大学聘为语音学教授。

一天，贝尔在做聋哑病人用的一种"可视语言"的实验时发现：当电流导通或截止时，螺旋线圈会发出噪声，很像拍电报时的"嘀嗒"声。贝尔因此受到启发，他立即提出了大胆的设想：在讲话时，如果能用电流强度的变化模拟声波的变化，那么不就可以实现用电流远距离传送语音了吗？至此，贝尔凭借丰富的想象力，为研制电话勾勒了最初的蓝图。为了弥补自己电磁学知识的不足，贝尔拜访了当时最负盛名的电磁学专家约瑟夫·亨利，向他请教电磁学方面的知识，并向他讲述了自己的发现和设想。贝尔的设想得到了亨利的肯定。回到波士顿后，贝尔把全部身心都用于电磁学的学习与研究。为此，他辞去了波士顿大学教授的职务，和其助手沃特森一起专门研制电话。在一次实验中，沃特森的机器上的一个簧片被粘在磁铁上了，他漫不经心地拉了一下簧片，就在这时，在另一个房间的贝尔突然发现，与沃特森机器用电线相连的自己的机器上的簧片在颤动，并且发出了声音。这一新的发现给贝尔很大的鼓舞，他又提出了新的设想：人说话的声音是一种空气振动，如果对着一块薄铁膜片说话，会使膜片振动；如果在膜片后面放一块电磁铁，膜片的振动就会改变与电磁铁的距离，电磁铁的磁力线就会因此发生变化，这时电磁铁线圈中就会感受出相应变化的电流。这样，电流顺着电线传送到对方同样装置的电磁铁线圈中，就会使电磁铁的磁力线发生变化，吸引它前面的膜片，从而发出声音。贝尔和沃特森按照贝尔的设想继续研制电话，开始一轮又一轮的试验。一天晚上，贝尔在给仪器加硫酸时，不小心溅到了自己的腿上，疼得贝尔情不自禁对着话筒叫了起来："沃特森先生，快来呀，我需要你的帮助！"在另一房间休息的沃特森从耳机中清晰地听到了贝尔的呼叫，他激动地跑过去对贝尔说："知道吗？我们成功了！"两人谁也没有再说第二句话，只是紧紧地相互拥抱着、狂跳着。这样，人类的第一部电话就在贝尔的呼救声中诞生了。

　　贝尔发明世界上第一部电话机，靠的是大胆的想象和坚韧不拔的毅力，特别是他独特的想象力发挥了重要的作用。所谓想象，就是对头脑中已有的形象进行加工改造或重新组合，从而建立新形象的过程。根据有无目的，可以把想象划分为无意想象和有意想象两种。无意想象是没有预定目的，也不是自觉地产生的想象，作梦以及在瞌睡时打盹和出神假寐的状态中所进行的想象，都属于无意想象。不过我们通常所说的想象是指有意想象，它是指有预定目的、自觉产生的想象。有意想象又有再造想象和创造想象之分。

　　再造想象是指根据别人对某一事物的描述，在自己头脑中形成新形象的过程。例如，我们读马致远的《天净沙·秋思》"枯藤老树昏鸦，小桥流水人家，古道西风瘦马。夕阳西下，断肠人在天涯"时，把头脑中有关枯藤、老树、昏鸦、小桥、流水、人家、夕阳、断肠人等形象重新组合，从而在头脑中展现出一幅充满苍凉气氛的"秋暮羁旅图"。又如读了"敕勒川，阴山下，天似穹庐，笼罩四野。天苍苍，野茫茫，风吹草低见牛羊"这首南北朝民歌时，我们在头脑中就会迅速把各种原有形象加工整理，浮现出一幅草原放牧图。

　　创造想象则不同，它不依据现成的描述，而是在头脑中独立地创造出新形象。如贝尔发明电话机，依靠的就是创造想象。科学家的理论假说、文学家的人物塑造等也是创造想象的结果。但是，创造想象并不是凭空产生的，它不仅需要占有丰富的材料，而且还要对它进行深入的分析和综合，比再造想象要复杂、困难得多。一般说来，创造想象的产生需要具有以下几个具体条件。第一，原型启发，即创造想象往往是受到类似事物的启发，通过联想把旧有形象结合起来，或把旧有形象典型化，从而创造出新形象。如鲁班发明锯是受丝茅草的启发。第二，积极思维状态。创造想象有赖于人的思维的积极活动，它不是一般的想象，而是一种严格的构思过程。第三，灵感。即顿悟，在冥思苦想中忽然得到了解决问题的办法。如阿基米德在洗澡时受到洗澡水溢出盆外的启发而突发灵感，找到了辨别皇冠真假的办法。灵感的出现虽带有一定的突发性，但它是以长期的艰苦劳动为基础的。正如柴可夫斯基所言："灵感不喜欢拜访懒惰的客人。"

　　我们通常所说的幻想是创造想象的一种特殊形式，它是一种与生活愿望相结合并指向于未来的想象，常见的幻想有童话幻想、神话幻想、科学幻想、宗教幻想等。幻想虽然不一定直接引向创造活动，但积极的幻想对于创造活动是有益的。但是，也有一种幻想完全脱离现实生活的发展规律，毫无实现的可能，叫作空想，而空想对于认识和改造世界则是毫无益处的。

想象是智力活动的翅膀，它在人们认识世界和改造世界的活动中起着十分重要的作用。在学习活动中，想象是掌握知识的必要条件。通过想象，可以更深入、有效地理解教材，把握事物的发展规律。在各种创造和创新活动中，想象是一把锋利无比的利剑，科学家的理论假说、发明家的发明创造、工程师的创新设计、小说家的人物塑造、艺术家的艺术造型、工人的技术革新、农民的新品种培育等各种创造性活动，无一不是想象的产物。爱因斯坦指出："想象力比知识更重要，因为知识是有限的，而想象力概括着世界上的一切，推动着人类进步，并且是知识进化的源泉。严格地说，想象力是科学研究中的实在因素。"① 想象在现实生活中也是不可或缺的。对未来美好生活的想象，可以帮助我们树立乐观主义的人生观。对近期前景的想象，可以激发我们奋发向上的精神和克服种种困难的勇气。而对一些不良行为习惯后果的想象，则可以帮助我们改掉不良行为习惯，养成好的行为习惯。

鉴于想象在认识和改造世界中的重要意义，如何培养和发展想象力便成为心理学家和教育家关注的一个课题。从既有的研究成果看，培养和发展想象力一般应注意以下几点：

首先，要扩大知识面，丰富表象储备。人的想象不是凭空产生的，而是客观事物在大脑中的反映。要发展想象力，就需要有各方面的知识，形成丰富的表象储备。表象，就是客观事物在人脑中留下来的形象。表象是想象的基础，表象越丰富，想象力就越丰富。要丰富表象储备，必须多读书，广泛涉猎各方面的知识，用丰富的知识和科学道理武装自己，开拓广阔的想象通路。此外，还必须广泛接触社会和自然，通过旅行、游览、调查、凭吊古迹、参观展览、看电影、看电视、听故事、欣赏文艺节目等活动，丰富大脑中的感性形象，为想象奠定坚实的基础。

其次，要勤于思考，养成想象的习惯。想象和思维有着密切的联系，想象就是通过思维将大脑中的形象进行加工改造，形成新形象，其特点就是用形象进行思考。要培养和发展想象力，必须使思维处于积极活动状态，遇事多问几个"为什么"，并且有意识地养成勤于思考、善于思考的习惯，尽量有

---

① 许良英等，爱因斯坦文集（第一卷）[M]．上海：商务印书馆，2009：264.

意识地发展形象思维。从本质上讲，思维就是一种形象性的思维。在日常社会中，有许多机会可以锻炼想象力。例如，在看小说时，看到紧张之处便停下来，自己凭想象去猜想情节的变化。又如在构思故事时，不必匆忙下笔，而是要先在头脑中把过去发生的事情及情景回忆一下，然后在头脑中勾勒人物的形象、体态、性格特征等，最后才用语言的方式表达出来。再如，看一场足球赛的报道，可以根据有关报道在脑中想象双方队员如何展开激烈拼抢，如何断球、传球、射门，以及进球后双方队员和教练的不同反应等。这样，利用各种机会锻炼想象力，就会养成想象的习惯，想象力就会越来越丰富。

再次，积极参加活动，发展创造想象力。各种活动，特别是创造性的活动，对培养和发展想象力有着重大的意义。因此，我们可以从自己的实际出发，积极参加创作、影评、书评、书法、朗诵、绘画、赛诗、表演、科技、航模、舞蹈等活动，在活动中展开想象，培养想象力。

最后，通过一些特殊的方法，加强创造想象力训练。创造想象是创造活动的基础，因此，心理学家和教育家总结了一些特殊的方法，专门训练创造想象力。常用的方法有：①粘合法，即把不同人和事物的不同部分按照一定的逻辑拼凑在一起，塑造一个新形象，如狮身人面兽、鱼美人、美猴王等。②漫画法。即以夸张的手法突出人和事物的某个部位、某个特点，从而塑造出一个特点鲜明的形象。③模特法。即以生活中的特殊人物和现象为基础，创造出新的形象，如英国作家丹尼尔·笛福以赛尔柯克作为模特和蓝本，塑造出鲁滨逊的形象，写了脍炙人口的《鲁滨逊漂流记》。④典型化法。即以现实生活中的人或事物为基础，提炼出典型人物或事件。⑤假想法，即在科研工作之初先提出假设、假想，然后再去证明它的存在。⑥绘图法。即在工程设计等活动中先在头脑中进行设想，然后再把头脑中想象出的形象描绘在纸上。

三十七　从张飞审瓜谈起

——思维能力与学习成效

思维能力是人们采用一定的思维方式对思维材料进行分析、整理、鉴别、吸收、转化、综合等加工改造；思维方式是人们在一定的世界观、方法论和知识结构的基础上运用归纳与演绎、分析与综合等思维工具认识事物、研究问题和处理问题的思维模式。思维能力是人的学习与工作的核心能力。

张飞是三国时期刘备手下的一员猛将，手中丈八蛇矛枪无人能敌，在战斗中取敌上将之首级如探囊取物。罗贯中在《三国演义》中主要描写了张飞勇冠三军的一面，而民间故事《张飞审瓜》却显示了张飞粗中有细、智慧过人的一面。故事说一个少妇抱着小孩回娘家，路过一片瓜田时遇到一个恶少。恶少见她容貌娇艳，便心生歹意，上前调戏。少妇不从，恶少就诬陷她偷瓜，并将她告到县衙。恶少暗中用钱收买为他看瓜的地保，让他摘三个大西瓜到县衙去作证。县令张飞擂鼓升堂，亲自审案。张飞先问恶少，恶少说少妇偷他的瓜，并且人脏俱获，另有看瓜的地保作为人证。张飞再问少妇，少妇则说她没有偷瓜，是恶少见调戏她不成，就反过来诬陷她偷瓜，她是冤枉的。那么到底是少妇偷了瓜，还是恶少调戏并诬陷少妇？张飞急得哇哇直叫，但很快就冷静下来，略加思索，便对少妇说："大胆吊妇，你偷了人家的瓜，人证物证俱在，还敢抵赖！"遂命少妇跟随恶少回家，并让恶少把三个大西瓜抱回家。恶少欢天喜地，没想到县令这么痛快就定了案，连忙去抱西瓜，可是他左抱右抱，抱了这个滚了那个，怎么也抱不起三个西瓜。这时，张飞虎眉一竖，拍案而起，大声呵道："大胆恶少，你堂堂七尺男子都不能抱三个瓜，她一个弱女子，又抱着小孩，怎能偷你三个瓜？分明是你调戏妇女，诬陷好人，还不从实招来？"在张飞的审问下，恶少终于招了供。最后，张飞令衙役打恶少40大板，并绑赴市曹，游街示众。地保作伪证，也该处罚。张飞令他交出贿赂钱给少妇，并为少妇打伞开道，护送她回娘家。

张飞并没有看到恶少调戏少妇，而且还有人证、物证说少妇偷了西瓜，张飞是如何判定恶少调戏并诬陷少妇的呢？他是通过间接的分析得出结论的：恶少空着手抱不动三个西瓜，少妇抱着个小孩更抱不动三个西瓜，这就说明少妇没有偷瓜。而这样的分析结果必须有一个前提条件：就是少妇的力气比恶少小，否则上面的分析便不成立。这个前提是正确的，男人力气比女人大，恶少力气比少妇大。恶少抱不动，那么少妇更抱不动。如此推论，张飞就可以断定恶少调戏少妇不成就反过来诬陷少妇偷他的西瓜。

张飞审瓜的过程中这类心理活动，在心理学上称为思维。思维是人脑对客观事物本质属性和内部规律性的概括的、间接的反映。思维有两个特征，一是概括性,二是间接性。所谓概括性,是指思维活动把同一类事物的共同的、本质的属性抽取出来,加以概括,或者把概括出来的认识推广到同类的现象中去。张飞审瓜中判案的前提条件是"男人比女人力气大",就是把这种一般性的认识推广应用到具体的案例中去。所谓间接性,就是借助于已有的知识经验或其他媒体来认识那些感官不能直接把握的或不在眼前的事物。张飞在审案时就是借助"恶少空手都抱不动三个西瓜,少妇比恶少力气小,而且还抱着小孩,更抱不动三个西瓜"这样的间接认识,得出少妇未曾偷瓜的结论的。

思维是人类智慧最主要的表现形式,只有人类才具有思维。尽管动物也具有一定的思维能力,但是思维水平仍低得可怜。有人曾用黑猩猩做过实验,发现黑猩猩的思维能力还不如人类两岁的幼儿。因此,心理学家认为,动物即使是高等动物猿类,也不过只具有思维的萌芽,而没有真正意义上的思维。

从个体思维水平的发展看,基本上是沿着从动作思维到形象思维再到抽象思维这样一个顺序进行的。个体首先发展的是动作思维。所谓动作思维,就是依靠实际动作去解决问题的思维,其特点是思维具有直观性,而且是结合实际操作进行的。3岁以前的儿童,其思维基本上就处于这一阶段。他们的思维是伴随着游戏或动作进行的,他们一般是一边玩一边探索问题,并试图解决问题,而不能在游戏或动作之外默默思考,没有计划,也没有预见,游戏或动作一停止,有关的思维活动也就停止了。聋哑人由于不能听或发出有声语言,他们主要依靠手势与人交往,这就使他们思维水平的发展受到很大的限制,因此,他们的思维也属于动作思维。3-7岁是形象思维时期。所谓形象思维,就是利用事物的直观形象进行的思维。在此年龄阶段的儿童,无论是学习数的概念还是文字的概念,都要借助具体形象的帮助。在学习计数时,他们要通过数手指、算术棒等实物后才能得出正确答案。在识字时,也往往需要图片、实物的帮助才能理解字义。7岁以后,人的抽象思维逐步发展。所谓抽象思维,就是运用要领概念、判断、推理的形式进行的思维。通过抽象思维,我们可以揭示客观事物的本质属性、内在联系和发展规律。凡是以理论形式提出的任务,也都需要抽象思维来完成。例如,各门学科中的公式、定理、法则的推导、证明与判断等,必须有抽象思维的参加才能把握。当然,以上三种思维的发展是相互联系的,而不是说3岁前就是动作思维,3岁后马上就是形象思维,每一种思维都有一个渐进的发展过程。在前一个阶段，已经有了下一阶段思维类型的萌芽，而在后一阶段，前一阶段的思维类型还将继续发展，只不过已不是该阶段的主要思维类型了。进入形象思维、特别是抽象思维阶段后，人们通常不是只纯粹地运用某一类思维去解决问题，而常常是把两种甚至三种思维结合起来。

从横向来看，我们每个人的思维水平也是不一样的，这种差异主要表现在以下几个方面：其一，在思维的广阔性方面，有的人能全面地看问题；而有的人却只见树木，不见森林。其二，在思维的深刻性方面，有的人善于深入地思考问题，抓住事物的本质和规律，正确预见事物的发展进程和结果；而有的人则相反，常常为一些表面现象所迷惑，满足于一知半解，难以把握事物的本质和规律。其三，在思维的独立性上，有的人善于独立思考，独立地发现问题、分析问题和解决问题；而有的人则习惯于人云亦云，盲目迷信，易受别人的暗示和影响。其四，在思维的批判性方面，有的人善于根据客观事实和实践标准冷静地思考问题，有明确的是非观念，既能坚持正确的东西，又能放弃错误的东西；而有的人则不顾客观事实而自以为是，或者随波逐流。其五，在思维的灵活性方面，有的人善于根据客观条件的发展变化，灵活地采取有效措施解决问题；而有的人则思维僵化，总是墨守成规，固执己见，不顾客观条件的变化而固执地按原来的思路办事。其六，在思维的敏捷性方面，有的人思维敏捷，能够在较短的时间内把握问题的本质，抓住问题的关键，做出正确的判断和决定；而有的人则思维迟钝，优柔寡断，遇到问题时应激能力差，束手无策。其七，在思维的逻辑性方面，有的人能够遵循逻辑规律、逻辑顺序思考问题，思想连贯，论据充足；而有的人则思维混乱，前后矛盾。其八，在思维的创造性方面，有的人能够根据需要创造性地分析问题和解决问题，思想新颖，富有创新意识；而有的人则习惯于用惯常的方法、固定的模式来分析问题和解决问题。由于思维的诸项品质间是相互依存、相互渗透的，一般来讲，如果一个人在某个方面发展水平较高，那么他在其他方面的发展水平也可能较高。当然，思维的各个方面并不一定是并驾齐驱的，有些方面可能相对好些，而有些方面则可能相对差些。

思维是智力的核心，是打开知识大门的钥匙。思维能力差，就必然影响智力的其他因素，从而影响学习成绩和工作效率，因为记忆、观察、想象等智力活动都深受思维的影响。因此，要提高自己的智力水平，首当其冲的便是提高思维能力。那么，思维能力能否提高呢？决定思维发展水平的因素是多方面的。大脑的神经活动类型、知识经验、个性特征、动机水平、思维方法等因素，都对思维能力有着一定的影响。除大脑的神经活动类型属于先天因素外，其他因素都是后天因素，也就是说思维能力是可以通过后天的努力培养的，而且后天因素是影响思维能力的主要因素。

关于如何培养思维能力，国内外的心理学家、教育家已经取得了很多研究成果，提出了多种多样的方法。下面我们就简单介绍一下。

一、学会质疑

古人云："疑者觉悟之机也。一番质疑，一番长进。"① 科学史上的重大突破，都是科学家敢于向现成的结论和习惯观念挑战质疑的结果。古希腊大学者亚里士多德是西方的圣人，其著作被奉为不容置疑的"圣经"。亚里士多德曾经说过：推动一个物体的力取消后，原来运动的物体便归于静止。伽利略看到这样一个事实：有人推动小车行走，如果突然停止用力，小车并不立即停止，而是继续走一段路，如果路面平滑，还会走得更远。他由此得出结论：如果毫无摩擦，小车将会永远运动下去。伽利略曾因对亚氏的怀疑而被人讥笑为"疯子"，但他的这个思路却为后来牛顿的第一定律奠定了基础。爱因斯坦对牛顿的理论提出质疑，创立了相对论。魏格纳更是大胆设疑，提出了大陆漂移说。质疑的过程也就是深入思考的过程，通过质疑，不但可以加深理解问题，而且可以培养开拓探索精神。

二、丰富知识经验

知识经验与思维活动的关系是十分密切的。思维活动的过程就是运用知识、操作知识的过程。已有的知识经验既是过去操作的产品，也是当前操作的原材料，又是新知识经验产生的源泉。实践证明，一个人在某方面的知识经验越丰富，技能技巧越熟练，思维就越灵活，判断就越准确，思路就越开阔。因此，培养思维能力，必须以丰富的知识经验为基础。丰富的知识经验，既包括丰富的书本知识，也包括丰富的感性知识。所以培养思维能力必须激发自己的求知欲，博览群书，扩大知识面；另一方面，要多参加实践活动，

---

① 吴勇军，高立．质疑能力：初中思想品德课有效生成的路径［J］．创新时代，2016（1）：88 – 89．

使思维活动建立在丰富的感性知识的基础上。

三、掌握思维的方法和规律

思维有很多具体的方法，它们贯彻于人们学习知识、运用知识、发现问题和解决问题的全过程。掌握正确的思维方法，可以大大提高思维的效率，促进知识的掌握和运用，避免学习和工作的盲目性。常用的思维方法有求同思维法、求异思维法、分析思维法、综合思维法、直觉思维法、逻辑思维法、逆向思维法、联想思维法、比较思维法、变式思维法等。同时，思维的过程也是有规律可循的，正确有效的思维活动必须遵循形式逻辑和辩证逻辑的规律。思维的主要规律包括形式逻辑中的同一律、不矛盾律、排中律、充足理由律和辩证逻辑中的对立统一思维规律、量变质变思维规律、否定之否定思维规律等。掌握了思维的规律之后，思维活动的逻辑性就会增强，思路就会清晰。

四、养成勤于思考的习惯

人的脑力和体力一样，也要经常锻炼，不锻炼它就会退化、萎缩。爱动脑筋的人，思维清晰而敏捷，解决问题的能力也强；反之，懒于动脑筋的人，则容易思维迟钝而混沌，难以分析和解决问题。因此，在学习、工作和生活中遇事都要问个为什么，养成打破砂锅问到底的精神和勤于思考的习惯，对于培养思维能力是非常重要的。我国著名教育家陶行知先生曾写过这样一首饶有兴趣的诗："我有几位好朋友，曾把万事指导我。你若想问其姓名，名字不同都姓何：何事、何故、何人、何如、何时、何地、何去，好像弟弟与哥哥。还有一个西洋派，姓名颠倒叫几何。若向八贤常请教，虽是笨人不会错。"[①] 这是陶行知治学经验的总结，今天对我们仍不乏启发意义。

---

① 方明主编. 陶行知全集（4）［M］. 成都：四川教育出版社，2005. 15.

三十八　黄道日与黑道日

——生物节律与学习成效

在我国民间广泛流传着黄道日与黑道日之说。黄道日为吉日，黑道日为凶日。在黄道吉日，人无论干什么事都会逢凶化吉，遇难呈祥，达到预期的目的和效果。相反，在黑道日，人无论做什么事都困难重重，灾难频仍，轻则难以达到预期的目的和效果，重则有血光之灾。因此，当你学习工作时精力充沛，才思泉涌，人们便说你处于黄道吉日；当你学习、工作时昏昏欲睡、思维迟钝，人们便称你处于黑道日。到底存在不存在黄道日与黑道日呢？从科学家的研究成果来看，黄道日与黑道日之说虽然有较强的迷信色彩，但反映了人体生物节律的变化及其对学习、工作和生活的影响。

招潮小蟹的启示

有一种小蟹，落潮时活动，涨潮时栖息，十分有规律，人们称为招潮。它有保护色，落潮时颜色变淡，而在涨潮时则变暗。潮汐时间每天推迟50分钟，招潮也每天推迟50分钟出来活动，准确无误。是什么使小蟹有规律地活动和栖息呢？科学家的研究发现，动物体内具有测量时间的本领，并给起名叫"生物钟"，也称生物节律。生物钟有很多种，小蟹招潮，雄鸡报晓，都是每日呈准确的节律性变化，称日生物钟；候鸟徙飞，青蛙冬眠春晓，为年生物钟。许多动物正是依靠这个生物钟与外界环境的周期性变化保持一致，以保证适应环境，维持生活与生存的。

人类是否有生物钟现象呢？有！在动物生物钟现象的启发下，科学家对人进行了实验研究，结果发现人类生物钟有100多种。例如，人的生理过程存在着近似周年的周期性变化，称年生物钟；人的各种生理指标都随昼夜的更替做周期性变化，称日生物钟；人的体力盛衰、情绪波动、智力强弱以一个月左右的时间为一个变化周期，称月生物钟。在众多的生物钟中，对人的工作学习影响最大的是日生物钟和月生物钟。

日生物钟

苏联科学家对人体日生物钟进行了大量研究，较清楚地把握了人体在一昼夜的变化规律，给我们安排时间提供了科学依据。例如，早晨5点到6点，血压开始升高，心跳加快，脑部供血量增加，此时起床，很快就会精神饱满；9点到11点，精力最集中，身体不易感到疲劳，学习与工作效率也较高，此时应安排学习或工作；13点，身体感到疲劳，需要休息；机体工作能力在14点左右达到白天最低点，此时应安排午休；15点机体工作能力逐渐恢复，并在17点工作效率又达到一个较高的水平，然后又逐渐降低，所以在14点半到18点应安排学习活动或工作；在21点左右，大脑活动效率又出现一个高峰期，特别是记忆力明显增强，所以20点到22点也是学习的好时候，特别是21点左右，最适于背诵，此时可以记住不少白天难以记住的东西；22点之后人体逐渐疲倦，各器官活动放慢，到凌晨4点全身工作节律最慢，血压最低，脑部供血量最少，学习与工作效率最低，所以在22点以后就应该准备休息，而不应该继续开夜车。

总的看来，大多数人都遵循着这样的日生物钟，这是人类世世代代以来日出而作、日落而息的习惯在个体身上的遗传积淀而成的，现实生活中的作息制度又强化了这一积淀，使大脑的工作能力在一日之内呈现周期性的变化。但是，我们还应该看到，如果一个人长期不遵循一般的作息制度，那么他的日生物钟就会自动调整，形成新的规律。我们常说的"猫头鹰型"和"百灵鸟型"的人则属于此例。

"猫头鹰型"的人一到夜里，脑细胞就转入高度兴奋状态，精力集中，思维十分活跃，工作效率极高。属于猫头鹰型的人，多为知识分子，特别是作家表现得更为明显。法国著名作家福楼拜习惯通宵写作，他房间里彻夜亮着的灯光，竟成了塞纳河的船夫的航标灯。英国著名作家狄更斯有"夜游"的习惯，他在夜间走街串巷寻找灵感，然后找个公寓或酒馆坐下，掏了笔和纸记录下自己的思想。大文豪巴尔扎克喜欢在傍晚6点吃完晚餐就上床睡觉，而到了午夜12点就起床写作，弄得他的助手不堪其苦而告辞。我国著名作家巴金和诗人何其芳也喜欢在夜里写作，常常是一发而不可收拾，不知东方之将白。难怪西方有句流传较广的谚语："夜间是作家的天堂。"

属于"百灵鸟型"的人则相反，他们在清晨和上午精神焕发，工作效率高，而后便进入低潮期。我国当代作家姚雪垠、数学家陈景润是典型的"百灵鸟型"，他们习惯于在凌晨三点投入工作，这时是别人工作效率最低的时期，而他们却头脑清醒，思路明快。我国当代诗人艾青、俄国大文豪托尔斯泰、英国小说家司格特等也属于此类。

月生物钟

20 世纪初，奥地利维也纳大学心理学教授赫曼·斯渥伯达博士和德国著名的耳鼻喉专家威尔赫姆·弗里斯博士，发现在病人的病症、情感以及行为的起伏中，存在着一个以 23 天为周期的体力盛衰和以 25 天为周期的情绪波动。大约过了 20 年，奥地利科学家阿尔弗雷德·特切尔教授在研究了学生的考试成绩后，发现人体内还存在着以 33 天为一个循环周期的智力活动节律。至此，人体的月生物钟现象基本得到了解答。根据生物节律理论，每个人从出生之日起，体力、情绪、智力生物钟就开始运转，分别以 23 天、28 天和 33 天为一个周期，按照正弦规律变化。三种节律，从人出生起，都从零点同时开始循环，首先向正时相或称高潮期上升，在到达高潮顶点后，开始逐渐下降，穿越零点后，周期进入负时相或称低潮期。如此循环往复，以至人的生命结束。由于三种节律按一定周期的正弦曲线规律变化，因此前半周为高潮期，后半期为低潮期，高潮期与低潮期交接处为临界期。具体地讲，体力节律曲线的周期为 23 天，其中 1.5－10 天为高潮期，10－13 天为临界期，13－21.5 天为低潮期；情绪曲线的周期为 28 天，其中 1.5－12.5 天为高潮期，12.5－15.5 天为临界期，15.5－26.5 天为低潮期；智力节律曲线的周期为 33 天，其中 1.5－15 天为高潮期，15－18 天为临界期，18－31.5 天为低潮期。[①] 三种节律对人体行为的影响如表 5－3 所示。

人体三节律（尤其是智力节律）对学习和工作的影响是比较明显的。当生物节律处于高潮期时，学习和工作效果好，考试能考出理想成绩或超水平发挥；反之，如果生物节律处于低潮期或临界期，学习和工作效果差，考试不能发挥出应有的水平。三种节律均在高潮期，学习和工作效果最好；反之，三种节律均在低潮期或临界期，学习和工作效果最差，可见，学习与休息必须考虑生物节律的影响。

---

① 刘玉宝. 人体三节律［J］. 生物学杂志，1992（4）：50.

表 5 - 3　人体三节律对人的行为的影响

节律名称	周期	高潮期	低潮期	临界期
体力	23 天	体力充沛精力旺盛	体力不济容易疲劳	力不从心协调性差
情绪	28 天	情绪高涨愉快乐观	情绪低落抑郁悲观	情绪不稳喜怒无常
智力	33 天	思维敏捷记忆力强	思维迟钝记忆减弱	智力波动易出差错

资料来源：刘玉宝. 人体三节律 [J]. 生物学杂志，1992（4）：50.

那么，怎样才能计算出自己的生物节律值呢？计算方法比较简单。先计算从出生之日到计算之日的总天数（公历），计算公式是：总天数 =（计算年数 - 出生年数）×365 天 + 闰年所增加的天数（每四年一闰）+ / - 计算年的生日到计算日的天数（生日在计算日前用加号，生日在计算日后用减号）。然后，再由总天数分别除以 23、28、33，所得余数就分别是计算日三种节律在三个周期中所处的位置。余数为零时，则以余数分别为 23、28、33 计。

假如你出生于 1998 年 4 月 7 日，要计算 2017 年 6 月 7 日这一天的生物节律值，根据公式有：

总天数 =（2017 - 1988）×365 + 7 + 61 = 10653（天）

求余数

$10653 \div 33 = 322\cdots\cdots17$

$10653 \div 28 = 380\cdots\cdots13$

$10653 \div 23 = 463\cdots\cdots4$

从以上余数可知，智力节律的余数为 17，处于临界期；情绪节律的余数为 13，也处与临界期；体力节律的余数为 4，处于高潮期。

生物节律对人的工作、学习和生活都有一定的影响，但它并不能预示人们将来要发生什么事情，我们不能用它来预测吉凶，掐算命运。生物节律是客观存在而且是不能改变的。因此，我们应对自己的生物节律变化有充分的了解，并根据它来安排学习和工作，在生物节律处于高潮期时，要抓紧时机刻苦学习，努力工作；在临界期时，要注意情绪调节，心烦时散散步、听听音乐；在低潮期时，除完成必要的学习和工作任务处，应特别注意休息，此时加班加点，效率是很低的。

三十九　头悬梁、锥刺股及其他

——奋发拼搏与学习成效

拼搏，原意是指豁出性命进行激烈的搏斗，比喻尽自己最大的力量、用自己的所有不顾一切地极度努力去实现自己的目标。蒲松龄为了完成《聊斋志异》而题自勉联："有志者，事竟成，破釜沉舟，百二秦关终属楚；苦心人，天不负，卧薪尝胆，三千越甲可吞吴！"贝多芬在与命运的顽强拼搏中扼住命运的咽喉，司马迁在与株连的抗争中完成鸿篇巨著。

头悬梁与锥刺股

东汉时代有个名叫孙敬的人，从小就养成了好学习的习惯，读起书来常常废寝忘食、通宵达旦。这样紧张地学习，日子一长，他便开始有些体力不支，精神疲劳。有一天晚上，他仍像以前一样挑灯夜读，可读着读着却睡着了。一觉醒过来，看到昨晚仅读了几页书，非常后悔。为了防止再打瞌睡，能够坚持每天读书到深夜，他想出了一个办法，就是在书房的梁上拴上一根绳子，然后把自己的头发系在绳子上，每当读书读得发困了，要低头打盹时，头就会被绳子拉疼，也就不再瞌睡，可以继续读书了。就这样，孙敬坚持夜读数年，终有所成，为后世立为学习的楷模。

可与孙敬"头悬梁"坚持夜读的精神相媲美的是苏秦"锥刺股"的故事。苏秦生于战国时期的洛阳，在家排行老小。他的四个哥哥都是著名的游说家，博学多才，满腹经纶。苏秦立志要像哥哥们那样，成为游说家，取得事业上的成功。于是，他发愤学习，夜以继日地伏案苦读，如饥似渴地汲取广博的知识。有时读书读到深夜，困倦难忍，不知不觉地就倒在书桌上睡着了。一到天亮醒来，他便悔恨浪费了那么多时间。后来他想了一个办法，即在夜里读书时，身边带上一把锥子，等到要打瞌睡时，便用锥子往自己的大腿刺，刺得鲜血直流，就会重新精神起来，可以继续读书了。苏秦就是用这种刺股提神的办法，坚持学习，博览群书，获得了渊博的知识，终于成为远近闻名的大才子，如愿以偿地当上了游说家。

孙敬和苏秦头悬梁、锥刺股的故事历来被传为佳话，头悬梁、锥刺股的精神也一直为人们所称颂，直到今天，仍有不少教师和家长把它作为教育学生和孩子的信条，也有不少学生把孙敬和苏秦作为自己的学习楷模。然而，当代有关脑科学和学习科学的研究成果表明，头悬梁、锥刺股虽精神可嘉，但方法上不科学、不可取。

关于学习效果的研究告诉我们，学习时间长并不一定能取得良好的学习效果，学习效果与学习时间并不一定是正比的关系，而是一种乘积关系，学习效果等于学习时间乘以学习效率系数。学习效率系数大，学习时间长，学习效果才好；学习效率系数小，学习时间长，学习也不会取得好的效果。我们知道，大脑皮层的兴奋过程和抑制过程总是交替进行的，在连续长时间的学习之后，大脑消耗了大量的营养物质，会产生疲劳，这就使大脑神经细胞逐渐由兴奋状态转入抑制状态，学习效率也随之逐渐降低。大脑从兴奋状态转入抑制状态，是大脑产生中枢疲劳后的一种自我保护措施。我们在学习一段时间后感到注意力不易集中，学习效率下降，这便是大脑产生中枢疲劳的信号。这时我们就应该休息一下，以恢复大脑的正常机能。但如果我们不顾大脑皮层神经细胞给予我们的"警告"，仍然坚持学习，学习中枢的兴奋性越来越低，学习效率也就越来越低。根据学习效果与学习时间的关系，在这种学习效率系数接近于零的情况下，学习时间越长，学习效果也就越差。而且，如果大脑皮层神经细胞过于疲劳，还容易引起神经衰弱，不仅不能取得好的学习成绩，而且还可能搞垮了身体。

与其头悬梁、锥刺股，不如劳逸结合，提高时效。伟大的革命导师列宁说过："谁不会休息，谁就不会工作。"俄国最伟大的作曲家柴可夫斯基曾告诉人们，他成功的全部秘诀在于，每天在规定的时间内做规定的事情，而且保持对于工作的良好的精神状态。由此可见，合理地安排学习用脑时间，学习与休息相结合，是提高用脑效率，取得学习成功的重要因素。

爱因斯坦的秘诀

爱因斯坦，没有人不知道这位 20 世纪最伟大的物理学家、相对论之父。他是如何工作的呢？你一定会猜想，他一定是一个为了事业而没黑没夜地发奋工作的人，要不他怎么能取得那么大的成就呢！然而事实却相反，他并不像人们想象或传说的那样是一个整天埋头于科研工作的人，而是一个既会工作、又善于休息的人。他经常在读书、科研的过程中，一感到疲劳，就弹弹钢琴，拉拉小提琴或听一会儿音乐来消除疲劳，他还喜欢登山、游泳、旅行、骑自行车、划船和散步等。由于注意劳逸结合，坚持体育锻炼，他在进行科学研究时，才有旺盛的精力。及时作短暂的休息，劳逸结合，是这位大科学家成功的秘诀之一。

据有关专家研究，大脑高效率地进行紧张智力活动的时间是有限的：学龄前15分钟左右，小学生20－40分钟，中学生40－50分钟，成人1个小时。如果超过时限继续强迫大脑工作，不仅会降低学习与工作效率，而且还可能损害大脑的功能。因此，当感到疲劳的时候，应及时进行短暂的休息，以使大脑皮层活动区域由兴奋转入抑制，紧张的神经得到放松。短暂休息的方式很多，或极目远眺，或静静地闭目养神，或到户外有花草树木、空气新鲜的地方散散步，或做做课间操、工间操，都可以达到休息调整的目的。休息时间有10分钟就可以。需要注意的是，休息期间活动不宜剧烈，更不能弄得满头大汗，因为大脑皮层主管运动的区域过于兴奋，会影响注意力的转移，当重新回到学习或工作中去时，精力便难以集中了。

"倒班"与大脑

在工厂里，为了充分发挥机器的效率，大都实行倒班制，一班工人工作数小时后，另一班工人顶班上岗了。通过倒班，既保证了工人的休息，也提高了工作效率。大脑这部机器能否采用倒班制来提高学习和工作效率呢？如果能行，又怎么倒班呢？

科学家的研究发现，大脑完全可以利用"倒班制"提高学习和工作效率，方法是穿插安排不同内容的学习与工作。如学习一段外语之后，可以换换口味，钻研几道数学题。这样既可以提高学习与工作效率，也可以使大脑某一区域的神经细胞得到休息，不至于因继续学习而导致大脑疲劳。这种学习与工作方式的生理机制是大脑皮层的区域分工和兴奋与抑制过程的相互转化、相互诱导。心理学的研究告诉我们，大脑皮层有一定区域分工，一定皮层区域负责一定的活动。当人们从事某一活动时，大脑皮层的相应区域便处于优势兴奋状态，而周围其他区域则相对处于抑制状态。当大脑皮层的某个区域长时间处于优势兴奋状态时，这个区域便会因超负荷而产生保护性抑制，从而出现疲劳。这时候，我们可以改变活动的方式、内容或性质，使大脑皮层新的区域产生兴奋，出现优势兴奋中心，原来的优势兴奋区域便可通过抑制状态而得到休息。经常转换大脑皮层的兴奋和抑制，可以减轻疲劳，提高学习与工作效率。

我们通过细心观察就可以发现，学校里课程表排课都是交叉安排的。小学一节课换一个科目，中学一节课或两节课换一个科目，大学一般两节课换一个科目，便是按照大脑皮层的活动规律安排的。学生在安排自己的学习活动时，也最好遵循大脑皮层的活动规律，将数理与文史穿插安排，听说读写交替进行。这样，不但大脑皮层持续地工作而不会疲劳，而且先后学习的内容在记忆时也不易相互干扰。

康德与钟声

康德是18世纪德国伟大的哲学家，他从小体弱多病，右肩高，左肩低，身材瘦小，发育不良，同时性格内向、老实、脆弱，这一切都成了他进一步发展的障碍。为了锻炼身体，克服自己的不良个性，提高工作效率，康德从步入中年开始到80岁逝世的30年间，十分注意起居，每天早晨5点起床，晚上10点就寝，就连喝茶、吃饭、写作、讲课、散步等也都有一定的时间，一丝不苟。据当地居民讲，每天黄昏当教堂的钟声敲响时，康德教授便会出现在教堂前的林荫道上。久而久之，人们便不再去理会教堂的时钟了，只要看见康德出来散步了，就能知道时间，而且连一分钟也不差。

康德的成就与长寿，在很大程度上受益于他坚强的意志力，受益于他规律化、制度化的生活。

在日常生活中，如果一个人经常按照一定的顺序从事某一项或多项活动，就会在大脑中形成一种自动化的反应系统，使大脑在该工作时便自然地进入兴奋状态，该休息时使自动地进入抑制状态，兴奋和抑制的交替有规律地进行，这样可以大大节省我们的脑力和体力消耗，减少大脑的负担，提高工作效益。因此，无论是学习还是工作，我们都应该为自己制定一个可行的科学的作息制度，并严格执行，使生活规律化、制度化，减轻大脑负担，提高大脑的功效。

在作息制度中，睡眠的安排至关重要。有规律的、质量好、时间足的睡眠能够促进脑机能的恢复，提高大脑的功能和效率；而睡眠不足或质量太差，则会导致记忆力衰退、注意力降低、情绪消沉、思维迟钝等现象。长时间没有睡眠就会降低免疫力，从而导致各种疾病，使神经系统的功能降低、紊乱甚至衰竭。在人一生中，大约有三分之一的时间用于睡眠，但每个人所需要的睡眠时间随年龄及个体特点的不同而不同，但一般说来，所需睡眠时间随年龄的增长而呈逐渐减少的趋势：新生儿需 18－20 小时，儿童 12－14 小时，青少年 9－10 小时，成年人 7－9 小时，老年人 5－7 小时。睡眠的效果不仅取决于睡眠的时间，而且取决于睡眠的质量。要睡好觉，关键是养成良好的睡眠习惯，做到每晚都在同一时间就寝，同时做到睡前不喝茶、咖啡、酒等刺激性、兴奋性饮料，不过度用脑，忘却烦恼和忧愁，便自己在放松、平静的心境下自然入睡。

四十　聪明是吃进去的

——营养有益身心健康

自古以来，人们就有一种很朴素的认识，认为营养与人的身心发展有着直接的关系，特别是身体的发展，深受营养好坏的影响，而且人们通过对比，也证实了这种认识。但对于营养与智力的关系，则认识比较模糊。有的人认为智力主要是由遗传决定的，有的人认为智力主要是由环境和教育决定的，营养好坏并没有大的影响。然而，近几十年的研究却证明：营养对于智力发展至关重要。有的营养学家甚至提出："聪明是吃进去的！"

有关营养水平对智力的影响的研究，是从有关营养水平对动物大脑的影响的研究开始的，因为大脑是智力发展的基础，大脑的神经细胞数量以及神经纤维、突触和神经末梢的发展直接影响智力，人的智力活动正是通过神经细胞间的联系网络而实现的。日本的一位科学家做了这样一个实验。他给妊娠母鼠以缺乏蛋白质的食物，蛋白质的含量仅为正常食物的 10%，结果仔鼠出生时的体重较正常的仔鼠轻 23%，而脑的神经细胞数量少 20%－30%。[1]美国的一位学者则研究了出生后的营养不良对老鼠大脑的影响。他在老鼠出生到第 21 天的时间里，给老鼠营养价值很低的食物，在 21 天之后恢复喂养

---

[1]　崔焕忠，张辉，马思慧，等. 妊娠母鼠饲喂叶黄素对初生仔鼠体重及血清和消化道免疫球蛋白的影响［J］. 食品科学，2017（1）：193－196.

正常食物，过一段时间进行测量，结果发现，这些老鼠的体重后来追上了正常生长的老鼠，但脑的生化结构和组织学结构却发生了异常，不但神经细胞数量不足，而且神经细胞树突、神经纤维、突触及神经末梢的发展水平也较低。

后来，一些科学家开始对营养与人脑的关系进行研究。有位科学家曾对6名因肺炎、肠炎而死亡的营养不良的儿童和5名因中毒、溺水死亡的营养良好的儿童进行了比较，结果发现营养不良的儿童身体发育缓慢，头颅直径小，脑重较轻，大脑的DNA含量、RNA含量、胆甾醇、磷脂类以及脑细胞数量都较少。在第二次世界大战期间，法西斯德国疯狂迫害犹太人，设立了许多犹太人集中营。集中营儿童的营养状况非常糟糕，食物中所含热量很低，蛋白质极少，几乎没有脂肪。在集中营中出生和长大的儿童，智力发展水平比正常儿童低，注意力差，记忆力低并带有一定程度的精神异常。

根据科学家对人脑的研究，人的大脑最重要的发展期是在胎儿期和出生后的6个月，在此后的两三年中，大脑仍保持缓慢发展，到4岁时儿童的脑重就已达到成人的90%。因此，如果在这个期间，特别是在胎儿期和出生后的6个月时间里营养不良，就可能导致大脑发育不良，从而导致智力低下。

从目前的研究成果看，大脑所需的营养物质主要有蛋白质、糖、脂肪、维生素、矿物质和水。

蛋白质是人脑的主要组成成分，是保障脑细胞生成和维持大脑运转的基础。如果在大脑发育的关键期内食物中蛋白质含量不足，容易导致脑神经细胞数量不足以及神经细胞间神经纤维发育迟缓，导致智力低下。

糖主要以淀粉形式供给机体，进入人体，以糖元的形式暂时储存于肝和肌肉组织中，在机体中转化成大量的热量，供给并保证大脑的能量。如果糖类供应不足，常导致机体乏力，晕眩，智力活动水平下降。

脂肪是人体供热的主要来源之一。虽然脂肪被看作是某些疾病的病源，但大脑每天都需要一定的脂肪，脂类食品的缺乏会引起脑功能的混乱。

维生素对维持生命，促进机体的新陈代谢、生长发育和健康起着极其重要的作用，对维护大脑的功能有着很大的影响。如果维生素摄入量不足，大脑神经系统就可能发生机能障碍。例如，如果缺乏维生素 B_1，就会出现全身乏力、焦躁不安、记忆力衰退、思维迟钝甚至出现出血性脑病。如果缺乏维生素 B_{12}，不但会导致贫血，而且还会出现脑积水、髓鞘化受阻、核酸的含量减低等神经系统的变化。

矿物质包括钙、钾、钠、镁、锌、铁、铜、磷等微量元素，对维持机体的酸碱平衡，促进大脑的发育具有重要意义。各种矿物质摄入不足，不仅可以引发生理疾病，而且会影响神经系统的功能，出现反应迟钝、记忆力下降等现象，严重时还可能损害神经系统。

水是人体的主要成分，也是大脑的主要成分，水液占脑重的70%左右。水维持大脑的正常运转，缺水就会导致大脑的功能下降。

从我国现在饮食水平看，糖类、蛋白质供应充分，而维生素（特别维生素 A 和维生素 B_{12}）、脂类和矿物质供应不足，蛋白质的质量也不够理想。因此，为了大脑的健康和正常功能的发挥，在坚持日常饮食的情况下，可以在饮食中适当增加一些豆制品、奶制品、鱼虾类、鸡蛋、糙米和精肉，多吃点蔬菜和水果。蔬菜中含有丰富的维生素，特别是菠菜和胡萝卜不仅含有丰富的维生素 A、维生素 C，而且含有丰富的钙。蘑菇、黄花菜、芹菜、桔子、柠檬等蔬菜和水果中的维生素含量也很丰富，具有健脑益智功能。另外，芝麻、莲子、核桃等含有丰富的维生素、钙、蛋白质、脂类和微量元素，对增进脑神经细胞的活力，延缓脑的衰老具有明显的效果，可以适当食用。

现在有一种比较流行的说法，叫作"吃什么补什么"，即吃动物的肝可以补肝，吃动物的心可以补心，吃动物的脑可以补脑，中医中也有"以脏补脏"的说法。这种说法有一定的道理。因为动物的内脏含有人内脏所需要的各种营养物质，而且各种营养物质基本上呈平衡状态，正好可以满足人体器官的需求。因此，动物的脑如猪脑、羊脑、狗脑等，具有补脑的功能，可以适当食用。

在人们生活普遍提高之后，有些人开始追求高营养，认为只要是高营养的东西就应该吃，而且吃得越多越好。其实不然，人体包括大脑对各种营养物质的需求是有序的，各种营养物质之间保持着一种平衡状态。某种营养缺乏或过多，都会引发营养失调，从而影响脑的正常功能。例如，维生素 D 摄入量过多，会引起钙磷调节的障碍，出现高血钙症状，导致眩晕、易疲劳甚至智力迟钝、精神错乱。即使不出现疾病，摄入过多的营养物质也是不必要的，因为人体在吸收一定量的营养物质后，会对某类营养物质采取掩护态度，营养虽然吃进去了，但并没有被机体吸收就被排泄掉了。

现在许多人不吃早饭或吃的很少，这也是不好的习惯。大脑和身体其他部位的运行需要足够的能量和营养,脑细胞更依赖体内的葡萄糖。如果不吃饭或吃的太少,血液中的糖量很快就会降低到所需水平之下,容易使人感到疲劳。但是,饮食也不能过量。如果吃得太饱,在进食后的半个小时到一个小时内,为了消化和吸收所摄取的食物,大部分血液集中在肠胃,使大脑供血不足,机能降低,会出现困倦、注意力不集中的现象,导致学习和工作效率下降。因此,饮食一定要适量,正如古人所说的,"已饥方食,未饱先止",每次吃八成饱也就可以了。

还有一个问题是人们比较关心的,就是如果早期营养不足,后来加强了营养,会不会改善大脑的机能和智力水平呢?科学家的研究结果是肯定的。美国有位科学家对在营养不良状况下长大的 2 – 9 岁的儿童进行实验,对他们施以"营养疗法",两年之后测试,这些儿童中原来智力发展水平较低的儿童,智力测验成绩提高了 10,智力发展水平基本正常的儿童成绩显著上升,提高了 18。他的实验还表明,年龄越小,通过加强营养来提高智力的效果越明显。对于年龄较大的人来讲,适当补充某种体内缺乏的营养物质,也可以提高大脑的功能。如,服用维生素 C 可以治疗脑缺氧、脑血液循环障碍、脑软化等疾病;服用维生素 B_{12},可以治疗神经痛、神经炎和各种脱髓鞘疾病。其原理就是恢复各种营养物质的平衡,从而使大脑正常运转,进而提高智力水平。

最后,需要说明的是,烟酒对大脑和智力发展是有害的。烟草是一种慢性自杀剂,是一种对人体危害极大的有毒物质。从烟草的化学成分看,仅有毒物质就有 20 余种,除尼古丁外,还有吡啶、氢氰酸、糖醛、烟焦油、一氧化碳、芳香化合物等有毒物质,其中毒性最大的是尼古丁。尼古丁能迅速溶解于水中,通过口、鼻、支气管被人体吸收。一支普通香烟重 0.5 克,内含尼古丁约 20 毫克。尼古丁毒性之大,简直令人难以置信。如果我们将尼古丁提纯,用生理盐水稀释后给小白鼠皮下注射,仅 16 毫克就可以致死。荷兰猪的致死量为 26 毫克,狗的致死量为 5 毫克,猫的致死量为 2 毫克。[①] 一滴纯尼古丁可以杀死三匹体重 180 – 200 公斤的马。经常吸烟的人容易患肺癌、肺结核、支气管炎、肺气肿、心血管病、脑血检、脑溢血、胃病、十二指肠溃

---

① 常福厚,刘素珍. 尼古丁,焦油半数致死量的测定 [J]. 内蒙古医科大学学报,1999 (3):190 – 191.

痄、口腔癌、咽癌、喉癌、膀胱癌、视力减弱等疾病。连续不断地大量吸烟，还可能中毒死亡。吸烟对大脑神经有破坏性的影响。由于烟内的一些有毒物质极易为人体吸收，因此，能容易地通过血脑屏障而进入脑内，引起脑血管的坏死，使大脑血液循环的正常状态遭到破坏，大脑所需的营养物质便得不到充分供应。虽然吸烟会使大脑皮层暂时兴奋，这一点为吸烟者津津乐道，但这种刺激和兴奋作用多半是一种心理因素，而且短时的兴奋要付出很大的代价，随即产生的为时更长的麻痹作用，足以打乱大脑皮层的兴奋和抑制过程的动态平衡，导致植物性神经系统的紊乱。长期下去，神经系统尼古丁慢性中毒，从而产生大脑正常功能混乱，使人头昏脑胀、精神恍惚、心慌失眠、记忆力减退、注意力不集中、反应迟钝，影响学习和生活。

酒的主要成分酒精可以随血液进入大脑，和脑中的物质发生反应，影响脑的神经细胞，从而影响智力活动。科学家曾对长期饮酒对智力的影响进行过试验研究，试验对象是 35 岁以下的中青年，他们在过去的 3 年中平均每天饮用酒精 150 克。研究结果显示，其中有一半以上的人智力出现衰退，其中有四分之一的人智力衰退十分严重，出现记忆力差、学习效率低等一系列症状。而且，长期饮酒可能引发肝硬化、高血压、胃溃疡、慢性胰腺炎等疾病。短时饮酒也是有害的，酒精可以麻痹大脑神经系统，降低学习和工作效率。因此，为了保护我们的大脑，保障智力活动的效率，最好不要饮酒，特别是不要长期饮用烈性酒。在生长发育阶段，年龄越小，饮酒对大脑发育和智力发展的消极作用就越大。

前白宫主厨、食物政策专家山姆·卡斯在 TED 上发表演说，提出要想让孩子学习好，就必须让孩子有足够的营养饮食。他提到了他参与的一个为贫困儿童提供早餐的项目，这个项目为贫困家庭的儿童提供营养早餐和午餐，结果实施这些项目的毕业率提高了 20%，而数学和阅读成绩提高了 17.5%。[1]

---

① Sam Kass. Want kids to learm well? Feed them well ［EB/OL］. https：//www. ted. com/talks/ sam_ kass_ want_ to_ teach_ kids_ well_ feed_ them_ well. 2015 – 01 – 26.

四十一　两个名单引发的思考

——健康的精神寓于健康的身体

英国著名哲学家、教育家洛克在《教育漫话》的开篇曾经写道，"健康的精神寓于健康的身体之中"①，伟大的领袖毛泽东也曾经说，"体者，载知识之国而寓道德之舍也"②。由此，可见身体对于青少年发展的意义。

在人类文明史上，有许多科学家、发明家、思想家、文学家不但有过人的才华，而且有健康的身体，这二者使他们能够有比常人更长的时间从事自己的工作，为人类做出了卓越的贡献。请看部分名人的寿命：

古希腊科学家阿基米德 75 岁；

意大利物理学家、天文学家伽利略 78 岁；

英国物理学家、数学家、天文学家牛顿 75 岁；

美国电学家富兰克林 84 岁；

英国科学家、蒸汽机之父瓦特 83 岁；

德国数学家高斯 87 岁；

英国生物学家、生物进化论的创立者达尔文 73 岁；

法国微生物学家巴斯德 73 岁；

法国昆虫学家法布尔 92 岁；

美国发明家爱迪生 84 岁；

俄国物理学家巴甫洛夫 87 岁；

英国物理学家汤姆逊 83 岁；

美国科学家、相对论的创立者爱因斯坦 76 岁；

中国古代思想家孔子 72 岁；

中国古代思想家孟子 83 岁；

中国宋代思想家朱熹 70 岁；

---

① 洛克. 教育漫话 [M]. 北京：人民教育出版社，2006. 扉页.
② 毛泽东. 体育之研究 [J]. 新青年，1917，3（2）.

中国现代教育家黄炎培 87 岁；

古希腊哲学家柏拉图 80 岁；

德国哲学家康德 80 岁；

美国教育家杜威 93 岁；

俄国文学家列夫·托尔斯泰 82 岁；

英国文学家肖伯纳 94 岁；

中国宋代著名诗人陆游 85 岁；

中国隋唐时期的医学家孙思邈 101 岁……

相反，历史上也有一些才华过人的人才，或由于身体不好而壮志难酬，遗恨终生；或由于过早地离开了人间而可惜了一腔才华。请看第二个寿命较短的名人的名单：

唐代著名诗人李贺 27 岁；

三国时期东吴大都督周瑜 36 岁；

中国现代女作家肖红 31 岁；

三国时期著名政治家诸葛亮 53 岁；

中国现代文学家鲁迅 55 岁；

挪威数学家阿贝尔 27 岁；

俄国文学家别林斯基 37 岁；

俄国哲学家、文学家杜勃罗留波夫 25 岁；

俄国文学家契诃夫 44 岁；

俄国文学家果戈理 43 岁；

罗马尼亚音乐家波隆贝斯库 23 岁；

英国文学家艾米莉·勃朗特 30 岁；

英国文学家夏洛蒂·勃朗特 39 岁；

瑞典化学家舍勒 44 岁；

中国当代数学家张广厚 50 岁；

俄罗斯女数学家索菲·柯瓦列夫斯卡娅 41 岁；

英国物理学家麦克斯韦 48 岁……

这些早逝的英才，在离开人世的时候，有的正处于事业的巅峰期，有的还未达到出成就的年龄。如果他们能够像第一个名单上的那些巨人那样有较长的寿命，哪怕是能达到所处时代平均寿命水平，那么他们就会在世界文明发展史上留下更多的财富。然而，他们所走过的道路，就像杜甫在怀念诸葛亮时所写："出师未捷身先死，常使英雄泪满巾。"

　　从以上两个名单我们可以得出这样一个结论：健康是事业的基础。居里夫人认为："科学的基础是健康的身体。"① 毛泽东同志也很重视身体健康。他指出："体者，载知识之车而寓道德之舍也。"② 苏联当代著名教育家苏霍姆林斯基也指出："儿童的精神生活、世界观、智力发展、知识的巩固和对自己力量的信心，都取决于他的生命的活力和精力的充沛程度。"③ 身体健康之重要性从中可见一斑。

　　要获得健康的体魄，最主要的途径就是加强体育锻炼。但是在实际生活中，并不是人人都能认识到体育锻炼的重要性，有的人甚至把体育锻炼与文化知识学习对立起来，认为花时间去锻炼会影响学习。这种观点是站不住脚的。

　　体育锻炼能促进身体的生长发育，增强人的体质。青少年正处于身体发展的迅速时期，其骨骼、肌肉、消化系统、血液循环系统、内分泌系统和神经系统等都处于迅速发育过程。进行适当的体育锻炼，能促使各种系统的活动加快、加大，新陈代谢增强，从而提高人体各器官机能，促进身体发育成长。在生活中，我们经常看到一部分人认识到了体育锻炼对人体健康成长的意义，自觉地参加体育锻炼，使自己保持良好的身体状况，以旺盛的精力投入到学习中。但也有一些人对体育存在着错误的认识。有一些人认为自己年轻没病，吃得好，睡得着，有精力应付学习，不用锻炼。这是对体育锻炼与身体健康的关系认识不正确的表现。人体各器官的功能都遵循着"用进废退"的规律，如果有了病才来锻炼，那就来不及了。"工欲善其事，必先利其器"；"磨刀不误砍柴工"。与其得了病再锻炼，不如用锻炼增强体质，预防疾病。现在，大学录取的新生中有一半以上的人患有近视等疾病，难道就一定要为升大学而把身体搞垮吗？

　　体育能改善大脑的功能，从而能为学习和发展奠定坚实的基础。体育锻炼的动作要比日常活动的动作复杂得多。在进行体育锻炼的过程中，神经系

---

① 温喜壮．健康是人类第一财富［J］．辽宁体育科技，1996（2）：37－38．
② 田旭东．体者，载知识之本，寓道德之舍也［J］．东西南北·教育观察，2011（8）．
③ 唐晓云．健康的身体产生健全的精神——谈中学健康教育［J］．江苏教育，1987（10）．

统特别是中枢神经系统必须以迅速而准确地调节全身各器官的机能来适应体育锻炼的需要。神经系统在体育锻炼中得到了锻炼，改善了神经系统对各个器官的调节功能。大脑神经细胞的工作能力、反应灵敏性、均衡性和准确性都会因此得到提高。而且，体育锻炼可以提高心脏的机能，从而使大脑获得更多的氧气和能量，保证大脑神经细胞的物质供应，对保证大脑的正常运转，防止大脑疲劳和损伤，都具有重要意义。

体育锻炼不仅能促进学生的健康发育，增强身体素质、改善大脑的机能，并且对智育、德育、美育、劳动技术教育各方面的发展，都有积极意义。学生体质强健，精力充沛，才能为学习科学知识奠定必要的物质基础，有利于学习任务的完成。通过体育锻炼，特别是一些集体项目，有利于培养热爱集体、友爱合作、勇敢、坚毅等思想品质和道德作风。通过体育锻炼不仅可以身体健壮，而且可以具有优美的体形，动作协调，养成正确的审美观。此外，体育锻炼增强了体质，也为进行劳动技术教育提供了身体条件。可见，智育、德育、美育、劳动技术教育各方面的发展与体育锻炼不但不矛盾，而且是可以互相促进的。

还有一些人，什么道理都知道，就是不知道该如何进行体育锻炼。有的见别人练什么自己就练什么。有的只搞自己喜欢的专项训练，有的三天打鱼两天晒网，全凭心血来潮。这样做，是难达到预期目的的。那么，青少年应如何科学地进行体育锻炼呢？

第一，积极参加体育课，掌握体育锻炼的基本要领。体育锻炼也是一门学问，有自己的一套方法和技巧。通过体育课，可以系统地掌握体育运动的基础知识和基本技能、技巧，了解科学锻炼身体的原则、方法和预防伤病的各种手段，养成科学锻炼身体的习惯。

第二，选择适合自己的运动项目。人体各器官和系统的发育，因年龄和性别而有所不同。即使同一年龄组和性别的人，也存在着发育水平、健康水平和原有锻炼基础的差异。因此，在进行体育锻炼时，应根据自己的年龄、性别和个体差异，选择适合于自己的运动项目。一般说来，身体素质好的男生，可参加大部分体育项目；身体素质较弱的男生和女生，应参加运动负荷小、不太激烈的运动项目。散步和跑步灵活性强，不受场地和器材的限制，是人人皆宜的运动项目。

第三，坚持全面锻炼。人体是一个统一的有机体，人体的各个器官和系统的功能之间是相互联系、相互制约的。没有全身各个系统功能的提高，就不可能有某个系统功能的大幅度提高，身体各种素质的提高也只能在全面锻炼的基础上才能实现。专项训练虽然可以提高专项成绩，但每项运动只能重点发展身体某一方面的素质，对身体的发展有一定的局限性。单纯为早出单项成绩而片面锻炼，不仅难以求成，而且容易引起身体局部过度疲劳，甚至造成损伤。青少年正处于身体迅速发育成长的时期，坚持全面锻炼尤为重要。

第四，循序渐进地锻炼。人的体质的增强和运动能力的提高，都需要一个过程，体育锻炼的运动量也应按照人体生理机能的发展规律而由小到大循序渐进地进行。运动量过小，不能促进身体生理机能发生较大的变化，难以达到锻炼身体的效果。运动量过大，超过了生理负荷能力，也会带来不良后果。对于从不锻炼的人，突然跑百米，会拉伤肌肉。初练长跑的人，应该逐渐加大距离和加快速度才行。因此，体育锻炼应从小运动量开始，当对一定的运动量逐渐适应后，再适当增加运动量，这样，日积月累，身体素质就会不断增强，运动水平也会随之提高。

第五，养成经常锻炼的良好习惯。从心理学的角度看，掌握体育技能技巧的过程就是条件反射的形成和逐渐巩固的过程，条件反射必须经常强化才能巩固，否则，就会逐渐消退，忘掉已学过的技能和技巧。同时，人体各器官系统机能的改善，体质的增强，并不是在短时间内就能见效的，必须经过坚持不懈的体育锻炼。如果中断体育锻炼，人体各器官系统机能的有利变化，也会逐渐消退。心血来潮的锻炼，三天打鱼两天晒网的运动，都不会取得好的效果。因此，要经常锻炼，持之以恒，养成良好的习惯。

第六部分

让教育思想的光辉普照大地！

　　教育是教育者有意识地向受教育者传递文化、培养人才的活动。因此，教育是人类所特有的社会现象。有了人类，就有了教育；教育随着社会的产生而产生，并随着社会的发展而发展；当终身教育成为人们今日生活与发展的基础的时候，教育也在整个社会走向学习化社会的过程中发挥着基础性作用。有了教育就有了人们对于教育的认识；教育学是教育发展到一定阶段的产物，它来源于教育实践，是教育经验的抽象和概括，同时又反过来指导教育实践。教育学随着教育实践的发展而丰富，并随着教育改革的深入而完善。无论是中国古代的孔子、孟子、朱熹，还是西方古代的苏格拉底、柏拉图、亚里士多德、夸美纽斯，都对教育有着较为透彻的认识；而随着科学的发展，中国的陶行知、蔡元培和西方的卢梭、赫尔巴特、杜威等教育家则为建立系统的教育科学做出了贡献。

四十二　　至圣先师
——孔子的教育思想

　　孔子是我国古代伟大的思想家和教育家，是儒家学派的创始人，也是私学的创始人，被后人尊为"至圣先师"、"万世师表"。

　　孔子姓孔名丘，字仲尼，鲁国陬邑（今山东曲阜）人。他生于公元前551年，卒于公元前479年，享年73岁。孔子出生在一个没落的奴隶主贵族家庭里。其父曾经做过陬邑的地方官"邑宰"。孔子3岁时丧父。由于孔子系其父孔纥与其母颜徵在的私生子，颜氏和孔子不得入孔宅，孤儿寡母过着贫苦的生活。他生长在当时的文化中心——鲁国，自幼就受到西周传统文化的熏陶。6岁做游戏时，就喜好摆弄祭祀器物，模仿礼仪规范。15岁时，就确立了坚定不移的学习志向，学习鲁国保存的中国古代文化，从中寻求治国安民之道，逐渐形成了他的儒家思想。

孔子一生最大的志愿就是从政做大官，以实现其政治理想，但在仕途上，一生都郁郁不得志。二十六七岁时，他在鲁国做过两次小官，一次当管理仓库账目的"委吏"，另一次是当管理畜牧牛羊的"乘田"。于是，他把自己比作一个葫芦，被人家"系而不食"。在"三十而立"之年，孔子创办私学，开始了他的教育生涯，在其后的40余年从未间断。他一边以"学而不厌，诲人不倦"的精神从事教育工作，一边等待机会找一个理想的官职。他率领弟子周游列国，宣传他的政治主张，但所到的周国、齐国都没有任用他，于是又回到鲁国。从51岁开始，孔子突然官运亨通，先任鲁国的中都宰（首都市长），很快又升迁为管理生产的司空（经济部长），最后荣升大司寇（司法部长），并兼理宰相之职。几年的时间里，孔子把鲁国治理得国泰民安。这时，齐国见鲁国日趋昌盛，便施美人计腐蚀鲁国执政大夫季桓子，致使孔子因与季桓子矛盾激化而愤然辞职。孔子见自己的政治抱负在鲁国不能实现，便在55岁那年率领弟子们再次离开"父母之邦"，周游了卫、陈、曹、宋、蔡、郑、楚等十几国，历时13年。那时孔子已68岁，自知仕途无望，便返回鲁国，一方面进行教育教学活动，一方面著书立说，整理典籍。

孔子自而立之年创办私学，终身从事教育，即使在做官时也未停止过。他办学的方针是"有教无类"，即在招收学生时，不分贵贱、贫富、老少、国籍、俊丑等，来者不拒。在他的"弟子三千"中，有出身贵族家庭的，如孟懿子、南宫敬叔、司马牛等；有出身贫贱家庭的，如颜路、曾参、闵子骞、子张、仲弓等；有属于华夏族的鲁、卫、齐、陈、晋、宋等国的学生，也有属于蛮夷族的楚吴两国的学生，如公孙龙、言偃等，还有属于戎狄族的秦国的学生，如秦祖、壤驷赤等；有年龄仅小孔子六岁的颜渊的父亲颜路，也有比孔子小53岁的公孙龙；有天资聪颖的颜渊、子贡，也有天资愚钝的高柴、曾参；有仪表堂堂的子张，也有"状貌甚恶"的澹台子明。甚至与孔子有恩怨的人，只要愿拜师学习，也收为弟子，如子路原系下之野人，勇而好斗，曾当面凌辱过孔子；司马牛是司马桓魋的胞弟，司马桓魋曾经要杀孔子，但孔子不计前嫌，先后收二人为学生。

孔子在收学生时，有时自己选择，更多的是由弟子介绍入门。如鲁国国君硬派孺悲去做孔子的学生，但没有门人介绍，因此孔子便拒收孺悲，并取瑟一边弹一边唱，以示抗议。在门人引见之后，孔子要亲自面试，看其修行如何，是否可教。最后便是行"执见礼"，也就是正式拜师，学生要身穿儒服，并送十条干肉作见面礼，方可及门受教。

孔子的政治理想是建立一个"仁道"的、"天下为公"的大同世界。要实现这一理想的社会，孔子认为必须培养有贤德、有才能、能爱人的学问和品德兼优的领袖人物——君子。学生学习的目的就在于成为君子，就是为了去做官，去实现自己的政治主张。"仕而优则学，学而优则仕"是孔子的一个重要观点。他要求做官的世卿贵族在有余力的时候就应该去学习；学有所成的人则应该去做官。因为在当时，做官是读书人的愿望，若一个人读了三年书还没有做官的念头，就很难得了。

孔子主张学有所成的学生去做官，但反对学业未成、条件不具备的人去做官。有一次，子路叫子羔去做费宰（相当于县长），孔子则坚决反对，认为那样会害了他，因为子羔比孔子小30岁，当时只有20岁出头，学业未成，阅历浅，做官肯定做不好，让他去做官反而会害了他。同时，孔子也反对学生在乱世去做官。他认为，如果国家政治清明，天下就会太平，这时应该出来做官，有所建树，否则甘居贫贱而不出来为国家做出贡献，是耻辱；如果国家政治黑暗，天下必然大乱，这时出来做官，和小人同流合污以换来富贵，也是耻辱。

君子是怎样培养出来的呢？孔子删《诗》、《书》，定《礼》、《乐》，赞《周易》，修《春秋》，将教学内容整理成《诗》、《书》、《礼》、《乐》、《易》、《春秋》等六书，作为学习的教材。孔子改编的"六书"是中国第一套较完整的教科书，后荀子在《劝学》篇中尊称其为"经"，所以后世称为"六经"。由于《乐经》已亡佚，剩下就只有五经了。五经在汉代以后的2000多年的封建社会中，一直是学校教育最基本的教材。孔子的教学内容除"六书"之外，还有"六艺"，即礼、乐、射、御、书、数。"六书"与"六艺"有重合之处，但"六书"偏重于文化知识，"六艺"则偏重专门技能的训练。孔子的教学内容涉及哲学、历史、音乐、语言文学、数学、军事、体育等学科领域，包括一些实用的技艺，培养的是文韬武略之才。只是到了后来，儒家的继承人抛弃了孔子讲文习武的传统，只重袖手空谈，改变了儒家的学风，成为"迂儒"，实令孔子汗颜。

孔子是一位教学艺术大师，在教学时注重启发诱导，因材施教，特别注意根据学生的个性特点实施教学。《论语》中讲过这样一个故事。有一次，子路问孔子："听到一个很好的主张，是不是应该马上去做呢？"孔子说："家有父兄，你应该先向他们请教请教再说，哪里能马上就做呢？"后来冉有也同样问孔子："听到一个很好的主张，是不是应该马上去做呢？"孔子却答道："当然应该马上去做。"在一旁的公西华听到两位同学问同样一个问题却得到截然相反的答复，十分不解，便去问孔子。孔子回答说："子路遇事轻率，不爱动脑筋，因此我让他多听听别人的意见，别轻举妄动；而冉有则优柔寡断，遇事畏缩不前，所以要鼓励他勇于行动。"公西华听后茅塞顿开。

孔子不但善于教，而且还善于指导学生学习。孔子经常勉励学生树立远大、高尚的志向，并教育学生学贵有恒，乐知好学。他经常引用南方的一句民间格言教育学生：没有恒心的人连巫医都作不成，何况作学问呢？在孔子的三千弟子中，最聪明也是最勤奋好学的当数颜渊，而宰我则是一个懒惰的学生，经常白天睡大觉。孔子经常表扬颜渊的乐知好学，批评宰我是"朽木不可雕也，粪土之墙，不可杇也"。他还要求学生学思结合，深刻领会广博的知识，使之融会贯通；学而时习之，及时巩固所学知识，做到温故而知新；知行结合，言行一致，不能只说不做，或者满口仁义道德，做的全是伤天害理的事。

孔子在教育学生时不重言教，而重在身教，他以自己的实际行动和人格作为弟子的榜样，以达到潜移默化的目的。他要求学生好学乐知，首先要求自己"学而不厌，诲人不倦"。"三人行，必有我师焉"是孔子治学的方法，只要别人有长处，孔子就向他学习，也包括向自己的弟子学习。他要求学生见利思义而不是见利忘义，他自己首先做到"不义而富且贵，于我如浮云"。"其身正，不令而行，其身不正，虽令不从"这句至理名言，是孔子对自己的弟子今后从政所提出的要求，也是对自己教书育人提出的要求。

孔子非常热爱学生，与学生建立了和谐的师生关系。伯牛病了，孔子亲自去探望；颜渊死了，孔子悲痛万分，放声大哭。孔子反对学生作唯唯诺诺的应声虫，鼓励学生提出不同意见，用他的话来说就是"节仁，不让于师"，在真理面前师生一律平等。孔子与学生的关系是平等的、密切的，而不像后世儒者那样强调师道尊严。《史记》上曾有这样一个故事：孔子带学生游学到郑国时，与学生走散了，学生便四处寻找。这时有人告诉子贡："东门那儿有个人，脑门儿长得像尧，脖子像皋陶，肩膀像子产，但是自腰以下却不及禹三寸，累累若丧家之犬。不知那个人是不是尊师？"子贡去东门找孔子，果见孔子一个人站在东门外，并将刚才发生的事以实相告。孔子欣然笑道："那人虽然把我的模样描述得不太像，但说我如丧家之犬，真是太像了！太像了！"要是换了后世的儒者，恐怕就不会"欣然笑道"，而是要骂子贡太不为"尊者讳了。"

孔子教育学生，总是平等地对待每一个学生，对任何学生都是尽其知而教，毫无隐瞒。有个别学生怀疑孔子"隐其学"，孔子解释道："有两三个学生怀疑我隐学不教，根本没那么回事，我如果隐学而不教你们几个，那就不是我孔丘了。"据《论语·季氏》记载，孔子的学生陈元怀疑孔子隐其学而不教，便背地里考察同在孔门受业的孔子的儿子孔鲤，看他是否得到孔子的特殊指教，当陈元得知孔鲤也没有得到孔子的特殊关照时，认为孔子是这样说的，也是这样做的，对孔子佩服得五体投地。平时，孔子常和子路、冉有、樊迟发生争执，但孔子并不因此而隐其学不教他们，相反，他把他们都培养成为高材生。

孔子有弟子三千余人，为人称道且身通六艺者就有72人。孔子以自己的人品和学问赢得了学生的爱戴，师生感情深厚。公元前479年，孔子病逝，弟子以父母之丧礼葬之，都服孝3年，才大哭相决而去。子贡在服孝3年后仍不忍离去，在墓旁筑房而居，守墓6年才离开。后来，有的弟子回来了，在孔子墓旁安家居住；许多鲁国人也慕名而来，在此安家者共有百余户，人称"孔里"。孔子的衣冠琴车书，成为人们竞相收藏的珍品，借以怀念这位伟人。

孔子是我国教育史上第一个将毕生精力贡献给教育事业的人，他的许多思想如爱生忠诲、循循善诱、因材施教、教学相长、学而不厌、以身作则、学思结合等，都是我国教育思想宝库中的精华，对后世影响甚巨。汉明帝时期，孔子的图像被正式挂在全国各级学校的教室里，受全国师生的崇拜和祭祀，此种仪式一直持续到辛亥革命后才逐渐废止。唐玄宗开元二十七年，孔子被封为"文宣王"。宋大中祥符元年，孔子被封为"元圣文宣王"，四年后改封"至圣文宣王"。元大德十一年封孔子为"大成至圣文宣王"。明嘉靖九年，封孔子为"至圣先师"。清顺治二年，封孔子为"大成至圣文宣先师"，十四年改封为"至圣先师"。康熙二十三年康熙帝亲题"万世师表"四字，悬之于各地文庙之内。

四十三　回头浪子
——孟子的教育思想

孔子死后，儒家分为八派，有子张之儒、子思之儒、颜氏之儒、孟氏之儒、漆雕氏之儒、仲良氏之儒、孙氏之儒、乐正氏之儒。其中，孟氏之儒即孟子的儒家学说。孟子曾受教于子思（孔伋）门下，而子思则是孔鲤之子、孔子之嫡孙，因此，便被视为儒家唯一的正统继承人，其学说与孔子的学派被后人并称为孔孟之道，而孔孟之道又成了儒家的代名词了。

孟子名轲，字子舆，战国时鲁国邹邑（今山东省邹县）人。约生于公元前372年，卒于公元前289前，享年84岁。相传孟子是鲁国贵族孟孙氏的后代。孟孙、叔孙、季孙三氏同是鲁桓公的庶子，人称为"三桓"。孟孙的嫡系称孟孙氏，其余支人则改称孟氏。

孟子幼年时，父亲就死了，由母亲抚养长大，从小过着贫苦的生活。最初，孟子家住的地方附近有一些坟墓。孟子小的时候经常去墓间玩耍，看到人家埋葬死人，他就和一些小朋友学着人们的样子，玩起抬棺材、挖坑埋人的游戏来。孟母见了，认为这样的地方对孩子的成长不利，就搬了家。孟家搬到了城里，附近有个集市。孟子住在那里以后，又和小朋友玩起做买卖的游戏，孟母见了很不高兴，觉得这里也不是教子学习的好地方，便再次搬了家。这次他家搬到了一所学校的附近，孟子看到这里的人都很讲礼仪，便和小朋友玩讲礼仪的游戏，孟母这才满意了，就在那里长期住了下去。孟子长大一点，便被送去上学。可是，有一天，还没等到放学，他就跑了回家。这时，他母亲正在家里织布，便拿起剪刀把织的布剪断了。孟子不解，便问母亲为什么这样做。母亲正言道："你中途停学和我中途断织是一样的事。君子只有经过学习才能获得广博的知识，一生才能顺利，避免祸患。现在你还没到放学就跑回来了，将来怎么能有出息呢？好比我们家是靠我织布维持生活的，现在我把织布机上的布剪断了，吃饭和穿衣的来源也就都断了。"母亲的话使孟子幡然悔悟，从此，他便刻苦学习了。后来他受业于子思门人，治儒学之道，通五经，尤长于诗书。后人把子思、孟子之学，并称为思孟学派。

孟子对孔子尊崇备至，他一生的出处进退也与孔子十分相似。他壮年以后开始聚徒讲学，有学生数百人。他带领学生周游梁、齐、宋、滕、薛等国，宣传他的政治学说和主张。当时他已是著名的儒学大师，所到之处皆受到礼遇，在齐国还曾列为卿，受上大夫之禄，不任职而论国事。公元312年，齐宣王在出兵伐燕的问题上不听孟子的建议，孟子辞去卿位。在辞官后，孟子曾期待齐王召回他，可是，齐王并没有再召用他。于是，他便离开齐国经宋返邹，专门从事教育和著述。

孟子的教育思想是以他的"性善论"为基础的。他认为，人性生来是善的，人生而具有恻隐之心、羞恶之心、辞让之心和是非之心，这是培养君子的仁、义、礼、智的开端。他进而认为，从本性上看，圣人与每个人都是一样的，圣人只不过先把人所固有的这些"善端"加以扩充而已，如果凡人也能将先天固有的善端加以扩充并使之达到完美的境地的话，也可以成为圣人。因此，他的结论是：人皆可以为尧舜。

但是，为什么人有善也有恶呢？这是受环境影响的结果。他举例说：水向下流是水的本性，但如果用手拍水，可以使水跳过额角；激水倒流，可以使水上山。难道这是水的本性吗？不是，这是环境影响的结果。他还举例说："富岁，子弟多赖（懒）；凶岁，子弟多暴。"同是子弟，在丰年和凶年的表现不同，并非其天性不同，而是由于不同的客观环境造成的。人性本来是善的，但它在不同的环境影响下，可能保持善的本性，也可能成为恶的。因此，孟子主张用教育的手段来改变人们所受的不良影响，为人提供一个好的成长环境，使其所固有的善良本性得以扩充，发展成为仁、义、礼、智四大优良品质。这样，在上者能昌明人伦，在下的小民能相亲相爱，天下自然就可以太平了。

在教育方法上，孟子继承并发展了孔子"因材施教"的主张，十分重视人的个别差异，针对不同类型的学生采取不同的教法。他认为，学生有五类。对于修养最好、才能最高的学生，只要及时稍加点拨和引导，就会取得很大的进步，就好像草木得到及时的雨露滋润而发育成长一样；对于长于德行的学生，则要进行道德上的薰陶，使之成为德行完善的人；对于天资较高、长于才能的学生，要刻意指导，使之成为才能通达的人；对于一般的学生，则只可答其所问，进行释疑解惑就足够了；对于因时间或地点的关系而不可能及门受业的学生，则采取"闻道以善其身"的自学方式进行教育。他还认为，因材施教重在调动学生的主动性、积极性，而不能包办代替。因此，他认为教师应当像教射箭一样，只要把弓张满，摆出跃跃欲试的架式，教会学生如何射也就行了，并不一定要把箭射出去。

关于学生的学习，孟子也有不少精辟的见解。他主张学习必须主动自学，只有自己刻苦钻研，深刻体会，才能有高深的造诣，应用时才能得心应手，左右逢源。在读书的时候，一定要独立思考，不要尽信书。

孟子认为学习是一个自然发展的过程，必须按部就班、循序渐进，反对急躁或躐等。他举宋人揠苗助长的例子以说明不切实际的学习方法的害处。说宋国有人，他巴望自己田里的禾苗长得快些，天天到田边去看。可是过了一天、两天、三天，禾苗好像一点也没有长高。他感到很着急，觉得该想点办法使禾苗长得快些。一天，他终于想出了办法，就急忙跑到田里，把禾苗一棵一棵往高里拔，从中午一直忙到太阳落山，累得筋疲力尽。他回到家里，一边喘气一边对家人说："今天可把我累坏了，我帮助禾苗长高了一大截。"他的儿子不明白是怎么回事，第二天，跑到田里一看，禾苗都枯死了。孟子感慨到，天下很少有人不想方设法使禾苗长得快点，但以拔苗的方式帮助禾苗生长，不但没有好处，反而有害处。学习也是如此，不能贪多求快。学习要像有源的泉水，昼夜不停地流，把小塘流满了以后再往前流，一直流到大海，永远不会干涸；而不能像七八月间的暴雨，一时很猛，把田间的水道都灌满了，但七八月一过，水就立刻干涸了。

孟子认为，学习要专心致志。他以学习下棋为例，形象地说明了专心的重要性。奕秋是全国有名的下棋高手，有两个学生跟着奕秋学下棋。其中一个学生专心致志，另一个学生虽然也坐在那里听，心里却胡思乱想，一心以为有一只天鹅快要飞过来了，想着怎么样拉弓射箭把它射下来，其结果是，后者的学习不如前者。孟子认为，这绝不是由于他们智力上的差异，而是由于他们专心与不专心的关系。

孟子在强调循序渐进、专心致志的同时，还主张学习要持之以恒。他说，山坡上的小路只有一点点宽，经常走就变成了一条路，如果有一段时间不去走它，就会又被野草所堵塞。学习也和走路一样，如果停下来一段时间不去用心学习，那么野草也会把心灵之路堵塞，学习到的一点东西也会忘掉的。他以掘井为例说明持之以恒的重要性。如果一口井已掘好九成仍不出水，便停下来不挖，那么这口井就没有什么用处。因此学习也跟掘井一样，必须坚持到底，不能功亏一篑。

孟子是我国战国时期杰出的思想家和教育家，在长期的教育实践中总结出来的教育学说，对我国古代教育产生了重大影响。他一生中培养了许多人才，其中以万章、公孙丑、乐正子、公都子、屋庐子、孟仲子等最为著名。他与弟子共同编著的《孟子》，是我国古代学校教育教学内容《四书》、《五经》中《四书》之一，被当作教材学习达两千年之久。由于他在儒家思想和学校教育上的卓越成就，孟子被后人尊奉为"亚圣"，其地位仅次于孔子。

四十四　读书大师

——朱熹的教育思想

朱熹是我国古代哲学家和教育家，其教育思想集更深教育思想之大成，是儒家教育思想发展的高峰，也代表着我国封建社会教育思想的最高成就。出自其《读书偶得》的诗句，"半亩方塘一鉴开，天光云影共徘徊。问渠哪得清如许，为有源头活水来。"曾激励着一代又一代莘莘学子发愤学习，穷经皓首也在所不惜。

朱熹，字元晦，后改为仲晦，号晦庵，1130 年出生于福建南剑（今福建南平）尤溪县。祖辈历代为朝廷命官，其父朱松曾任吏部员外郎，因反对秦桧主持的卖国和议，愤而辞职，回尤溪以教书为业，家境日渐困窘。朱松是宋代著名理学家程灏和程颐的第三代弟子，曾中进士，因此，朱熹从小就受到良好的家庭教育。朱熹自幼聪明好学，在父亲的教育下，他五岁开始读《孝经》，十岁左右开始学"圣贤之学"，攻读《大学》、《中庸》、《论语》、《孟子》，并立志学作圣人。朱熹 14 岁时，其父朱松病逝，朱熹遵父遗嘱拜胡原仲、刘致中、刘彦冲三人为师。在胡原仲等三人的精心指导下，朱熹学业进步极快，18 岁就以优异的成绩考中举人，次年又考中进士。朱熹曾任泉州同安县主簿等官职，但皇帝昏庸，世道黑暗，他满腔的救国热情和宏伟抱负无法实现，遂对仕途淡漠，退居崇安武夷山寒泉精舍和竹林精舍，聚徒讲学，著书立说，集中精力从事教育活动和学术研究。

朱熹从 24 岁出任泉州同安县主簿到 71 岁去世这近 50 年的时间里，只有14 年从政当官，其余大部分时间专门从事私人讲学和著书立说。即使是在他从政的 14 年间，他在处理政务以外，注意提倡举办学校，并亲自制定学规和进行讲学。如他在任泉州同安主簿时，创办县学，分设"志道"、"据德"、"依仁"、"游艺"四斋，招收县民中优秀子弟入学。在知南康军时，他在庐山唐代诗人李勃隐居的地方修建了白鹿洞书院，编订《白鹿洞书院教条》，并亲自讲学授业。后来，白鹿洞书院成为四大著名书院之一，朱熹编订的《白鹿洞书院教条》也成为其他书院制定学规的榜样。在主管台州崇道观时，在武夷山建寒泉精舍，许多人慕名前来学习。在知潭州时，他修复了岳麓书院，把白鹿洞书院的经验在此加以推广，并亲自讲学，教诲诸生，岳麓书院也从此名闻天下。在担任宁宗赵扩的侍讲时，他向宁宗讲《大学》四十天。后因宁宗嫌朱熹过言，恐其干预朝廷事务而将其免职。朱熹在回福建考亭后，建竹林精舍（后更名为"沧州精舍"），继续从事讲学和著述。朱熹一生热衷于教育，他在长期的教育实践中形成的教育思想和总结的教育经验，极大地丰富了古代教育思想宝库，对后世教育的发展产生了很大的影响。

朱熹认为，教育或学习的根本目的就是明人伦。什么叫"明人伦"呢？就是要发展仁、义、礼、智、信五种德性。他认为，仁、义、礼、智、信这五种德性是人性中所固有的，要通过教育或学习使这五种德性得到发展，使人或自己成为圣贤。

朱熹认为，教育与学习做圣贤必须尽早开始。他认为孕妇的言行举止对胎儿发育有直接影响，因此他要求孕妇寝不侧，坐不边，立不跛，不食邪味，割不正不食，席不正不坐，目不视邪色，耳不听淫声。如果能做到这些，生出来的孩子则相貌端正，才智过人。在孩子出生之后，父母要为孩子创造一个良好的成长环境，一言一行都要为孩子做出榜样。

朱熹依据古代教育的经验，主张把学校教育划分为小学和大学两个阶段。儿童八岁入小学，主要教以"洒扫应对进退之节"、"爱亲敬长隆师亲友之道"以及"礼乐射御书数之习"等一系列具体的礼节、道德规范和知识，培养"圣贤坯模"。在朱熹之前，小学并没有专门的教材，因此，朱熹把古代的童蒙读物加以选择补充，加古今圣贤的嘉言善行，汇编成《小学》一书。《小学》分内外二篇，共三百八十五章，以立教、明伦、敬身、稽古为纲，以父子、君臣、夫妇、长幼、朋友、心术、威仪、衣服、饮食为目，是一本比较全面、系统的小学教材。他还编写了《童蒙须知》，内容包括衣服冠履、言语步趋、洒扫涓洁、读书写文、杂细事宜六节，详细规定了道德规范、行为细则、日常生活习惯、待人接物的礼节、读书写字的常规，是古代第一个全面的小学生日常行为规范。可见，小学教育主要是使学生形成正确观念，养成良好的学习和行为习惯。

朱熹认为，到了15岁就应进大学学习。与小学教育以学习和行为习惯的训练为主不同，大学教育的重点是使学生增长知识，懂得"事君事父兄"的道理，钻研穷理、修身、齐家、治国、平天下之道，并把学到的理论知识应用于实践。小学教育是大学教育的基础，大学教育是小学教育的深化，它们是相对独立又相互联系的两个阶段，小学阶段所学的事与大学阶段所学的理是前后一贯的，只不过侧重点不同而已。

朱熹一生读书、教书，对如何读书有深切的体会，提出过许多精辟的见解。在他辞世后不久，弟子张洪和齐熙将他的读书经验归纳为六条，称"朱子读书法"，对后世读书人极具指导意义。

第一，居敬持志。居敬持志就是要求读书必须注意力高度集中，全神贯注，并且要有远大的志向和宏伟的目标，并能以顽强的毅力努力去实现目标。这是读书致学的基本要求。他要求学生要有把"此身葬在书中"的精神，忘却尘世的一切烦恼和杂务，一心扑在书上。他认为这种精神专一的态度可以增进阅读的兴趣、记忆力与理解力。朱熹认为，读书要有远大的志向和宏伟的目标，这是读书的动力，同时还要树立一个具体目标，或根据一个特殊问题，集中注意力去书中收集和整理有关资料，每一本书读过数遍后即可将其中各方面的资料收集整理起来。

第二，循序渐进。循序，就是读书要依据书的客观顺序来阅读。两卷本的书，要先读上卷再读下卷。就一卷本的书来说，其篇章文句、首尾次第也应各自有序，读书的时候应遵守这一次序，读透前一章才能读后一章。他曾据此提出过一个读书的次序，即先读《小学》和《近思录》，再读《四书》，最后读《六经》。读《四书》也有个顺序，先读《大学》，再读《论语》，然后是《孟子》，最后是《中庸》。他认为，读书不仅要循序，而且要渐进，不能求快。他把读书比作吃饭，如果一个人一日只能吃三碗饭，就不可将十几日的饭一齐吃了；读书也一样，如果一个人一日只能读几段，就不可能将一本全读了，不能贪急求快。

第三，熟读精思。朱熹指出，有些人读过书后记不得、说不出书中的内容，对其中的观点觉得读过又觉得没读过，这都是因为读书不精不熟的缘故。他要求熟读成诵，使书中之言皆若出自我之口，一提开头便知道结尾，一提结尾就知道开头，不能翻开书就知道，掩上书就忘记了。在熟读之后，还要精思，反复寻绎文义，使其意皆若出自我之心。据朱熹的弟子黄幹说，朱熹在著《四书集注》时，常因觉得一个字、一句话不妥当而精思至三更半夜，甚至一两天的时间。因此，朱熹要求读书要有"三到"，即心到、眼到、口到。

第四，虚心涵泳。朱熹认为，读书时应虚怀若谷，静心思虑，悉心体会作者的本意，不能先入为主，穿凿附会。读书有疑问时，要反复思考，不能匆忙决定取舍，否则，只依据自家的见识去杜撰，或轻信传闻而不复稽考，即使能背诵圣贤之书，也不能把握圣贤的意思，这样读书是很难有所长进的。

第五，切己体察。所谓切己体察，就是读书要使书中的道理与自己的经验或生活结合起来。朱熹认为，切己体察首先应做到根据书中的道理来检讨自己的生活，如读到"克己复礼"时，便要检讨自己在言行上是否恪遵礼法；读到"出门如见大宾"一节时，便要检讨自己的待人接物是否达到了恭敬忠恕的要求。其次要以书中的道理去指导自己的实践。按照朱熹的观点，读书就是研究做事的道理，做事就是实践其研究所得的道理，如果读书只求理解字句的意义，而不躬行实践，身体力行，即使博闻强记，日诵五车之书，也是毫无意义的。

第六，着紧用力。朱熹提出读书要"着紧用力"，包含以下三层意思：一是在学习开始时，要动员全部精力，以勇猛奋发的精神去进行学习。他指出，学习犹如煎药，开始时要用猛火，等水开了再用文火慢慢地煎熬；学习又如推车子，在开始推动时，要用更多的体力。二是学习要抓紧时间，不能松松垮垮。他指出，学习如逆水行舟，不进则退。撑船逆行时一篙也不可放缓，须着力撑着往上走，学习也是如此。三是要有坚持到底的精神。他指出，读书要像挖井一样，不挖出水来决不罢休。

朱熹是中国封建社会教育思想的集大成者。在四十余年中的讲学著作活动中，他编著了大量书籍，并把学术研究与授徒讲学紧密结合起来，与弟子共同探讨学问，培养了一大批人才。他是我国第一位系统研究读书方法的教育家，他总结的读书法为后人留下了宝贵的财富。自南宋到清末的七百多年里，朱熹编著的《四书集注》被用作国定教材，其所著的《小学》、《近思录》、《诗集传》、《礼记经传通解》、《资治通鉴纲目》、《楚词集注》、《周易本义》等，都是广为流传的经典著作，对后世的教育理论和教育实践都产生了极其深远的影响。现代著名教育家蔡元培曾把朱熹上比孔子，其在中国教育上的地位仅次于孔子和孟子。

四十五　人民教育家
——陶行知的教育思想

"捧着一颗心来，不带半根草去"，这是中国伟大的人民教育家陶行知为新安小学教师的题词，也是他一生为了人民的教育事业和民族解放事业鞠躬尽瘁、死而后已的真实写照。

陶行知原名文濬，1891 年 10 月 18 日出生于安徽省歙县黄潭村。他自幼家境清贫，但天资聪颖，勤奋好学。6 岁入家乡蒙童馆，11 岁就读于歙县崇一学堂，两年后考入杭州广济医学堂，后因该校歧视不信教的学生，愤而退学。1910 年考入金陵大学文学科，这时他受明代著名理学家王守仁"知行合一"学说的影响，改名知行。1914 年，陶行知以总分第一名的成绩大学毕业。在金陵大学校长包文的鼓励下赴美留学。他先入伊利诺伊大学学习市政，获得文科硕士学位，后转入哥伦比亚大学研究教育，深受著名教育家杜威和孟禄的器重，获得"都市学务总监资格文凭"。

1917 年，陶行知归国，历任南京高等师范学校教授、教务主任，东南大学教育科主任、教育系主任，南京安徽公学校长等职，并曾担任《新教育》杂志主编，主张改革旧教育，提倡新教育。

从 1923 年起，陶行知放弃优越的生活条件，辞去教授职务，脱下西装革履，穿上中式衣褂，开始从事平民教育运动。他到处发表演讲，在家庭、街道、商店、工厂、机关、兵营、监狱、寺院、蒙古包等，到处组织平民读书处和平民学校。他走街串巷，和老妈子、洋车夫、小摊商、店员等贫苦百姓交谈，指导他们学习，并亲自编写《平民识字课本》。1927 年，陶行知在南京北郊晓庄创办试验乡村师范学校（后改名为晓庄学校），培养乡村小学教师。陶行知穿上草鞋，和晓庄师生一起劳动、学习和生活，探索为劳苦大众服务的新教育，提出了"生活即教育"、"社会即学校"、"教学做合一"等理论，形成了一整套生活教育理论。1930 年 4 月，国民党反动政府因惧怕晓庄学校的革命性，以"勾结叛逆，阴谋不轨"为借口，强行关闭晓庄学校，陶行知受到通缉，被迫避难日本。

1931 年春，陶行知从日本回国，隐居上海，发起"科学下嫁"运动，向人民大众介绍通俗科学知识。"九·一八"事变后，陶行知逐渐把生活教育活动和民族民主革命斗争结合起来，批判蒋介石的"攘外必先安内"的反动政策，积极从事抗日救亡活动。1933 年陶行知发表短文《行知行》，正式改名"行知"，反映了他行先知后的思想。1936 年，他和沈钧儒、邹韬奋、马相伯等组织救国会，1936 年 11 月沈钧儒、邹韬奋、史良等救国会"七君子"被国民党反动派逮捕入狱，陶行知又一次遭到通缉，当时陶行知正在国外访问，只好继续在国外从事抗日救亡斗争。1938 年 8 月，陶行知经香港回国，在重庆创办育才学校和社会大学，推动民主教育。

抗日战争胜利后，陶行知于 1946 年 4 月回到上海，立即投入反独裁、反内战、争民主、争和平的斗争，在学校、工厂、机关、广场发表演讲，为民主和平而大声疾呼。1946 年 7 月，李公朴、闻一多在昆明先后惨遭国民党特务杀害。当友人告诉他，国民党特务已经把他列入黑名单时，他毫不畏惧，大义凛然地说："我等着第三枪！"他沉着应战，抓紧工作，整理诗稿，做好随时牺牲的准备。1946 年 7 月 25 日，陶行知终因劳累过度，患脑溢血在上海逝世，时年 55 岁。

陶行知的教育思想主要体现在生活教育论。陶行知早年留学美国，师承实用主义教育家杜威，将杜威的"教育即生长、教育即生活、学校即社会、从做中学"的思想，同中国教育的实际结合起来，创立了"生活即教育、社会即学校、教学做合一"的生活教育学说。

"生活即教育"的含义是："过什么生活便是受什么教育；过好的生活，便是受好的教育；过坏的生活，便是受坏的教育；过有目的的生活，便是受有目的的教育；过糊里糊涂的生活，便是受糊里糊涂的教育；过有组织的生活，便是受有组织的教育；过有计划的生活，便是受有计划的教育；过乱七八糟的生活，便是受乱七八糟的教育。"① 可见，"生活即教育"的核心就是

---

① 山东陶行知研究会. 学习陶行知［M］. 济南：山东教育出版社，1988：152.

要求教育与实际生活相联系,如果教育是一套,生活是另一套,那么教育也就失去意义。他说:"过的是少爷生活,虽天天读劳动的书籍,不算是受着劳动教育;过的是迷信生活,虽天天听科学的演讲,不算是受着科学教育;过的是随地吐痰的生活,虽天天写卫生笔记,不算是受着卫生的教育;过的是开倒车的生活,虽天天谈革命的行动,不算是受着革命的教育。"他进而总结说:"我们要想受什么教育,便须过什么生活。"①

"社会即学校"是陶行知生活教育理论的第二个观点。他认为,时下流行的"学校即社会"、"学校社会化"的观点只是把社会里的生活搬一些到学校,这好比一个笼子里面囚着几只小鸟,养鸟者顾念鸟儿寂寞,搬一两枝树枝进笼,以便鸟儿跳得好玩,或者再捉几只生物来,给鸟儿做陪伴。小鸟是比原来舒服了,然而鸟笼毕竟还是鸟笼,绝不是鸟的世界。但是奇怪的是,养鸟者偏偏说鸟笼就是鸟的世界,而不承认鸟的真正世界是森林。因此,陶行知把杜威的"学校即社会"的主张翻了半个跟斗,提出"社会即学校"。他说,自有人类以来,社会即是学校,要把教育的范围扩大,好比要把笼子中的小鸟放到广阔的天空中去,使它能任意翱翔,把学校的一切伸张到大自然里去。因此,陶行知在晓庄师范开学典礼上,就提出了"以宇宙为学校,奉万物作宗师"的口号。他认为,学校的范围广阔无边,"青天是我们的圆顶,大地是我们的地板,太阳月亮是我们的读书灯,二十八宿是我们的围墙。"② 到了20世纪40年代以后,他仍然坚持把工厂、农村、店铺、家庭、戏台、菜馆、军营、庙宇、监牢都视为学校,甚至连坟墓也都成了课堂。这表明,按照陶行知的理想,就是要把社会与学校相等同,社会教育与学校教育相联系,实现学校与社会的一体化。

"教学做合一"是陶行知生活教育的方法论,它有一个由教学合一到教学做合一的发展过程。早在陶行知任职南京高等师范学校时,发现国内学校里先生只管教,学生只管受教,陶先生把这种方法叫作教授法,便提出"教学合一"的思想,坚持将"教授法"改为"教学法",认为"好的先生不是教书,不是教学生,乃是教学生学",是教给学生把解决问题的"方法如何找来的手续程序,安排妥当,指导他以最短的时间,经过相关的经验,发生相类

---

① 山东陶行知研究会. 学习陶行知 [M]. 济南:山东教育出版社,1988:152.

② 陶行知. 陶行知教育文选 [M]. 北京:教育科学出版社,1981:03.

的理想，自己将这个方法找出来"① 在教与学的关系上，陶行知主张教的方法要以学的方法为依据，教师的教要与学生的学相配合，学生怎么学，教师就怎样教，学得多就教得多，学得少就教得少。1927 年以后，他受张伯苓学做合一思想的启发，提出"教学做合一"的观点。他在《教学做合一》一文中说："教学做是一件事，不是三件事。我们要在做上教，在做上学。在做上教的是先生；在做上学的是学生。从先生对学生的关系来说：做便是教；从学生对先生的关系说：做便是学。先生拿做来教，乃是真教；学生拿做来学，方是真学。不在做上用功夫，教固不成为教，学也不成为学。"② 他以种稻为例，学种稻是要在田里学的，也须在田里做，那么为种稻而讲解，为种稻而读书，这读书、讲解也是做，是种稻的教学做合一。

陶行知提出生活教育理论的目的，在于改变旧教育脱离生产生活实际的弊端，在于改变几千年来教育只为少数人服务的性质，使教育普及于人间。他提出要实行小先生制，攻破先生关；实行男女教育机会均等，攻破娘子关；实行科学与知识下嫁，攻破买卖关；实行活到老，学到老，攻破衰老关；实行灵活的作息制度，攻破饭碗关；拆掉学校围墙，攻破孤鸦关；贯通各级各类教育，攻破瓜分关……要想尽各种办法，普及教育。

陶行知热爱祖国，热爱人民，毕生致力于人民教育事业，为中国民族解放和民主斗争事业鞠躬尽瘁，是半封建半殖民地的旧中国爱国知识分子由教育救国走上民族民主革命道路的一个光辉典范。他在一次演讲中曾说：有人说我陶行知是步步下降，我回国时办大学，后来办中学，现在降级使用当小学校长，教小娃了。有人看到我的许多同学、同事和我的学生，因为善于趋炎附势，个个飞黄腾达，步步高升，不是官高大亨，就是委员、部长、厅长，趾高气扬，别人也羡慕得很。但是，我要坚持为国家为老百姓服务，在任何情况下，就是让我当小学校长，我也要贡献出一切力量。而且我生活得很愉快，并相信我们一定会胜利。这段演讲准确地描述了陶行知献身人民教育事业的艰辛历程和广阔胸襟。毛泽东同志在延安各界为陶行知举行的追悼会上，称陶行知是"伟大的人民教育家"，陶行知无愧于这一光荣称号。

① 陶行知. 陶行知教育文选［M］. 北京：教育科学出版社，1981：05.
② 陶行知. 陶行知教育文选［M］. 北京：教育科学出版社，1981：98.

四十六　培养大师的大师

——蔡元培的教育思想

在中国近现代教育史上，蔡元培是一位传奇性的人物，他自幼受旧式教育，并高中进士，后来却成了旧式教育的掘墓人和新式教育的倡导者。在任北京大学校长时，他因网罗学界精英并善于扶持人才而被誉为"培养大师的大师"。

蔡元培，字鹤卿，号子民，1864 年出生于浙江绍兴，父亲早亡，全靠母亲周氏辛勤抚养。幼年，蔡元培在叔父蔡名珊的指导下学习《四书》、《五经》等儒家经典著作，打下了深厚的旧学基础。13 岁时受业于同县秀才王懋修，学习宋明理学，对朱熹等儒学大师崇敬备至。17 岁时参加童试，得中秀才。在其后的三年中，一边任私塾教师，一边博览群书，继续学习，并开始接触西方文化。21 岁中举，三年后中进士，授翰林院庶吉士，26 岁任职翰林院编修。戊戌变法失败后，他目睹满清政府的腐朽没落和改良主义的穷途末路，辞官归籍，投身于革命，成为辛亥革命前后的政治活动家之一。

1902 年，蔡元培与章太炎等人在上海发起组织中国教育会，创办爱国学社和爱国女学校，表面上办理教育，暗中鼓吹革命，致力于反清革命和为革命培养人才。1907 年，蔡元培赴德国留学，在莱比锡大学研究心理学、哲学、文学和文化史等科，一面学习，一面研究著述。1911 年辛亥革命爆发，蔡元培离开德国回国参加革命斗争。南京临时政府成立，孙中山出任临时大总统，蔡元培任中华民国第一任教育总长，对旧教育进行了一系列反封建的资产阶级民主性的改革，把中国教育推向一个新的发展阶段。后因不满袁世凯的独裁统治，辞去教育总长职务，再赴德国莱比锡大学学习。1915 年，与吴玉章等组织"留学勤工俭学会"和"华法教育会"，为以后中国学生留法勤工俭学开辟了道路。

1916 年，蔡元培受黎元洪政府教育总长范源廉电聘回国，任北京大学校长，对北京大学进行整顿和改革，使北京大学成为我国著名高等学府。1927 年，蔡元培参加了南京国民党政府，先后担任大学院院长、中央研究院院长等职。九·一八事变后，蔡元培积极主张抗日，与宋庆龄、鲁迅、杨杏佛等人组织"中国民权保障同盟"，反对蒋介石的独裁统治。1933年，在反动气氛十分浓厚的上海，蔡元培与李公朴、陶行知等人发起马克思逝世50周年纪念会，提倡研究马克思主义。抗日战争爆发后，蔡元培移居香港，并于1940年在香港病逝。

蔡元培反对旧教育，提倡新教育。他指出，旧教育以养成科名仕宦之材为目的，所以科举考什么就强制学生学什么。《三字经》、《神童诗》、《四书》、《五经》、八股文、五言八韵诗等，都成了学生的必读之书。而与科举无关的，但学生又极需学习的自然科学知识、社会科学知识则不让学生去学习。蔡元培痛斥旧教育"是教者预定一定目的，而强受教育者以就之"。这种教育，不管儿童的"性质之动静，资禀之锐钝"，都是采用一种方法，完全忽略儿童的个性，就好像"花匠编松柏为鹤鹿"，"技者教狗马以舞蹈"，"凶汉之割折幼童，而使为奇形怪状"一样。① 这种摧残儿童的身心、扼杀儿童的个性的教育，"令人不寒而栗"。因此，他主张废除旧教育，而代之以"发展个性，崇尚自然"的新教育。他认为，新教育站在儿童的立场上，了解儿童的个性，尊重儿童的个性，让儿童自由发展，不能加以任何干涉。他提倡启发式教学，反对注入式的教学方法，认为教师要让学生"自动"、"自主"、"自助"地去学习，其责任只是在学生困难时去帮助学生。为了实现这种新教育，蔡元培介绍了托尔斯泰的自由学校、杜威的实用主义教育、蒙台梭利的儿童室等，提倡研究教育科学，进行教育实验。

蔡元培认为，新教育的根本目标是养成共和国健全人格，为此必须实施全面和谐发展的教育。全面和谐发展的教育包括军国民教育、实利主义教育、公民道德教育、世界观教育和美育。军国民教育就是军事训练和体育，它不但可以强兵，以对付"强邻交逼"和军阀专制的局面，而且可以养成健全人格，因为健全的精神寓于健全的身体之中。实利主义教育就是智育，就是为振兴工业、农业、交通运输业等而实施科学和技术教育。在普通教育中，蔡元培把物理、化学、博物学、算学、历史、金工、木工等都列入实利主义教育范围。公民道德教育是全面和谐发展的教育的中心，其内容包括自由平等、博爱的教育。他指出，公民道德教育仅靠简单地背诵信条是不够的，而必须

---

① 蔡元培. 蔡元培文集 [M]. 北京：北京大学出版社，1983：48.

身体力行。世界观教育就是要使人们对于宇宙万物有一个超然的态度,能够立足于现象世界去追求超越现实的实体世界,从而实现或达到一种不受任何政治、时间、空间约束的绝对的自由意志。美育是应用美学理论于教育,以陶冶情感为目的的教育,它包括家庭美育、学校美育和社会美育三个方面。这五种教育是一个完整的有机整体,不可偏废。"军国民主义者,筋骨也,用以自卫;实利主义者,胃肠也,用以营养;公民道德者,呼吸循环机也,周贯全体;美育者,神经系也,所以传导;世界观者,心理作用也,附丽于神经系,而无迹象之可求。此五者不可偏废之理也。"① 这五种教育在教学计划中各占比例呢?蔡元培认为,"军国民主义当占百分之十,实利主义当占其四十,德育当占其二十,美育当占其二十五,而世界观则占其五。"②

蔡元培不仅在教育理论上很有建树,而且在教育实践也上取得了突出的成就。他一生中在这方面最突出的成就,莫过于对北京大学的整顿和改造。北京大学的前身是创办于 1898 年的京师大学堂。这是一所官僚习气特别浓厚的封建学府,学生多是官僚和大地主阶级的子弟,许多人把入学看作混得功名利禄的阶梯,根本无心读书;教员中也有一些不学无术之辈。学校课程陈旧,思想保守,腐朽至极。当教育部聘蔡元培去任校长时,多数朋友都劝他不要去就职,说北大太腐败,恐怕整顿不了。但当时的孙中山先生竭力主张他去就职,认为有利于向北方传播民主革命的思想。1917 年 1 月 4 日,蔡元培带着整顿腐败的北京大学的决心,正式到校任职,在北京大学推行了一系列改革措施。

蔡元培任北大校长后,第一件大事就是明确大学的性质,即要变官僚养成所为研究高深学问的机关。他在《就任北京大学校长之演说》中指出:"大学者,研究高深学问者也","大学为纯粹研究学问之机关,不可视为养成资格之所,亦不可视为贩卖知识之所。"③ 因此,他要求学生端正学习目的,"入法科者,非为做官;入商科者,非为致富",④ 而是为了研究学问。同时他号召北京大学的教师,"学者当有研究学问之兴趣,尤当养成学问家之人

---

① 蔡元培. 蔡元培文集 [M]. 北京:北京大学出版社,1983:5 – 6.
② 蔡元培. 蔡元培文集 [M]. 北京:北京大学出版社,1983:6.
③ 蔡元培. 蔡元培先生言行录 [M]. 北京:人民教育出版社,1980:260.
④ 蔡元培. 蔡元培教育文选 [M]. 北京:人民教育出版社,1980:22.

格。"① 蔡元培的这一改革措施，冲破了两千多年来封建教育读书做官的积习，使中国高等教育步入一个新的发展阶段。

为了使北京大学真正成为一所现代大学，他确立了思想自由、兼容并包的办学思想。他反对汉代以来"罢黜百家，独尊儒术"的学术专制，主张思想自由，允许各种流派并存。他说："我对于各家学说，依各国大学通例，循思想自由原则，兼容并包。无论何种学派，苟其言之成理，持之有故，尚不达自然淘汰之运命，即使彼此相反，也听他们自由发展。"② 在他的主持下，北京大学成了一座网罗众家的学府。他聘请新文化运动的主要代表人物陈独秀、李大钊、鲁迅，以及提倡新文学的胡适、钱玄同、刘半农、沈尹默等人为教授，形成革新的阵容。同时，也聘请旧学造诣颇深的黄侃、刘师培、陈介石、黄节、陈汉章等人任教。拖长辫、倡复辟的辜鸿铭因其在英国文学上的造诣也受聘于北大任教。此外还有马叙伦、陈垣、马寅初、陶孟和、李四光、王抚五等闻名海内外的专家学者，也都任教于北大。受聘于北京大学的唯一条件就是要有真才实学，而不问年龄、出身、国别、信仰、学派；对于不学无术者，一律解聘。经过整顿后，北京大学精英荟萃，盛极一时，而且面貌焕然一新。据1918年的统计，北大共有教员217人，教授平均年龄30多岁，最年轻的教授徐宝璜仅23岁。

蔡元培强调大学应成为名符其实的研究学术的机关，在处理学与术的关系上要以学为基本，以术为支干，重视"纯粹的科学"的研究。他说："学与术可分为二个名词，学为学理，术为应用。各国大学中所有科目：如工商，如法律，如医学，非但研求学理，并且讲求适用，都是术。纯粹的科学与哲学，就是学。学必借术以应用，术必以学为基本，两者并进始可。"③ 但从学与术的关系看，学为根本，术为支干。各个学校在学科设置上应有所侧重，而不必各科兼备。他将高等学校分为两种不同的类型："治学者可谓之'大学'，治术者可谓之'高等专门学校'。两者有性质之别，而不必有年限和程度之差。"④ 基于这种指导思想，他对北京大学的学科和专业进行了调整，使北大成为一所文理科综合性大学，成为研究"学理"的中心。

① 蔡元培. 蔡元培先生言行录 [M]. 北京：人民教育出版社，1980：296.
② 蔡元培. 蔡元培教育文选 [M]. 北京：人民教育出版社，1980：244.
③ 蔡元培. 蔡元培教育文选 [M]. 北京：人民教育出版社，1980：184-185.
④ 蔡元培. 蔡元培教育文选 [M]. 北京：人民教育出版社，1980：48.

蔡元培主张沟通文、理两科。他认为学科之间是相互交叉的,为学者不可专己守残,孤立地局守一门,主张学文科的要兼习理科,学理科的也不可不兼文科。文科学生若认为理科知识无用,则易流于空疏;理科学生若毫无哲学上的知识,则常识不免狭隘,难有大造就。为了沟通文、理科,拓宽学生的知识面,蔡元培在北京大学取消了文、理、法三科的界限,并立设置14个系,并以选课制、学分制代替学年制。

蔡元培曾两度留学德国莱比锡大学,十分崇拜德国大学管理体制。在蔡元培出任校长前,北京大学的一切校务都由校长等少数几个人决定,缺乏民主。蔡元培出任校长后,参照德国大学模式,以教授治校为原则,对学校的管理体制进行改革。他来北大后就设立了评议会,作为全校最高立法机构和权力机构。评议会由评议员组成,评议员主要从各科学长和教授中选举产生,校长是评议会当然主席。学校一级还设立行政会议,由各专门委员会的委员长和教务长、总务长组成,校长任会议主席。行政会议是学校的最高行政机构,负责执行评议会制定的政策。设立教务处,统一领导全校教学工作,教务长由各系教授会主席推选。各系成立教授会,负责本系教学工作,系主任从教授中推选。

蔡元培任北京大学校长10年有余,他所推行的改革使北京大学很快成为全国著名的学术中心。他的实践虽然只在北大进行,但其影响却远远超出一所学校的范围,开辟了中国高等教育发展的新纪元。

蔡元培是一位杰出的民主主义教育家,为发展中国教育文化事业做出了卓著的贡献。他的高尚人格、广博学识、创新精神、革命气概,得到世人的广泛称赞。在悼念蔡元培逝世的唁电中,毛泽东同志称誉他为"学界泰斗,人世楷模"。

四十七 宁死不屈的知识产婆

——苏格拉底的教育思想

在西方历史上,有一位思想家叫苏格拉底,就像孔子在中国被称为圣人一样,苏格拉底在西方也有圣人的美誉。苏格拉底与孔子基本上同处于一个时代,与孔子有许多相似之处。他们都是知识渊博的思想家,为西方和东方文化的发展奠定了基础，但他们自己都未留著作，他们的思想都是由其弟子记录下来的。苏格拉底的思想主要由其弟子色诺芬《回忆苏格拉底》和柏拉图《游叙弗伦》、《苏格拉底的申辩》、《克力同篇》记录，孔子的思想主要反映在其弟子整理的《论语》之中。苏格拉底和孔子又都从事教育事业，基本上都本着"有教无类"的原则培养人才，是西方和东方教育史上最早的教师。孔子及其儒家学派的继承人孟轲的所谓孔孟之道奠定了中国几千年文明的思想基础，苏格拉底、柏拉图、亚里士多德师徒三代则为西方思想的发展奠定了基础。

为真理而献身

苏格拉底生于公元前 469 年的雅典，父亲是雕刻匠，母亲是个助产婆。年轻时他曾跟着父亲学雕刻，不久便放弃了，因为他非常喜欢哲学。他远走他乡听著名哲学家的讲学，阅读当时能够找得到的所有哲学著作，很快便成为远近闻名的饱学之士，自己身边也有许多追随者听他讲学。公元前 431 年，古希腊爆发了伯罗奔尼撒战争，苏格拉底应征入伍。在战场上，他英勇顽强，多次拯救过战友的生命。在色雷斯的波提代亚的一次战斗中，他看见战友阿尔其比亚德受了伤，便杀开一条血路，把战友从敌人的重围中救出。在波奥底亚的一次战斗中，他的学生色诺芬受伤倒在地上，生命危机，他背着色诺芬机智地躲过了敌军的追击。

伯罗奔尼撒战争结束后，雅典的寡头党人依靠斯巴达的支持夺取了政权，成立了"三十僭主政府"，三十僭主的领袖克里亚底就是苏格拉底的学生。对于三十僭主政府的暴政，苏格拉底是反对的。有一次，三十僭主曾召他和另外四人，派他们去萨冷密斯，逮捕反对派领袖赖翁，将其处以死刑。苏格拉底不愿作政府的帮凶，出了门就溜走了。若不是三十僭主政府随即倒了台，苏格拉底就可能被以抗旨不遵而被送上断头台了。

苏格拉底对三十僭主政府不满，对随后成立的民主制政府也持怀疑态度。当时在雅典，公民大会是国家的最高权力机关，每一个年满 20 岁的公民，不论其贫富，不论其资格，均可参加大会，发表意见，提出法案，享有直接选举权。苏格拉底认为这样的民主制是行不通的，因为一般人并没有治理国家的智慧和才能，在公民大会上大家往往凭感情冲动而行动，很难作出正确的决策。治理国家，只有依靠少数优秀人物，因此，他赋予自己的使命就是研究如何培养有才能的优秀人物，以及有才能的优秀人物如何管理国家。

为了实现自己的理想，苏格拉底广收门徒，老人、小孩、青年人、有钱人、穷人、农民、手艺人，都可以向他请教，来者不拒，而且从来不收学费。他的教学也没有固定的地点，体育馆、广场、街上、商店、作坊，任何地方都可以成为他的教育场所。正在苏格拉底为培养人才而奔忙时，有人告发他不信雅典的神和蛊惑青年，经过500人陪审团的表决，以360票对140票的多数票判处他死刑。在被判死刑以后，他一方面不服法庭的判决，另一方面又不愿意逃走，表示服从法庭的判决。他的学生、朋友都劝他逃走，他以公民应忠于国家为理由拒绝逃走。他说，如果法庭的判决不能生效，国家就不可能存在。公民是国家所生、所养，受国家的教育，理应事事听从国家。儿子只能以德报答父母，不能以怨报答父母，不管父母怎样对待自己，不能以拷打还拷打，以恶言还恶言。一个人被判死刑，不服刑，用逃跑的方法来毁坏、颠覆国家和法律，是不能允许的。苏格拉底坚持自己的信仰，陪审团又不听他的申辩，一代哲人就这样在一种莫须有的罪名下被处死了。苏格拉底死后不久，雅典人便认识到他们犯下的错误，把控告他的一部分人处以死刑。

知识即美德

苏格拉底认为，有的人生来聪明些，有的人生来鲁钝些；有的人生来大胆，有的人则禀性怯懦。但不论天赋好的还是天赋坏的，都必须受到适当的教育，才能成为一个有德性的人、一个有用的人。针对有些人自恃禀赋好而轻视学习的现象，苏格拉底指出：那些烈性而桀骜不驯的良种马，如果在小的时候加以驯服，就会成为千里马；如果不加以驯服，则始终是难以驾驭的驽马而已。同样，禀赋最优秀、精力最旺盛的最可能有所成就的人，如果经过良好的教育，就能成为最优良、最有用的人；但如果不受教育而不学无术的话，那么他们就会成为最不好、最有害的人。

怎样才能成为一个有用的人呢？苏格拉底认为首先就要具有知识。传统的美德包括智慧、正义、勇敢、节制四个方面。所谓智慧就是指辨别是非、真假、善恶的能力；所谓正义，就是正确处理人与人之间的关系，处理人与我之间的关系；所谓勇敢就是能用理性来对待任何危险，谨慎而无所畏惧；所谓节制就是能克制欲望，严于律己。然而这一切都离不开理性，也就是说离不开知识，知识是诸美德中共同的东西，任何一种德行都离不开知识，可以说知识就是美德。从这一观点出发，苏格拉底认为无知就是罪恶。因为人之为善为恶并不决定于本性，而是决定于知识。人都有所追求，其所追求的东西都是自以为善的东西，而决没有人追求恶，因为善就是有益就是福，恶就是无益就是祸，天下断不会有人去故意追求祸。然而有的人追求善而能得到善，而有的人追求善却反而得到恶，根本原因就在于知识之不足，自以为善，其实是恶。所以关键是要掌握真知识，能够识别善恶。

苏格拉底认为，一个有用的人不但要有知识和美德，而且还要有强健的身体，健康的身体是工作和事业的保障。身体健康与否，关键在于锻炼，即使是天生体质脆弱的人，只要坚持锻炼，也能强健起来。苏格拉底自己就坚持锻炼，身体健壮无比，无论春夏秋冬，总是赤着脚，纵然是冰天雪地，他也能赤脚在冰上行走。在行军作战中，他也比其他人更能忍受饥饿和各种恶劣的环境。

知识的产婆

苏格拉底在教学中并不直接向学生传授各种具体知识，而是通过问答交谈或争辩的方法来宣传自己的观点。他先向学生提出问题，即使学生回答错了，也不直接指出错在什么地方和为什么错了，而只是提出一些暗示性的补充问题，迫使对方不得不承认自己思想的混乱和错误。这样交相争辩，最后迫使对方承认无知，并从苏格拉底的引导和暗示中，得出苏格拉底认为是正确的答案。

色诺芬在《回忆苏格拉底》一书中记录了苏格拉底与青年尤苏戴莫斯有关正义的谈话，我们可以把这个谈话作为苏格拉底教学方法的一个较为典型的例子。尤苏戴莫斯想当一名政治家，于是苏格拉底便向尤苏戴莫斯提出了有关正义的问题。苏格拉底问尤苏戴莫斯能否举出什么是正义的作为和什么是非正义的作为。尤苏戴莫斯回答说"能够"。苏格拉底建议他把正义的作为归入一边，非正义的作为归入另一边，并问道：

"虚伪是人们中间常有的事，是不是？"苏格拉底问。

"当然是。"尤苏戴莫斯回答。

"那么，我们把它放在两边的哪一边呢？"苏格拉底问。

"显然应该放在非正义的一边。"

"人们彼此之间也有欺骗，是不是？"苏格拉底问。

“肯定有。”尤苏戴莫斯回答。

“这应该放在两边的哪一边呢？”

“当然是非正义的一边。”

“是不是也有做坏事的？”

“也有。”尤苏戴莫斯回答。

“那么，奴役人怎么样呢？”

“也有。”

“尤苏戴莫斯，这些事都不能放在正义的一边了？”

“如果把它们放在正义的一边，那可就是怪事了。”

“如果一个被推选当将领的人奴役一个非正义的敌国人民，我们是不是也能说他是非正义呢？”

“当然不能。”

“那么，我们得说他的行为是正义的了？”

“当然。”

“如果他在作战期间欺骗敌人，怎么样呢？”

“这也是正义的。”尤苏戴莫斯回答。

“如果他偷窃、抢劫他们的财物，他所做的不也是正义的吗？”

“当然是。不过，一起头，我还以为你所问的都是关于我们的朋友哩。”尤苏戴莫斯回答。

“那么，所有我们放在非正义一边的事，也都可以放在正义的一边了？”苏格拉底问。

“好像是这样。”

“既然我们已经这样放了，我们就应该再给它划个界线：这一类的事，做在敌人身上是正义的，但做在朋友身上，却是非正义的，对待朋友必须绝对忠诚坦白，你同意吗？”苏格拉底问。

“完全同意。”尤苏戴莫斯回答。

苏格拉底接下去又问道：“如果一个将领看到他的军队士气消沉，就欺骗他们说，援军就要来了，因此，就制止了士气的消沉，我们应该把这种欺骗放在两边的哪一边呢？”

“我看应该放在正义的一边。”尤苏戴莫斯回答。

“又如儿子需要服药，却不肯服，父亲就骗他，把药当饭给他吃，而由于用了欺骗的方法竟使儿子恢复了健康，这种欺骗的行为又应该放在哪一边呢？”

“我看也应该放在同一边。”尤苏戴莫斯回答。

“又如，一个人因为朋友意志沮丧，怕他自杀，把他的剑或其他这一类的东西偷去或拿去，这种行为应该放在哪一边呢？”

“当然也应该放同一边。”尤苏戴莫斯回答。

苏格拉底又问道：“你是说，就连对于朋友也不是在无论什么情况下都应该坦率行事的？”

“的确不是。”尤苏戴莫斯回答，“如果你准许的话，我宁愿收回我已经说过的话。”①

苏格拉底把他的方法称为“产婆术”。在他看来，真理存在于每一个人的心灵中，但并不是每一个人都能在自己身上发现真理。智慧的导师就是要像助产婆把胎儿从母亲的肚子里催生出来一样，帮助人们去发现存在于自己内心的真理，起到一个知识产婆的作用。

四十八　圣人之师

——柏拉图的教育思想

在西方教育史上，古希腊思想家、教育家柏拉图是第一个全面、系统地论述教育问题的教育家，他发展了苏格拉底的思想，培养出了像亚里士多德这样的“西方圣人”，有“圣人之师”之美称。

柏拉图公元前427年出生于雅典一个奴隶主贵族家庭里，母亲是雅典立法者梭伦的后裔，父系则可上溯到雅典的最后一个君主考德拉斯。柏拉图的父母给他请了当时最好的教师奥尼悉亚斯、亚里斯敦和葛老孔。奥尼悉亚斯教柏拉图文法、修辞和写作，亚里斯敦教柏拉图体育，葛老孔教柏拉图音乐和美术。实际上，柏拉图原名阿里克托利斯，意思是“最后而最有名”。后来，亚里斯敦看到柏拉图身材高大、体格健壮、前额宽大，就给他起了个绰号“柏拉图”，意

---

① 色诺芬. 回忆苏格拉底［M］. 北京：商务印书馆，1984：145 – 147.

思是"大块头"。柏拉图非常喜欢这个名字，以后就一直用这个名字。柏拉图在三位启蒙老师的教诲下，掌握了丰富的知识，成为一个学识渊博的人。

柏拉图20岁那年，他的父亲送他去跟苏格拉底学习。据传说，在他被引见给苏格拉底的头一天夜里，苏格拉底梦见一只天鹅落到了他的膝上，霎时间羽翼丰满，腾空飞去。当柏拉图一投到苏格拉底门下，就被老师的哲学思想深深地吸引住了。他放弃了原来对文学、诗歌的爱好，专心致志地学习哲学。公元前399年，苏格拉底被雅典民主派以"信奉新神"、"蛊惑青年"等罪名处死。为了避免受牵连，柏拉图和苏格拉底的其他学生逃到麦加拉避难，后又游历埃及、小亚细亚、意大利，学习埃及的哲学、数学、力学、音乐、天文学等方面的知识和办教育的经验，研究毕达哥拉斯的学说。

公元前387年，由于好友第昂的关系，柏拉图应邀访问西西里岛的叙拉古。叙拉古的君主狄俄尼索一世是个庸俗之辈，非但听不进柏拉图的治国建议，反而把他送到伊基那岛卖为奴隶，幸被一位有钱的名叫阿尼刻里的朋友碰上，将他赎出，柏拉图才得以回到雅典。

经过十几年的游历和考察，柏拉图意识到要改革雅典的政治体制，振兴希腊，必须培养一批既通自然科学和哲学，又懂得治理国家的政治家。于是，回到雅典后，他便创办了一所学校。学校地址原是用来纪念希腊英雄阿加德米的一座花园和运动场，因此，柏拉图就以英雄的名字来命名这所学校，称阿加德米。柏拉图创建的这所学校，史称柏拉图学园。他在以后的40年里，除了两次去西西里外，其余的时间都是在这里度过的。柏拉图在这里既聚徒讲学，又从事研究和著述。他所创办的学校就很快成了希腊的自然科学和哲学研究中心，培养了一大批很有造诣的学生，如亚里士多德、泰阿泰德等。这所学校长盛不衰，直到公元529年东罗马帝国皇帝查士丁尼下令关闭它，共存在900余年。

柏拉图一生以学术和学生为伴，终身未娶。在一次参加朋友的宴会中，安然与世长辞，享年80岁。

柏拉图的教育思想主要体现在的《理想国》中。《理想国》是一部讨论政治和教育的著作，也是欧洲历史上第一部空想社会主义著作。柏拉图认为，在一个理想的国家中，存在着神用不同的材料制造出来的三种人：哲学家（统治者）、军人（保卫者）和劳动者（农民、手工业者）。哲学家是国家的最高统治者，是神用金子造成的，具有最高的美德"智慧"，灵魂中理性部分最强；军人是社会秩序的维护者和国土的保卫者，是神用银子造成的，具有"勇敢"的美德，意志在灵魂中占主导地位；劳动者包括手工业者和农民，是神用铜、铁造成的，具有"节制"的美德，情感在灵魂中最强。至于奴隶，则是会说话的工具，不属于上述三等中的一等。他们靠智慧、勇敢、节制协调三者的关系，同时，每一个等级又都要遵守"正义"的美德。只要大家都遵守正义的美德，同时又各自恪守自己的职责，理想国就能实现。

在柏拉图看来，一个人属于哪一种人，主要是由遗传决定的，父母是哪一种人，子女就是哪一种人。但也不是绝对的，有时不免金父生银子，银父生金子，或金父、银父生出具有废铜烂铁杂质的儿子。生于第一、第二等级的人若不堪造就，则可能降至第三等级；生于第三等级的人也有可能培养成第一、第二等级的人。怎样才能使具有不同质地的人各就各位呢？最好的办法就是通过教育来筛选，因此，柏拉图认为教育是立国之本，并把国家办各级教育作为国策。

柏拉图认为，所有自由民（即上述三个等级）的子女都是国家的儿童。儿童从出生到3岁，由经过挑选的女仆照顾，而他们的教育工作则由国家最优秀的公民来担任。3－6岁的儿童都要送到附设在神庙的儿童游戏场，接受早期幼儿教育。在儿童游戏场里，由专门的经过挑选的教师给他们讲故事，组织他们听音乐，教他们唱歌，做游戏。柏拉图认为，早年接受的见解总是根深蒂固、不容易改变的，所以儿童最初听到的应该是最优美、最高尚的故事，使他们从小就知道敬神、敬父母，并且互相友爱。

按照柏拉图的意见，男孩和女孩从7岁开始应分开生活，分别接受教育。6－13岁的儿童分别进入文法学校和弦琴学校接受读、写、算和音乐教育，主要目的是掌握最基本的知识，陶冶灵魂。为了使儿童养成良好的行为习惯，柏拉图主张采取愉快和痛苦的方法，儿童做对了就予以奖励和表扬，做错了就要惩罚。

儿童到了14岁左右，进入体操学校，接受3年的体育训练。柏拉图认为体育与音乐教育应该和谐发展，忽视了音乐教育，年轻人就会变得野蛮与残暴；忽视了体育，就会变得软弱与柔顺。体育的内容主要是体操、骑马、射箭、标枪、掷弹等项目，目的是要把年轻人锻炼得"像终夜不眠的警犬，视觉和听觉都要极端敏锐；在战斗的生活中，各种饮用水各种食物都能下咽；烈日骄阳急风暴雨都能处之若泰。"[①] 到此为止，金、银和铜、铁质的人已经

---

① 柏拉图．理想国［M］．上海：商务印务馆，1986：112.

表现出不同的成绩。经过筛选，金质和银质的人继续接受教育，铜、铁质人的教育到此结束。

　　孩子们到了 17 岁，就要进入高一级学校青年军事训练团接受进一步的教育，学习算术、天文学和音乐。柏拉图认为这些科目是培养一名合格的军人所必需的。算术对于调兵列阵、计算船只的数目等都是非常有用的；几何对于营建兵营、测量作战阵地、编队布阵，也是必不可少的；天文学对于航海、行军作战、观测天象都十分必要；音乐在平时可以陶冶军人的情操，作战时可以直接鼓舞士气，有助于取得战争的胜利。通过上述内容的学习和训练，年轻人已经变得非常灵敏、机智、坚定、勇敢，成了合格的军人了。

　　青年到了 20 岁，要通过一次选拔考试，少数具有非凡抽象思维能力和智慧的含金质的优秀青年将脱颖而出，继续学习；其他人则要投入军营，当一名军人。少数优秀青年要再接受 10 年的教育，学习研究高深的科学理论。这个时期他们学习的主要科目仍是算术、几何、天文、音乐。与前一时期不同的是，他们学习这种科目不是为了实用而是为了使心灵更加纯洁、明亮，更能逐步接近真理，使人的心灵逐渐从感性世界转向精神世界。

　　到 30 岁以后，大部分青年就可以担任国家高级官吏了，只有极少数人经过进一步的挑选继续学习，再学五年的哲学，然后他们就能胜任做国家的重要官吏了，他们要担任军事指挥以及其他各级行政职务。个别人经过 15 年的实践锻炼，大约到了 50 岁，已经具备了非凡的品质。他热爱知识，热爱真理，目光锐利，思维敏捷，胸襟广阔，勇敢坚毅，公正无私，光明磊落，也就是说具备了所有的优秀品质。这时，他就可以成为国家的最高统治者——哲学王了。这是柏拉图教育的理想境界。

　　柏拉图是古代西方最伟大的教育家，在学前教育、教育的阶段划分、身心的和谐发展、女子教育等方面都提出了许多宝贵的见解。柏拉图的思想不但对古希腊产生了巨大的影响，而且对整个西方都产生了巨大的影响，成为西方文明的主要奠基者之一。他的最有才华的学生亚里士多德在悼念柏拉图时曾这样评价老师：柏拉图的崇高伟大，人们甚至连想颂扬他也是困难的，他一生的道德、文章都已达到最高境界，又是一个仁慈和幸福的人，现在再也没有一个人能够达到他这样高的成就了。

四十九　战火中诞生的巨人

——夸美纽斯的教育思想

　　捷克教育家扬·阿姆司·夸美纽斯是教育史上里程碑式的人物，他在人类历史上写下了第一部系统的专门的教育理论著作。他在纷飞的战火中，给欧洲封建教育画上了句号，同时宣布了资本主义教育的开始。

　　1592 年，夸美纽斯出生于捷克的尼夫尼兹城的一个"捷克兄弟会"会员的家庭，父亲是一位磨坊主。当时，捷克被德意志神圣罗马帝国侵占，捷克新教教徒成立了"捷克兄弟会"，反抗异族统治，同时反抗封建剥削和天主教会的控制。兄弟会会员多为贫苦农民和城市的手工业者、小商人，他们实行互助共济的生活准则，非常重视开办学校，对会员子弟实施普及的初等教育。夸美纽斯 12 岁时成为孤儿，过了 4 年的悲惨生活后，由兄弟会资助进入拉丁学校读书。因成绩优异，校长决定把他培养成牧师，便送他到德国海德堡大学学习神学。在大学期间，夸美纽斯阅读了古代思想家柏拉图、亚里士多德、西塞罗、辛尼加等人的著作，接受了德国教育家拉特克的教育思想和英国思想家培根的哲学思想。1614 年，夸美纽斯回国，担任兄弟会的牧师，并主持兄弟会学校的工作。从此，夸美纽斯尽心竭力地从事教育活动，为争取民族独立而忘我工作。

　　1618 年，捷克人民举行了反对德意志天主教贵族统治的武装起义，以这次起义为导火线，爆发了持续 30 年的战争。1620 年，捷克战败，德国天主教会和封建贵族对捷克人民和新教教徒进行了残酷的镇压和掠夺。夸美纽斯被迫离开他经营多年的学校，到处流浪，他的妻子和两个孩子都死于瘟疫，他的全部藏书和手稿也在战火中丧失殆尽。在这种极端困难的条件下，夸美纽斯仍埋头研究、著述，写成了揭露封建贵族罪恶和天主教会黑暗的社会政治性文学著作——《世界的迷宫和心灵的天堂》。

　　1627 年，德国皇帝下令，以天主教为唯一合法宗教，禁绝一切异己势力，宣称宁可统治沙漠，也不愿统治异教徒。捷克兄弟会为了坚持新教的信仰，于 1628 年 2 月离开祖国，避难于波兰的黎撒。夸美纽斯在离开国境时，深情地双膝跪下，泪洒祖国大地，从此终身流亡国外。在波兰，他担任兄弟会创办的文科中学的校长，并兼任物理教师。在担任校长的 14 年间，他完成了《语言入门》、《大教学论》和《母育学校》等主要教育著作。

从 1641 年起，夸美纽斯应邀先后到英国、瑞典、匈牙利等国从事教育研究和教育改革。1654 年，夸美纽斯再返黎撒，但后来由于波兰与瑞典发生战争，黎撒毁于战火，夸美纽斯的住宅被焚，全部书稿都被烧毁，捷克兄弟会也失去了避难所。这时，荷兰的阿姆斯特丹愿意援助捷克流亡者，夸美纽斯便和兄弟会流亡者一道去荷兰避难，并在荷兰出版了自己的教育著作全集。1670 年，夸美纽斯在荷兰与世长辞，享年 78 岁。

夸美纽斯终身从事教育工作，对教育的社会作用给予高度评价。他希望通过教育改变社会道德普遍堕落的现象，从而减少黑暗与倾轧，得到光明与和平。他认为，对于个人来讲，教育更为重要，因为人生来便具有"学问"、"道德"和"信仰"的种子，但是它们能否得到充分的发展，完全取决于人所受的教育，教育将直接关系到生活的富足与幸福。他批评封建国家只让一部分人受教育而剥夺了大多数人的受教育机会，主张把一切知识教给一切人，实施普及的初等教育。

夸美纽斯认为，在自然界中存在着一种起作用的普遍法则，人是自然的一个组成部分，也应遵循这一普遍法则。他说，鸟类总是在气候温暖适宜的春天而不是寒冬或炎夏孵化小鸟，园丁和建筑师也选择适宜的春季进行种植和建造房屋，因此教育儿童也从人类的春天——幼儿时期开始，而在一天之中，又是早晨最适于学习。教育不但要遵循自然的法规，而且要遵循人的自然本性，即儿童的天性、年龄特征，因为人的身体、智慧、德行、信仰的发展都有一定的次第和规律，因此，教育也要遵循这个次第和规律。

夸美纽斯依据儿童的年龄特征，把人从出生到成年接受教育的过程分为 4 个时期，每个时期 6 年，各由相应的学校进行教育。从出生到 6 岁是幼儿期，在母育学校接受家庭教育。夸美纽斯强调早期教育，认为每一个家庭都是一所母育学校，这种学校的主要教师是母亲，主要任务是关注和促进儿童的身体健康，发展感觉器官，培养他们分辨外界事物的能力，进行知、行、言的初步教育。6－12 岁是儿童期，由设在每个村落的国语学校进行初等教育。国语学校是公立学校，对一切男女儿童开放，运用国语教学，为学生提供基础教育，保证学生具备读、写、算、测量的能力和广泛的各科基础知识，打好将来从事任何一种职业的基础。12 – 18 岁为少年期，由设在每个城市的拉丁语学校实施中等教育，中等学校的课程要符合时代潮流，突破传统的"七艺"（文法、修辞、辩证法、算术、几何、音乐、天文），增设具有实用价值的新课程。18 – 24 岁为青年期，通过设于省城或王国的大学接受高等教育。在大学中，应包括专门培养师资的学校。夸美纽斯在人类历史上首次提出了前后衔接的学校体系，从学校的设置上打破了封建教育的等级限制，对后来资本主义学校制度的形成产生了积极的影响。

为了使学生在身体、智慧、德行、信仰等方面得到和谐的发展，夸美纽斯为各级学校的学生设计了相当广泛的教学内容，要求用学生能够接受的方式传授百科全书式的知识。他还专门编写了供小学生和中学生学习的教科书《世界图解》和《语言入门》，以实现他的理想。

夸美纽斯对传统学校的教学方法十分不满，认为传统学校过分强调灌输，把许多无用的东西塞满学生的头脑，把一年里就可以学完的东西徒然拖长为 5 年、10 年甚至更长。他认为，这种强迫儿童长时间过量地学习，无异于一种酷刑，教师很辛苦，学生很厌烦，教学完全变成了空洞的鹦鹉学舌。因此，他主张遵循自然的法则，创立一种能"把容易、彻底和迅捷合在一起的"教学方法，使教学变得既愉快而又有效。夸美纽斯认为，教学首先应从观察实际事物开始，在不能观察实际事物的时候，应利用图片或模型代替实物，以使学生获得直观的印象。在教学内容上，在教材的安排上，在教学时间的安排上，都要遵循自然的规律，循序渐进。学习过的知识要多做练习，并经常复习，巩固所学的知识。

针对当时学校组织十分松散，学生入学或离校停学的时间没有统一规定的普遍现象，夸美纽斯认为学校工作要实行学年制。他要求学校在每年的同一时间开学，同一时间放假，每年招生一次，秋季入学。学校工作按年、月、周、日有计划地安排。学生每周上课五天半，星期六下午和星期天休息。学生每天上课 4 – 6 个小时，每个学时之间都要安排一定的休息时间。每一年级的学生都有在一定时间里应达到的学习标准，在学年终了时要举行考试，通过考试者同时升级，否则再留级学习一年。

夸美纽斯时代的学校都实行个别教学，学生的进度不一样，而且教学效率很低。因此，夸美纽斯提出了班级授课制，即把学生按年龄和学业程度划分为班级，由一位教师面向班级共同授课。这样，就由原来教师面对个别人进行教学，发展成为教师同时教几十个、几百个学生，效率高，进度统一，学生之间还可以相互观摩、讨论。他还把一个班级分成多个小组，由教师委派优秀学生做组长，协助教师管理小组，考查学业。从此，班级授课制逐渐取代了个别教学，成为学校的主要教学组织形式，使后来学校教育规模的扩大成为可能。

夸美纽斯是一位伟大的资产阶级民主主义教育理论家和教育改革家。他提出的普及教育、建立统一学制、实行班级授课制和学年制的理论，都被后世广泛采用，对近代甚至现代的学校教育工作都产生了直接的影响，他无愧于"捷克文化巨子"的光荣称号。

五十　教育史上的"哥白尼"

——卢梭的教育思想

16世纪，波兰天文学家哥白尼出版了他那划时代的著作《天体运行论》，以"日心说"取代了误导人们思想1500年的"地心说"。罗马天主教廷因其否定《圣经》中的"地心说"而宣布"日心说"为大逆不道的异端邪说，宣判《天体运行论》为禁书，把它一本一本地抛进火堆，并对哥白尼进行种种迫害。两个世纪后法国教育家让－雅克·卢梭出版了里程碑式的著作《爱弥尔》，对封建旧教育进行了批判，提倡自然教育，激怒了天主教会和法国当局，反动当局立即宣布卢梭的学说为大逆不道的异端邪说，宣判《爱弥尔》为禁书，对其进行查抄并焚毁，同时，对卢梭进行种种迫害，迫使卢梭避难异乡，卢梭因此被称为教育上的"哥白尼"。

卢梭1712年出生于瑞士日内瓦，出生后没几天母亲就去世了。人们认为生下来就昏迷不醒的卢梭也活不了几天，但他却奇迹般地活了下来。卢梭的父亲是个思想先进且感情丰富的爱国主义者，以修造钟表为业，卢梭从小便从他那里习染到浪漫的性格，养成读书的爱好，喜欢阅读小说和历史书，有时甚至通宵不眠。卢梭十岁那年，他那不畏豪强的父亲和一位专横拔扈的军官发生冲突，被逼逃离日内瓦，从此，卢梭便失去家庭的温暖，成了无依无靠的孤儿。他在舅舅家寄住两年，舅舅送他到一所学校学习拉丁文，同时也学习绘画、数学等。这便是他最初的也是唯一受到的正规教育。13 岁时，卢梭被送到一个钟表镂刻师那里当学徒，不料却受到匠师的暴虐，便弃业出走，流浪于法国各地。据文献记载，此时的卢梭经常偷鸡摸狗，而且喜欢恶作剧。有一次，几名妇女正在池塘边洗衣服，卢梭在他们面前突然脱下裤子，露出屁股让她们看。有的妇女大笑，有的妇女大声喊叫，其中一个妇女的男人拿着刀追向卢梭。当被追上时，卢梭谎称自己是贵族出身的外国人，因为精神错乱而逃出，请求那人饶恕。

　　1728 年，卢梭在一贫如洗、山穷水尽之际，结识了华伦夫人。在以后的 10 年间，卢梭寄宿在华伦夫人家，无时无刻不读书求知。他聪明过人，又苦心钻研思考，学识大增。后来，他做过空想社会主义者马布里家的家庭教师、蒙旦的秘书，对官场的腐败痛恨至极。1745 年，卢梭来到巴黎，结识了法国启蒙家狄德罗，并成为挚友，接着又认识了百科全书派的霍尔巴赫、达朗贝等人。此后，卢梭逐渐成为法国资产阶级革命启蒙运动的主要人物。

　　1762 年，卢梭出版了《社会契约论》和《爱弥尔》，在政治、教育和宗教范围内向封建统治者提出了挑战。在《爱弥尔》中，卢梭不但提出了"自然教育"理论，而且毫不留情地抨击了天主教会和封建政权。《爱弥尔》的问世在全国乃至欧洲都激起强烈的反响，举国上下都以极高的热情期待着阅读这部著作，以至于该书在出版后供不应求，许多人不得不到书摊上高价租书。德国大名鼎鼎的哲学家康德，竟因阅读《爱弥尔》而打破了他那行之多年、严格遵守的生活规律，三天三夜没有出家门，《爱弥尔》影响之大可见一斑。不幸的是，在《爱弥尔》问世后，在天主教会的煽动下，卢梭被反动当局列为离经叛道的罪人，不但著作遭到焚毁，巴黎高等法院宣布《爱弥尔》为禁书，而且国会还通过惩处著作者的议案，卢梭不得不逃亡瑞士。卢梭浪迹天涯，受尽了艰辛，但始终不向反动势力屈服。1770 年，卢梭获赦而重返巴黎，以著书、谱曲为业，不久便与世长辞了。

　　《爱弥尔》是卢梭用小说体写成的教育著作，小说的主人公名叫爱弥尔。爱弥尔出身于巴黎的一个名门之家，但出生之后便成了孤儿，便由老师卢梭来抚养和教育。卢梭给活泼健壮的爱弥尔找了个乳母，这位乳母刚坐完月子，奶汁充足，身体健康，且品格高尚，性格温和，对爱弥尔的哺育细心而热情，耐心而又温存，深受爱弥尔的喜爱。

　　孩子一出生，许多父母为了让孩子将来有美好的四肢形态，就用襁褓把婴儿裹得紧紧的，甚至连手脚都捆绑住。爱弥尔可没有受这种罪，他出生后不戴帽子，不系带子，不包襁褓，穿着又肥又大的衣服，四肢无拘无束，爱怎么活动就怎么活动。原来他的老师卢梭非常了解婴幼儿的心理和生理需要，他认为婴儿出生前在母腹中蜷成一团，四肢已经麻木很久了，新生的婴儿需要伸展和活动他的四肢，以便使它们不再麻木，而且传统的育儿方法限制了婴儿的自由活动，会阻碍血液和体液的流通，损伤体质，影响婴儿的发育。

为了增强爱弥尔的体格，卢梭把他从城市带到了乡村。在卢梭看来，城市是坑陷人类的深渊，是一切罪恶和不道德行为滋生的地方，不利于孩子的成长；而农村则不同，那里空气新鲜，一切按照造物主的安排运转，还没有受到人类罪恶的玷污，是自然的环境，爱弥尔在那里能够自然地成长。卢梭经常带着爱弥尔四处走动，以使他接触到更多的植物、动物，并判断距离的远近。

从初生到两岁的婴儿时期，卢梭主要是通过给予爱弥尔充分的活动自由来保证爱弥尔的身体健康地发展。爱弥尔两岁了，他便被卢梭带进一个新的教育时期，即感官训练时期。这个时期从两岁开始，到12岁结束。卢梭认为这个时期的儿童的智力尚处于睡眠时期，是不能向他们灌输知识和道德的，必须首先锻炼各种感觉器官，积累丰富的感觉经验，为下一个年龄阶段的学习打下基础。他反对爱弥尔在12岁以前读书与学习，特别反对他学习古典语文和历史。他认为，对于爱弥尔来说，周围的一切就是一本书。爱弥尔生活得自由自在，他游览、划船、跳高、爬树、翻墙、游泳、唱歌、登山、种菜、锄草，获得了许多直接的经验，身体健壮，头脑聪明。为了训练爱弥尔的感官，卢梭让爱弥尔通过图画、认识几何图形和制图训练视觉的观察能力，借助唱歌和听音乐发展听觉能力，借助爬山和日常生活发展触觉能力。

爱弥尔有时候也会犯错误，如打破了窗玻璃，损坏了家具等。但卢梭从来不训斥他，更不打骂或惩罚他，而是让他体验到他的不良行为所带来的自然后果，使他能够真心地服从大自然的命令，从中得到教训。例如，爱弥尔打碎了窗上的玻璃，卢梭并不训斥爱弥尔，也不马上给他装上新的，而是使他日夜受寒风的吹打，即使着凉受寒，也不怜悯他。等他受到自然的惩罚后，卢梭再给他装上新的玻璃。由于有了经验教训，爱弥尔就不会再去打碎玻璃了。

12岁以后，爱弥尔已经具备了学习的能力，便开始学习知识。学习什么知识呢？卢梭认为，适合爱弥尔学习的知识是有用、真实和易于理解的东西，而大自然则是一本有用、真实和易于理解的大书，天上的日月星辰、地下的矿藏、山川、河流、动物、植物等，都是爱弥尔学习的对象。卢梭不让爱弥尔读书，只有《鲁滨逊漂流记》例外。《鲁滨逊漂流记》是英国 18 世纪批判现实主义作家笛福创作的一部长篇小说，讲的是鲁滨逊孤身一人独处 28 年，不仅保全了性命，而且完全凭借自己的智慧和力量创造了美好的生活，成为该岛的占有者。卢梭不让爱弥尔看其他的书，是因为其他的书里都充满着偏见和腐朽的东西，可能会把判断力还不够强的爱弥尔引入歧途。

卢梭让爱弥尔学习有关自然的知识，不是将知识传授给他，告诉他一个个真理，而是让爱弥尔观察自然，通过他自己的钻研去发现真理。例如，学习地理知识并不是拿着地图或地球仪给爱弥尔讲课，而是带领爱弥尔在野外广阔的地带，观察清晨日出和黄昏日落的景象。卢梭让爱弥尔谈他所看到的景致，并作观察记录。经过多次观察，爱弥尔发现冬季和夏季日出日落的地点是不一样的，那么卢梭再给他讲为什么会这样。

在这个时期，卢梭为了把爱弥尔培养成自食其力的独立的自由的人，很重视对爱弥尔进行劳动教育。在 12 岁以前，爱弥尔曾学习种地、锄草等农活，现在爱弥尔开始学习手工业。因为卢梭认为手工匠是凭自己的双手和技艺谋生，不依赖土地，也不必依附于权势，因而是最自由的。爱弥尔喜欢木工，卢梭就带爱弥尔到木工场一起去干活，每周去一天或者两天。一年半的学徒劳动，使爱弥尔熟练地掌握了车床、锤子、刨子、锉刀等各种工具的使用方法和有关技术。他现在虽然不是一个学识渊博的人，但至少是一个热爱劳动、善于学习的人。

爱弥尔就这样在乡下待到了 15 岁。他已经在乡村的大自然环境中接受了充分的"自然的教育"，已经有了一定的判断力，不用再担心腐化的都市对他产生恶劣的影响，同时也需要让爱弥尔了解社会，卢梭就带着他从乡村返回到都市。这个时候卢梭主要对爱弥尔进行道德教育。卢梭先教爱弥尔学会自爱，然后再让他在自爱之上扩大到爱别人。这时，爱弥尔开始读一些人物传记、寓言故事、文学、诗歌、拉丁语以及历史著作，去体验别人的情感，判断善与恶、是与非、美与丑，最后，他不但学会了自爱，而且逐步爱身边的人，继而扩大到爱周围的人乃至同自己没有关系的人，爱人类、爱正义、爱国家的道德观念深深扎根于脑海。

到 20 岁时，爱弥尔已经成长得身心健康，动作灵巧，心地善良，知识渊博，并富有审美能力，掌握了许多有用的本领，成为一个与封建贵族和僧侣完全不同的理想化的人。这时的爱弥尔已步入成年，有了情欲。卢梭为他找了一个名叫苏菲的伴侣。为了教育苏菲，卢梭采用了不同的办法，提出了不同的要求。卢梭认为，在"自然状态"下，女子是依赖他人的，因此应该培养苏菲节约、顺从的品德，使她自幼即习于约束，至于读多少书则并不太要。结果，苏菲掌握的知识有限，没有独立的判断力，却能处处顺从他人的意志。这正是卢梭为爱弥尔培养的最理想的人生伴侣。

卢梭在《爱弥尔》中有力抨击了自古以来的教师中心、教室中心、书本中心的传统教育观念，倡导尊重儿童的天性和自由，按照儿童的身心发展规律进行教育的新观念。虽然卢梭并没有很好地解决怎样教育儿童的问题，他已经把教育的中心从教师转移到了儿童身上。卢梭不但经历犹如哥白尼，其在教育史上所起的作用，也犹如哥白尼在天文学上所起的作用。卢梭《爱弥尔》的问世，使人们拨开了云雾，看到了新教育的一缕曙光。

五十一 科学教育学之父

——赫尔巴特的教育思想

在 19 世纪后期和 20 世纪初期，在全世界掀起了一场规模宏大的赫尔巴特运动，尤其是赫尔巴特的五段教学法，风靡全球各级各类学校，在世界教育史上是绝无仅有的现象。

约翰·弗里德里希·赫尔巴特于 1776 年诞生于德国西北部普鲁士王国的奥尔登堡。祖父是奥尔登堡文科中学校长，任职 34 年，在教育界颇具声望。父亲是奥尔登堡的律师和议员，思想较为保守。母亲出身于医生家庭，极有智慧和教养，但因生活不守习俗而遭世人訾议。她婚后因与思想保守的丈夫不和，遂将爱心倾注到独生子赫尔巴特身上，特别重视儿子的教育问题。她为赫尔巴特聘请了沃尔夫学派的哲学家于岑担任家庭教师，使赫尔巴特从小就受到全面而严格的早期教育。赫尔巴特在小时候就显示出哲学的秉赋和思辨的才能，并具有良好的音乐、古典语言及自然科学方面的教养。12 岁时，赫尔巴特进入奥尔登堡文科中学接受古典式的学校教育，并因学识广博而引起教师们的惊异。18岁文科中学毕业，进当时德国哲学思想的中心耶拿大学学习法律，但他对法学并不真感兴趣，仅仅应付考试而已，他用更多的精力学习哲学、伦理学、数学和文学，深受莱布尼兹、康德、费希特等各派哲学的影响。

赫尔巴特大学毕业后，到瑞士茵特拉肯城一个地方长官的家里担任3个男孩的家庭教师。赫尔巴特很喜欢这份工作，但他的母亲认为干这份工作不会有出息，坚决让儿子辞去这份差使。赫尔巴特在做了三年的家庭教师后辞职不干了。但返家时适逢父母发生离婚纠纷，便愤然离家出走，到不莱梅一位朋友家里潜心研究哲学和教育学，并访问了瑞士著名教育家裴斯泰洛齐。裴斯泰洛齐的教学改革，特别是"要使教育心理化"的思想给赫尔巴特以极大的启发，使赫尔巴特致力于开辟教育科学之路有了真正的起点。1802年，赫尔巴特离开不莱梅，到哥廷根大学接受公开的答辩，取得博士学位，并随即受聘哥廷根大学，在该校讲授教育学、哲学、逻辑学、心理学、伦理学等课程，开始了他的大学教学生涯。他在该校出版了包括《普通教育学》在内的一大批学术著作。

1809年，法国拿破仑入侵普鲁士，哥廷根大学受到很大影响，有趋于停办之势。赫尔巴特应聘哥尼斯堡大学哲学教育学讲座教授。此职位原来由康德担任，获得了这个向往已久的职位，赫尔巴特深感兴奋和荣幸。他在此工作了24年，除了讲授哲学和教育学外，还创设了教育研究所和附设实验中学，进行教育研究和实验，并亲自教授数学。为了给教育学提供理论依据，赫尔巴特特别注意心理学问题的研究，出版了大量的有关教育的心理学著作，建立了解释教育学的心理学体系。

由于哥尼斯堡大学遭受普鲁士政府中反对党派对学术自由的限制，1833年赫尔巴特辞去哥尼斯堡大学哲学教育学讲座职务，回到哥廷根大学讲授哲学和教育学，出版了他的另一部教育学著作《教育学讲授纲要》。1841年8月14日，赫尔巴特患急病去世，结束了他长达44年的教育生涯，享年65岁。

在赫尔巴特的时代，法国已完成了资产阶级革命，而德国仍处于分裂的、落后的封建君主专制状态。赫尔巴特所在的普鲁士，是德国最强大的一个王国，普鲁士贵族以德国贵族的代表自居，反对任何民主、进步改革措施。在这一特定历史条件下成长起来的赫尔巴特，思想非常保守，坚决拥护德国封建贵族的利益，认为对于普鲁士的封建君主制度，只需设法加以维护和巩固，而不是像法国那样去摧毁它。因此，他认为教育工作要为维护和巩固既有政体，培养安分守己，唯命是从，既不怀疑现存社会秩序，又能遵守并服从既定法制的完人。

赫尔巴特认为，儿童生来就有一种盲目冲动的种子，处处驱使他那不驯服的烈性去扰乱成人的计划，因此如果不首先设法把儿童那天生的"烈性"、"冲动"加以约束的话，无论是知识的掌握还是道德的训练都是无法进行的。所以，他认为教育的第一步就是对儿童进行管理。怎么样对儿童实施管理呢？首先是惩罚的威胁，不许儿童随心所欲，乱说乱动。其次是监督，即对儿童加以严密监视、督促。第三是命令和禁止，要求儿童绝对服从命令，就像军队服从命令那样。第四是惩罚，包括批评、警告、"站墙角"、"禁止吃食物"、"关禁闭"，使用惩罚簿、用戒尺打手等。第五是权威和爱，一方面要使儿童服从权威，另一方面又要使儿童感受到教育者的慈爱，他建议在家庭中父母分别扮演权威和爱的角色。另外，赫尔巴特还指出，要通过组织儿童游戏，或给他们讲故事等活动，别让他们空闲，否则他们就会做坏事或捣乱。对儿童的管理主要在早期教育阶段实施，在以后也要结合传授知识和道德训练进行。

在通过管理消除了儿童天生的"烈性"和"冲动"之后，就要进入教育的第二步，即教学，教学是实现教育目的的主要途径。赫尔巴特认为，教学就是要给学生以知识，一个人掌握的知识越多，他的道德品质就越好，愚蠢的人是不可能有德行的。赫尔巴特把他在心理学上的研究成果运用于教学理论，认为兴趣是教学的基础，教学应引起学生多方面的兴趣。按照他的观点，兴趣可以分为六种：第一种是经验的兴趣，表现为对自然界和周围环境中个别现象进行观察、认识的愿望；第二种是思辩的兴趣，即喜欢思考问题；第三种是审美的兴趣，体现为对各种现象的善恶美丑都愿意进行艺术评价；第四种是同情的兴趣，指愿意跟一定范围内的人接触；第五种是社会的兴趣，即愿与社会上较广泛的人接触以尽公民职责；第六种是宗教的兴趣，即重视所信奉教派，愿与上帝结合。其中，前三种兴趣归为一类，叫作"自然的"或"知识的"兴趣，属于认知部分；后三种兴趣归为另一类，称为"历史"的兴趣，属于情感部分。为了培养学生多方面的兴趣，赫尔巴特以其兴趣学说为基础，拟订了较为庞杂的中学教学内容。他认为：根据经验的兴趣，应设自然（博物）、物理、化学、地理等学科；根据思辩的兴趣，应设数学、逻辑、文法、自然哲学等学科；根据审美的兴趣，应设文学、音乐、绘画、雕刻等学科；根据同情的兴趣，应设古典语、现代外语、本国语等学科；根据社会的兴趣，应设历史、政治、法律等学科；根据宗教的兴趣，应设神学。赫尔巴特拟订的中学教学科目，既包括传统的古典人文学科乃至宗教科目，也包括新兴的近代自然学科，但他对古典人文学科特别是古典语文更感兴趣。在哥尼斯堡大学附属实验中学，他要求 8 岁的儿童开始学习古希腊语，9 岁就要用古希腊语读荷马史诗《奥德赛》。

赫尔巴特认为学校的教学类型主要有提示教学、分析教学和综合教学三种，因此，教学方法大致也可以分为提示教学法、分析教学法和综合教学法三种。所谓提示教学法，就是指主要由教师采用生动形象的讲述，特别是有故事情节的讲述，补充学生经验，扩大学生的知识面。通过提示教学可以唤起并扩大儿童的观念，但学生获得的各种观念仍处于混杂凌乱的状态，因此需要分析教学，把一般性的事物或"特殊现象"，抽象还原成构成事物的基本形式、基本观念。而所谓综合教学法就是在提示教学和分析教学的基础上，对提示和分析过的内容都要进行系统的概括，把知识归结成为一个综合的整体，使学生获得完整的知识结构。

在赫尔巴特之前，讲课虽然是学校教学活动的主要形式，但并没有完善的步骤或环节，教师各行其是。赫尔巴特从其统觉心理学理论出发，提出了教学形式阶段理论。他认为，讲课这种教学活动可以分为"明了、联合、系统、方法"四个主要阶段或教学步骤。明了是教学过程的第一步，即教师通过提示教学传授新教材，要求教师讲解时尽量明了、准确、详细，并和儿童已掌握的知识进行比较。联合是教学过程的第二步，即教师通过分析教学和学生进行无拘无束的自由谈话，使学生把上一阶段所获得的观念与旧有的观念联系结合起来，也就是说在旧观念的基础上形成新观念。教学过程的第三步是系统，即教师采用综合教学，通过新旧教材对比，引导学生进行深入的思考和理解，得出概念、定义、定理。教学过程的最后一步是方法，即教师采用练习法，指导学生通过练习、作业等方式将所学的知识应用于实际，巩固所学知识，发展思维的技能。后来，赫尔巴特门徒齐勒和莱茵，将赫尔巴特的教学四阶段扩展为教学五阶段，即预备（提出问题，说明目的）、提示（提示新教材，讲解新教材）、比较（相当于"联合"阶段）、总结（相当于

"系统"阶段）、应用（相当于"方法"阶段），这就是 19 世纪下半叶后风靡世界的"五段教学法"。

在赫尔巴特看来，教育的第三步是训育，即道德性格训练，也就是我们通常说的德育。训育既可和教学乃至对儿童的管理相融合，又可单独进行，是教育中最重要的组成部分。训练学生的道德性格，主要通过约束、限定、抑制、制裁、谴责、训诫、劝告、警告、惩罚等措施，同时也要使用陶冶、赞许、教师的人格影响以及有秩序的健康生活等手段。同时，他十分重视宗教教育在道德性格训练中的作用，认为宗教教育可以有效地进行约束、抑制、制裁以至劝告，是"防范热情冲动"和"避免情绪爆发"的最有效手段。

赫尔巴特是一位划时代的教育家，是努力把教育学建立在心理学基础上，试图使教育学成为一门科学的开山鼻祖。他的教育思想特别是五段教学法，对世界各国都产生了巨大的影响。清朝末期，赫尔巴特的教育思想经日本传入我国，在各种新式学堂里，教员上课都普遍采用五段教学法。五四运动后，杜威的实用主义教育思想传入我国，赫尔巴特的教育思想虽然失去了垄断地位，但仍受到我国教育理论界的重视，特别是其五段教学法仍然影响着我国各级学校的教学理论与实践。

五十二　拥有十三个博士头衔的教育家
——杜威的教育思想

有这样一位美国人，1884 年在约翰·霍普金斯大学获得哲学博士学位；1904 年被授予威斯康星大学法学博士学位；1910 年被授予佛蒙特大学法学博士学位；1913 年被授予密执安大学法学博士学位；1915 年被授予约翰·霍普金斯大学法学博士学位；1917 年被授予伊利诺斯大学法学博士学位；1920 年被授予中国国立北京大学法学博士学位；1929 年被授予哥伦比亚大学法学博士学位；1930 年被授予法国巴黎大学法学博士学位；1932 年被授予哈佛大学法学博士学位，1946 年被授予挪威奥斯陆大学荣誉哲学博士学位，并被授予宾夕法尼亚大学理学博士学位。这位美国人就是著名教育家约翰·杜威。他是有史以来拥有博士头衔最多的教育家，也是把传统学校教育搅了个天翻地覆的教育家。

从爱害羞的小男孩到大学教授

看了上面的简单介绍，您一定会认为约翰·杜威肯定是一个天赋极佳的神童，从小就卓而不群吧。其实不然，少年时代的杜威并没有出众的表现。

1859年10月20日，约翰·杜威出生于美国佛蒙特州风景秀丽的农业小镇柏林顿。杜威的父亲叫阿奇博尔德·斯普雷格·杜威，在美国独立战争期间曾在一个佛蒙特骑兵团里担任过四年的军需官，战争结束后在柏林顿开了个杂货店。他虽然所受教育不多，但很喜欢读书，像莎士比亚、密尔顿、拉姆、萨克雷、彭斯的著作，他都读过，而且能够活学活用，用于他生动的演讲之中，在当地小有名气。但在经商方面，他却本事一般，据说他出售的商品比其他商人多，而赚的钱却比他们少。杜威的母亲叫卢西娜·阿特梅西·里琦，出身于法官家庭，受过良好的教育。杜威出生时，他父亲已经快50岁了。父亲对杜威并没有多高的期望，希望他长大后能成为一名技工，比自己挣钱容易点就行了。母亲希望孩子能够多读点书，最好能像他的外公和舅舅那样能够上大学，因此，对杜威及其哥哥戴维斯·杜威、弟弟查尔斯·杜威要求很严格。相对来讲，孩子们更多地受到了母亲的影响。

杜威天生怕羞，不喜欢和外人打交道，特别是在女孩子面前常常手足无措。当他和他的兄弟们进镇上的公立学校读书时，那时学校教育非常呆板，枯燥乏味，杜威一点也不愿意上学，但对各种游戏活动非常感兴趣，并常表现出一些与众不同的创意。在父母影响下，杜威很喜欢读书，只要不是上课用的教材，什么书都喜欢。在上中学时，杜威参加了野营活动小组，慢慢地改掉了怕羞的习惯。15岁时，杜威中学毕业，成绩并不突出。他的好朋友的父亲时任佛蒙特大学校长，杜威就在朋友的帮助下进了佛蒙特大学，和哥哥戴维斯·杜威成为杜威家族的第一代大学生。当时的佛蒙特大学刚开办没几年，规模很小，每年也就是有十几个学生入学。学校并没有明显的专业划分，所有的学生都学同样的课程。一、二年级主要是学习希腊文、拉丁文、古代史、解析几何和微积分，三年级主要学习自然科学，四年级主要学习哲学、法律和经济学。在大学期间，杜威对进化论、哲学、心理学产生了深厚的兴趣，他的聪明智慧也充分展露出来，以优异的成绩毕业。

1878年大学毕业后，杜威先后任教宾夕法尼亚州石油城的一所中学和柏林顿的一所乡村学校。时值南北战争后的重建时期，美国在政治、经济方面展开了热火朝天的改革，在文化教育上则大力向学术发达的德国学习。受时风的影响，杜威一边教书，一边在佛蒙特大学托里教授的指导下嗜读黑格尔等人的哲学论著。1882年，杜威在托里教授的鼓励下，借钱到了巴尔的摩的约翰·霍普金斯大学攻读博士学位，主修哲学。1884年杜威获得博士学位，在一位教师的介绍下到密执安大学任教。此后，他先后在明尼苏达大学、密执安大学、芝加哥大学、哥伦比亚大学任教，成为一名具有世界性影响的教育家、哲学家。

1919年4月至1921年7月，杜威在中国访问。访华期间，在北京、上海、江苏、山东、山西等十三个省市演讲上百次，对我国教育发展产生了不小的影响。

儿童是中心

杜威的中小学时代并不愉快，他讨厌上学。因为那个时代的学校教育与现在的学校教育有很大的不同，学校提倡三个中心，即以教师为中心，以教材为中心，以教室为中心，整天将学生关在教室里背诵枯燥乏味的课本，一味地填鸭灌输。杜威认为以教师为中心、以成人为中心，而忽视儿童的天性的教育是愚蠢的。儿童生来具有多种本能，如制造的本能、交际的本能、表现的本能和探索的本能，这些本能表现在儿童对各种活动的爱好上，儿童正是依凭活动结果带来的苦乐而调整其活动、控制其活动，借以适应环境的需要。在他看来，儿童的本能是教育最根本的基础，教育绝不能强迫儿童去背诵成人为其编好的各种课本，而是要使儿童的天赋本能得以发展。也就是说，教育活动的主角是儿童，而不是教师，儿童需要学什么，教师就指导他们学什么；儿童喜欢怎么学，教师就应该怎么教。杜威认为，教师的角色不能是教育者、独裁者，而应该是儿童天性发展的启发者、诱导者和帮助者。教师在上课时通常站在教室的前面，像军官对士兵训话一样上课，这是非常错误的。教师在教室中最合适的位置就是站在教室的最后，观察儿童自己活动，在儿童需要时给以指导和帮助。

杜威认为他的教育思想是一场哥白尼式的革命。他说："现在，我们教育中将引起的改变是重心的转移。这是一种变革，一种革命，是哥白尼在天文学中从地球中心转移到太阳中心一类的革命。在这里，儿童变成了太阳，教育的一切措施要围绕他们而组织起来。"①

---

① 靳莹，李莉蓓．利用模型制作开展探究学习的尝试［J］．天津市教科院学报，2004
（6）：34－36.

从做中学

杜威对他在中小学读书时的教室印象很深：教室里按几何图形排列着一行一行的简陋的课桌，紧紧地挤在一起，很少有活动的余地；课桌都是一样的，小得仅能放置教科书、笔和纸；四周的墙壁光秃秃的，有时可能还有几幅画。这里的一切都是有利于学生"静听"的。为了使学生能够"静听"，学校常常惩罚不守规矩的学生，或者采取哄骗的手段。杜威对这种教学十分反感。他指出，就像从工具箱中取出锯子不是制造工具一样，从别人口中听来知识也并非真正获得知识。试想儿童坐在固定的座位上，静听讲解和记诵课本，全然处于消极被动状态，单凭教师灌输去汲取与生活无干的教条，怎谈得上掌握知识？怎谈得上启发智慧？其结果只能抑制儿童的智力发展，桎梏儿童的创造才能。

儿童天生就有一个自然的愿望，那就是做事，对活动感兴趣。因此，杜威认为，教学不应当是直截了当地灌输知识，而应当诱导儿童在活动中、在做事中获得经验和知识。就像打仗的目标是消灭敌人，而消灭敌人的最好办法不是正面进攻，而是迂回战术。他反对以学科的形式向儿童传授知识，认为学校课程的真正中心不是科学，不是文学，不是历史，也不是地理，而是儿童本身的社会活动。学校应该安排种种作业，如园艺、纺织、木土、金工、烹饪等，让学生在植树种花中学到生物学知识，从烧火做饭中学会化学的知识，如此等等。

为了保证儿童有足够的事情做，杜威还提出了"学校即社会"的观点，要求把学校办成一个小型的社会、一个雏形的社会。在杜威开办的实验学校中，设有商店、邮局、面包房、缝纫铺、木工厂、金工厂甚至警察局，这样，学校和外边的社会就没有二致了，学生在学校里所学到的东西和在社会上所学到的东西就不会相互冲突、相互抵消，而是相互促进、相互增强了。

当然，杜威并不是要求所有的学生都要从活动中学习，从做事中学习。他把青少年的学习分为三个阶段，每个阶段要用不同的学习方法。第一个阶段是 4 - 8 岁，儿童主要通过活动和做事而学习。第二个阶段是 8 - 12 岁，这个时期可以学习书本知识，但必须以儿童的亲身经验为基础，强调的是书本知识与经验的结合。第三个阶段为 12 岁以后，这个时期可以开始学习系统的科学知识，掌握科学的思维方法。

杜威是 20 世纪美国影响最大、争议最多的教育家。他一生出版 40 多部著作，发表 800 多篇论文，著述之丰在世界教育史上是罕见的。他倡导的新教育成为美国进步教育运动的指南和基石，对改造美国旧教育和发展美国新教育功绩显赫。然而，进步教育运动导致了美国教育质量的下降，特别是1957 年苏联人造卫星上天震惊了美国朝野，一些保守主义思想家把美国在与苏联争霸上的落后归结于教育落后，首当其冲受到批判的便是杜威。于是在20 世纪 60 年代在美国掀起了一场新的改革运动，核心是要向学生传授系统的知识，而不是从做中学。然而改革并未达到预期的目的，这时人们又想起了杜威。杜威真的错了吗？我们真正理解杜威的思想吗？

杜威的影响是世界性的。他访问过中国、日本、苏联、土耳其等许多国家，宣传他的教育思想，并对访问国的教育进行研究。他的著作被翻译成 35种语言文字，同时代的教育家无一人能出其右。他在大学任教 60 余年，门徒数千人，遍及世界各地，其中许多人都成了他们国家教育的领导人。

五十三　走向学习化社会

——当代教育的发展趋势

从 20 世纪末开始，世界正在经历一场史无前例的信息技术革命，人类社会面临着有史以来最伟大、最深刻、最激剧的社会大变革。在这样一个变革激剧、激动人心的时代，世界各国的未来学家、社会学家、政治家、科学家、教育家都从不同的视角，审视即将到来的时代。有人称为超工业社会、后工业社会、信息社会、知识和智力社会、学习化社会、可持续发展的社会，有人称为信息时代、空间时代、电子时代、计算机时代、全球村时代。在我国，一般称为信息时代。从教育发展的角度看，信息时代将把人类带入一个学习化社会。

何谓学习化社会？各国的看法并不一致。美国人认为学习化社会就是"全民皆学"的社会，它以社会没有文盲（包括没有功能性文盲）为目标，最少须将文盲率降至 2% 以下。日本文部科学省认为，学习化社会就是学校、公民馆、图书馆、博物馆、体育设施、文化设施、教养中心、企业和职业训练设施等，共同承担起举办学习活动、体育活动、文化活动、兴趣活动、娱乐活动和义务服务活动的教育社会化的社会。我国教育家则认为，学习化社会是一种十分重视教育，教育与社会政治、经济、科学技术、文化以及个人生活紧密结合的社会形态；是一种将教育在时间上扩展到人的一生而成为终身教育，在空间上扩展到整个社会而成为全社会教育的社会形态。在学习化社会中，教育将会呈现出一些新的特点。

教育是头等重要的事业

随着科学技术的迅猛发展，知识经济已初露端倪，知识和智力正在成为经济和社会发展中最重要的战略资源。美国未来学家艾尔文·托夫勒在其"未来学三部曲"的最后一部著作《大未来》一书中指出：知识是敲开 21 世纪经济"霸权之门"的钥匙。因此，世界各国都将把创造知识、传授知识、开发智力、培养人才的教育放在至关重要的地位。

实际上，各国自 20 世纪 80 年代以来也一直是这样做的。30 多年来，教育一直是各国政府关注的焦点。1983 年 4 月，美国高质量教育委员会发表题为《国家处在危险之中，教育改革势在必行》的研究报告，把教育视为关乎国家安危存亡的大事。1988 年 4 月法国总统密特朗发表《告法国人民书》，指出将来国力将更多地依靠智力而不是财力，因此国家要将国民教育放在第一位。1988 年 9 月，英国首相撒切尔夫人在皇家学会的宴会上指出，知识及其有效的利用对国家的繁荣和国际地位的提高至关重要，不重视知识的国家必定会灭亡。同年，德国教育科学部长默勒曼在谈到必须增加教育投资时指出，谁在不该节约的地方节约，谁将输掉未来。中共中央、国务院于 1993 年 2 月 13 日颁发的《中国教育改革和发展纲要》（中发〔1993〕3 号）指出："当今世界政治风云变幻，国际竞争日趋激烈，科学技术发展迅速，世界范围的经济竞争、综合国力竞争，实质上是科学技术的竞争和民族素质的竞争。从这个意义上说，谁掌握了面向 21 世纪的教育，谁就能在 21 世纪的国际竞争中处于战略主动地位。"中共中央、国务院于 2010 年 7 月 8 日颁布的《国家中长期教育改革和发展规划纲要》（2010－2020）（中发〔2010〕12 号）更是强调"中国未来发展、中华民族伟大复兴，关键靠人才，基础在教育"。

各国不但在发展战略上重视教育，而且在经费上予以重点投入。目前，教育经费在各国公共资金的支出中占第二位，仅次于军费开支。如果再加上其他部门的培训经费、大众媒介教育费用和私立学校的投入，教育经费总额甚至比军事开支还要多。各国教育经费的平均年增长率高于国民生产总值的年均增长率，也高于国民收入和财政支出的年增长率。在未来的信息时代，国家对教育的重视只会加强，不会减弱。

人人都是学生

1965年，法国教育家保罗·朗格朗在巴黎召开的联合国教科文组织成人教育会议上，首次提出了终身教育的概念，此后，在联合国教科文组织的推动下，终身教育思潮不但引起日益增多的教育工作者的共鸣，而且被越来越多的国家决策者所接受，逐渐成为世界各国教育改革的基本原则之一，终身教育思潮正以波澜壮阔之势席卷全球。C.赫梅尔在《今日的教育明天的世界》一书中，认为终身教育概念的发展是教育史上最惊人的事件之一，它可以与哥白尼学说带来的革命相媲美。联合国教科文组织"国际21世纪教育委员会"在其研究报告《教育——财富蕴藏其中》中，把终身教育和终身学习称为"打开21世纪光明之门的钥匙"。

终身教育思潮主张教育应该贯穿于人生的各个年龄阶段，而不是仅仅局限于青少年时期；教育也不仅仅局限于学校，而是把一切具有教育功能的机构联系起来，形成遍及全社会的教育网络。在未来社会中，一个人从出生到死亡的每时每刻都将接受教育，进行学习，甚至在出生之前还要接受胎教。目前将人的一生划分为学习和劳动两个阶段的做法将一去而不复返。在终身教育思想影响下，未来教育将呈现出全民化的特点。不仅在校学习的青少年是接受教育的对象，而且婴幼儿、成年人和老年人都将成为接受教育的对象。到时候，十七八岁的年轻人与七八十岁的垂垂老者同窗学习，将不再是什么新鲜事儿。

社会即学校

在20世纪末期就有人预言，随着新技术革命的兴起和网络技术的发展，学校将逐渐走向消亡。因为在科学技术高度发达的未来，学生坐在家里，一按电钮，电脑屏幕打开，便出现各种教师的图象，这时你想听什么课就可以选什么课；你把完成的作业——一个盒式磁带插入计算机内，按上几个号码，"老师"就会批改你的作业；你还可以接通电子的或光纤的信息网，电脑屏幕即可出现你想要的一切内容。在这种情况下，学习将趋于个别化，那种将学生集中在一直学习的学校将不复存在。这种预言可能过于武断，学校仍将作为主要的教育场所而继续存在下去。但学校将根据学习化社会和教学个别化的要求在形式上更加灵活，在方法上更加科学、有效。开展远程教育的开放大学、广播电视大学等教育机构将日益增多，并在教育体系中占据越来越重要的地位。传统的大学、中学、小学将突破原有的模式，不断拓展功能，每一所学校都可能成为一个文化教育服务中心，它既为青少年提供全日制的教育，又为成人提供各种各样的非正式培训；既是当地的普及教育中心、职业技术教育中心和成人教育中心，又是当地的科普活动中心和文化活动中心。学校的体制、学制和管理制度将灵活多样。学校里可能同时使用多套教学计划和课程表，同时有全日制、半日制和业余学习等多种学制，教学管理上实行累积学分制和水平考试制度，学生既可以按常规坚持学习若干年，也可以学习和工作交替进行。在未来社会中，现在刚崭露头脚的虚拟学校将进一步发展，此外还将出现流动学校、临时学校、半日制学校、一日学校、旅行学校等各种新型学校。在今天看来，这些预言已经慢慢变成现实，在有些方面比预言走得还远。

在学习化社会，学校仍然是接受教育的重要场所，但不再是唯一的场所。电子媒体将使博物馆、电影院、文化馆、剧场、俱乐部、图书馆等公共文化机构，以及政府部门、团体、工矿企业、城市街道、农村、军队、家庭、医院、商店甚至公共汽车等各级各类组织和服务设施，都变成开展丰富多彩的教育的场所。到那时，人们可以说："我想在哪里学习，就可以在哪里学习；我想在什么时候学习，就可以在什么时候学习。"学校全面向社会开放，社会全面办教育。学习化社会就是教育社会、学习社会。

做一个真正全面发展的人

自从学校教育产生以来，人们一直在追寻着一个梦，那就是全面发展。中国的孔子以礼、乐、射、御、书、数"六艺"教人，古希腊的柏拉图以文法、修辞学、辩证法、音乐、几何、算术、天文"七艺"教人，目的都是为了使人获得全面的、和谐的发展。在知识总量不大的古代，这种教育还是比较全面的，但由于教育与生产劳动的脱离，科学技术、生产技术方面的知识并没有成为教育的内容，和谐发展的人也就留下了一点缺憾。在19世纪中叶以后，教育陷入了功利主义的唯理性教育之中，过分强调知识、智力的发展，忽视情感、意志的培养；过分强调逻辑性和时间连续性，忽视直觉思维和空间连续性；过分强调科学教育、专业教育，忽视人文教育和通识教育，从而导致人的发展中理性与非理性、认知与情感、科学与艺术、逻辑与直觉、智力与非智力因素的脱节，人的发展日趋片面。这种片面的人是难以适应未来社会的要求的，因此，怎么做一个全面发展的人成为世界各国广泛关注的一个重要问题。

1995年，美国哈佛大学教授丹尼尔·戈尔曼出版了一本通俗读物《情感智力》，提出了情感智商（EQ）的概念，认为高智商（IQ）并不能保证事业的成功和生活的幸福，人们还需要高情商，即能够清楚地把握自己的情绪以实现自己的目标，敏锐地感受、分析、分享他人情绪，保持和谐的人际关系。戈尔曼认为，一个人事业能否成功，生活是否幸福，只有20%是由智商决定的，80%则是由情感智商、生活阶层、机遇等因素决定的。情商的作用甚至比智商还要重要，因此，他认为未来社会需要的是理性与情感和谐发展的人。

1996年，联合国教科文组织二十一世纪教育委员会在其研究报告《教育——财富蕴藏其中》中，提出了未来教育的四大支柱：第一，学会认知（learning to know），即不但要掌握知识，而且要掌握学习知识的方法；第二，学会做事（learning to do），即不但要能够把所学知识运用于实践，而且要具有责任心、使命感、创新意识、开拓精神；第三，学会共同生活（learning to live together），即理解和尊重不同文化，能和人和睦相处；第四，学会生存（learning to be），即培养终身学习的欲望和能力，适应未来的学习化社会的要求。这四大支柱从另一个侧面对人的全面发展提出了要求。

美国学校行政人员联谊会曾成立55人工作小组，探讨未来美国学生应具有的素质。该组织认为未来美国学生应具备的素质包括三个方面：①四种知识：即美国历史和美国政治制度，世界历史和世界局势，世界地理，外国语文和文化；②五种技能：即学术性技能（包括写作、阅读、计算、逻辑、数理能力等），科研技能，运用电脑的技能，运用新科技手段搜寻资料的技能，研究、分析和运用资料的技能；③九种综合能力：即分析、判断及解决问题的能力，自我成长的能力，适应社会的能力，团队合作能力，尊重他人的能力，包容他人的能力，解决冲突与沟通的能力，实践美德的能力和对自己言行负责的能力。美国人不提全面发展，但他们要培养的正是全面发展的人。

在未来的学习社会，一次考试的成败将失去其重要性而仅具有相对意义，个人知识、技能、能力的发展不受一时选择成败的影响，每个人的兴趣、爱好、个性将会得到充分发展，每个人的创造潜力都将得到充分发挥。

自己教育自己

随着学习化社会的到来，人们将逐渐摒弃传统的教育模式，进入自己教育自己的自主学习时代。

在传统的教育模式中，一切活动不是围绕学习者而是围绕教育者安排，这简直是本末倒置。在未来的教育理念中，学习者将是一切教育教学活动的中心，无论是教育行政主管部门还是校长、教师，都从学习者的需要出发来制定课程计划、课程标准，安排教学内容，选择教学形式、教学方法、教学手段。学校对于未来的学生来说，与其说是接受正规教育的场所，不如说是学会自学的理想之地。未来的学生，特别是那些有一定基础的学生，将会根据自己的知识基础、个性特点和生活方式，制订学习计划，安排学习时间，决定何时在校学习，何时参加实践以及何时结束某一门课程。学生可以根据自己的需要选择学校、选择专业、选择课程甚至选择教师。

在未来的学习化社会中，电子计算机将会普及并日趋智能化，学生的学习将会摆脱学校和教师的限制，很大一部分通过电子计算机来完成。虽然教师这个职业不会消失，但教师的作用将会发生变化。教师的主要作用将是为学生提供适当的学习材料和其他学习条件，充当指导者、建议者、咨询者、帮助者，像今天这样教师讲、学生听的单一学习模式将会改变，教师和学生都是学习者，相互讨论，彼此学习。教师和学生之间的关系将不再是以"师道尊严"为基础建立起来的等级关系，而是一种民主、平等、和谐和关系。

随着人类对遗传基因密码的破译，科学家将逐步揭开智力的生理机制，把沉睡着的另外90%的智力开发出来，充分发挥大脑两半球的功能，这将使人的学习效率和学习能力大大提高。在20世纪60年代，科学家便发明了学习机。在未来学习化社会，根据大脑的功能和智力活动的生理机制研制出来的多功能学习机，将会满足不同学习者的不同需求，给学习带来极大的方便，并大大提高学习效率。到那时，学习不再是一件艰苦的事情，而是一种轻松且充满乐趣的活动。

附录　教育大事记

距今约 1.52 万年　中国出现图画文字、制陶、编织、图腾。

公元前 3000 年　古埃及创象形文字,文士学校出现。

公元前 2600–2200 年　中国五帝时期出现庠、成均。

公元前 2100–1100 年　中国夏商时期出现学、序、校、辟雍、瞽宗。

公元前 800 年　印度出现研究经义、从事青少年教育工作的古儒。

公元前 8–6 世纪　古希腊著名城邦国家斯巴达和雅典开始形成教育制度。

公元前 770 年　中国东周时期私学兴起。

约公元前 450 年　古罗马制定"十二铜表法",成为古罗马学校教育的基本内容。

公元前 5 世纪后期　古希腊哲学家、教育家苏格拉底在雅典聚徒讲学,创问答法。

公元前 395 年　希腊哲学家、教育家柏拉图著《理想国》。

公元前 390 年　古希腊智者派伊索克拉底在雅典创设第一所修辞学校。

公元前 387 年　柏拉图创立阿加德米学园。

公元前 356 年　中国齐国稷下学宫成立。

公元前 335 年　古希腊哲学家、教育家亚里士多德设立吕克昂哲学学校。

公元前 332 年　马其顿国王亚历山大建立亚历山大利亚大学。

公元前 308 年　雅典成立斯多葛派的哲学学校。

公元前 306 年　雅典成立伊壁鸠鲁哲学学校。

公元前 221 年　中国的乐正克约在战国后期著《学记》。

公元前 213 年　中国秦始皇下令焚书。

公元前 212 年　中国秦始皇坑杀儒生 460 余人于咸阳。

公元前 200 年　古希腊成立雅典大学。

公元前 165 年　中国开始察举取士。

公元前 134 年　中国汉武帝采纳董仲舒"罢黜百家，独尊儒术"的建议，并将之定为文教政策。

公元前 124 年　中国设立太学。

公元前 100 年　罗马出现第一所拉丁文法学校。

公元 68 年　古罗马教育家昆体良创设修辞学校。

1 世纪 90 年代　昆体良著《论演说家的教育》，这是西方第一本教育著作。

150 年　基督教问答学校产生。

178 年　中国设置鸿都门学。

276 年　中国设立国子学。

425 年　西罗马帝国皇帝发布敕令，确定政府完全掌握学校的开办权，所有教师都必须有教学证书。

452 年　罗马设立君士坦丁堡大学。

495 年　中国在洛阳设立国子学、太学、四门学。

591 年　中国废九品中正制。

606 年　中国正式设置"进士科"，实行以试策取士。

607 年　日本遣小野妹子出使中国。

701 年　日本颁布《大宝律令》，其中的"学令"部分对学制作了规定。

768 年　法兰克王国设教会学校、宫廷学校。

830 年　阿拉伯设立"智慧院"。

900 年　阿拉伯在西班牙建科尔多瓦大学。

976 年　中国设置岳麓书院。

972 年　埃及爱资哈尔大学成立。

1088 年　意大利博洛尼亚大学成立，以法学著称。

1137 年　意大利萨拉尔诺大学成立，以医学著称。

1150 年　法国巴黎大学成立，以神学著称。

1168 年　英国创立牛津大学，1180 年牛津大学得到国王的承认。

1177 年　中国教育家朱熹著《论语集注》、《孟子集注》。

1179 年　朱熹重修白鹿洞书院，订立教规以示学者。

1209 年　英国剑桥大学成立。

1212 年　西班牙帕伦西大学成立。

1225－1274 年　意大利托马斯·阿奎那在世，所著《神学大全》是中古时代经院哲学的百科全书。

1290 年　葡萄牙里斯本大学成立。

1348 年　捷克布拉格大学成立。

1382 年　中国诏全国通祀孔子。

1387 年　英国温切斯特公学成立。

1421 年　意大利孟都亚宫廷学校成立。

1424 年　意大利人文主义者维多里诺创设了孟都亚学校。

1440 年　英国的伊顿公学成立。

1516 年　英国空想社会主义者莫尔著《乌托邦》，其中谈到他的教育理想。

1524 年　德国的宗教家马丁·路德发表《为建立基督教学校致日耳曼所有市长及长老书》，要求建立一种免费的、不受任何入学限制的学校体系。

1533－1535 年　法国人文主义者拉伯雷著《巨人传》。

1537 年　中国第一次毁湛若水等人的书院。

1538 年　中国第二次毁书院。

　　　　　德国教育家斯图谟在斯特拉斯堡创建第一所文科中学。

1588 年　德国萨克森公国颁强迫教育令。

1585 年　中国毁天下私创书院。

1614 年　西班牙贝里尔创办耶稣基督圣乐会学校。

1628－1630 年　捷克教育家夸美纽斯著《母育学校》。

1631 年　日本成立昌平坂学问所。

1632 年　捷克夸美纽斯著《大教学论》出版。

1635 年　美国第一所拉丁文法学校在波士顿成立。

1636 年　美国哈佛学院成立，后改称哈佛大学，是为美国最早的大学。

1642 年　英殖民地麻萨诸塞规定儿童必须接受强迫教育。

1646 年　法国詹森派开办初等学校。

1658 年　夸美纽斯著《世界图解》。

1680 年　英国第一所"慈善学校"在伦敦的惠特查尔巴区建立。

1684 年　法国拉萨尔创办教师讲习所，这是最早的师范学校。

1691 年　中国设盛京八旗官学。

1693 年　英国教育家洛克著《教育漫话》。

1694 年　德国哈勒大学成立。

1701 年　俄国在莫斯科开办数学和航海学校。

1702 年　美国耶鲁学院成立，后改称耶鲁大学。

1708 年　德国席姆勒创办"数学、力学、经济学实科中学"。

1713 年　中国始设算学馆。

1755 年　俄国创办莫斯科大学。

1762 年　法国教育家卢梭的《爱弥儿》出版，系统地阐述了自然教育理论。

1780 年　英国雷克斯首创"星期日学校"，亦称"主日学校"。

1781－1787 年　瑞士平民教育家裴斯泰洛齐著《林哈德和葛笃德》。

1789 年　美国第一所州立大学北卡罗来那大学成立。

1769－1798 年　英国贝尔和兰喀斯特提出"导生制"。

1802 年　美国西点军校成立。它是美国科技教育发展的先驱。

1806 年　拿破仑颁布《帝国大学令》，决定在法国设立"帝国大学"作为掌管全国教育行政的领导机构。

德国教育家赫尔巴特著《普通教育学》。

1810 年　德国教育家洪堡创办柏林大学。

1816 年　英国教育家欧文在苏格兰新拉纳克成立"性格陶冶馆"。

1821 年　美国最早的公立中学在波士顿成立。

1826 年　德国教育家福禄培尔的《人的教育》出版。

1833 年　法国通过《基佐法案》。

1835 年　赫尔巴特的《教育学讲授纲要》出版。

1836 年　英国伦敦大学成立。它成为英国新大学运动的先驱。

1837 年　福禄培尔创办了一个学前教育机构，后来将它命名为"幼儿园"。

1838 年　美国第一所州立师范学校在麻萨诸塞州的列克里敦成立。

1847 年　中国容闳、黄胜、黄宽三名学生赴美留学。

1861 年　美国麻省理工学院成立。它是美国的第一所工程学院。

1862 年　美国颁布《莫雷尔法令》，资助建立农工学院，亦称"赠地学院"。
中国设京师同文馆。

1864 年　俄国颁布《初等国民学校章程》和《文科中学和中学预备学校章程》。

1867－1869 年　俄国教育家乌申斯基著《人是教育的对象》。

1872 年　日本明治政府颁布《学制令》。

1876 年　美国约翰·霍普金斯大学成立。

1877 年　日本东京大学成立。

1879 年　日本明治政府废止《学制令》，颁布《教育令》。

1881－1882 年　法国通过两个《费里法案》，确立教育的义务、免费、世俗三原则。

1883 年　日本文部省制定《农学校通则》，这是日本近代职业教育制度的开端。

1889 年　英国教育家雷迪在阿博茨霍姆创建乡村寄宿学校，新教育运动兴起。

1890 年　日本天皇颁布《教育敕语》，它成为日本一切学校教育的根本原则。

1896 年　美国教育家杜威创办"芝加哥大学实验学校"。

1898 年　中国"百日维新"开始，办京师大学堂。

1901 年　德国教育家梅伊曼提出"实验教育学"。

1902 年　英国颁布《巴尔福法案》，确立英国教育领导体制的基本形式。
美国第一所公立初级学院在伊利诺伊州的乔利埃成立。

1905 年　法国心理学家比奈与西蒙医生合作，提出世界上第一个"智力测验量表"。
中国颁布《癸卯学制》，这是中国历史上的第一个学制。

1907 年　意大利教育家蒙台梭利在罗马开设第一个"儿童之家"，创立"蒙台梭利教育法"。
德国教育家凯兴斯泰纳著《劳作学校的概念》。

1912 年　中国南京临时政府教育部公布《壬子学制》。

1916 年　美国教育家杜威著《民主主义与教育》。

1917 年　美国颁布《史密斯－休士法案》，旨在发展职业教育。

苏俄成立"国家教育委员会"，由卢那察尔斯基任主席。

1918 年　苏俄颁布《统一劳动学校规程》和《统一劳动学校基本原则》。

美国教育家克伯屈提出了设计教学法。

1919 年　法国颁布《阿斯蒂埃法案》，旨在发展职业教育。

中国第一批留法勤工俭学学生赴法。

美国"进步教育协会"成立，到 1955 年解散。

1920 年　美国教育家柏克赫斯特提出"道尔顿计划"。

1924 年　中国黄埔军校开学，蒋介石任校长。

1927 年　中国教育家陶行知出版《中国教育改造》。

1935 年　苏联教育家马卡连柯的《教育诗》出版。

1944 年　英国颁布《白特勒法案》，确立了战后学制。

1946 年　联合国教育、科学及文化组织成立，简称"联合国教科文组织"，总部设在巴黎。

1947 年　日本颁布《教育基本法》和《学校教育法》。

1953 年　美国斯金纳发明算术教学机器。

1958 年　美国颁布《国防教育法》，全面改革美国教育。

1959 年　法国颁布《教育改革法令》、《国家与私立学校关系法案》和《高等教育方向指导法案》，旨在改革法国教育制度。

德意志联邦共和国颁布《总纲计划》，旨在改组和统一普通公立学校。

中国颁发《全日制小学暂行工作条例（草案）》、《全日制中学暂行工作条例（草案）》和《关于加强高等学校统一领导，分级管理的决定（试行草案）》。

1963 年　英国创办广播大学（1971 年定名为开放大学）

1964 年　联邦德国颁布《联邦共和国各州之间统一学校制度的修正协定》，亦称《汉堡协定》，基本上确立了西德的学校教育系统。

1965 年　美国颁布《中小学教育法》和《高等教育法》。

1973 年　美国颁布《天才教育法》。

1974 年　联合国大学（世界总部）在日本东京成立。

1975 年　法国教育部长哈比提出《初等和中等教育改革法案》，一般称为《哈比法案》。

1976 年 美国开始"恢复基础"教育运动。

1977 年 中国恢复高考。

1980 年 中国颁布《中华人民共和国学位条例》。

1981 年 中国建立高等教育自学考试制度。全国中小学执行《小学生守则》和《中学生守则》。

1982 年 中国颁发《高等学校学生守则（试行草案）》和《中等专业学校学生守则（试行草案）》。

1983 年 美国高质量教育委员会发表《国家处在危险之中，教育改革势在必行》的公开信，掀起新一轮教育改革浪潮。

1984 美国高等教育质量研究小组提出《投身学习，发挥美国高等教育的潜力》的报告，要求改革美国高等教育。

日本临时教育审议会成立，到 1987 年解散，先后发表 4 次咨询报告，为日本的教育改革提出了指导性文件。

苏联公布《普通学校和职业学校改革的基本方针（草案）》，开始全面改革基础教育和职业教育。

法国颁布《高等教育法》，提出现代化、职业化、民主化的高等教育改革三原则。

1985 年 中国颁布《中共中央关于教育体制改革的决定》。

1986 年 中国颁布《中华人民共和国义务教育法》。

美国卡内基促进教学发展基金会发表《学院——美国本科教育的经验》的研究报告，要求提高本科教育的质量。

1987 年 苏联颁发《关于高等和中等专业教育改革的基本方针》，开始对高等和中等专业教育进行改革。

1988 年 英国颁布《1988 年教育改革法》，全面改革英国教育。

1989 年 美国促进科学协会发表《普及科学——美国 2061 计划》，呼吁加强青少年儿童的科学教育。

法国颁布《法国教育指导法案》，全面规划法国教育的发展战略和具体措施。

1991 年 美国布什总统签发《美国 2000 年教育战略》，提出美国教育改革四项教育战略和六大国家教育目标。

1992 年　俄罗斯颁布《俄罗斯联邦教育方法》，确立了俄罗斯教育的基本原则。

1993 年　美国颁布《2000 年目标：美国教育法》，提出全国性教育改革计划。

中国颁布《中华人民共和国教师法》和《中国教育改革和发展纲要》。

1995 年　中国颁布《中华人民共和国教育法》。

中国颁布《教师资格条例》

1996 年　中国颁布《中华人民共和国职业教育法》

1998 年　中国颁布《中华人民共和国高等教育法》

中国颁发《面向 21 世纪中国教育振兴行动计划》。

1999 年　欧洲 29 国教育部长发表《博洛尼亚宣言》，推进旨在促进欧洲高等教育一体化的博洛尼亚进程。

2002 年　美国颁布《不让一个孩子掉队法案》

2010 年　中国颁布《国家中长期教育改革和发展规划纲要（2010—2020年)》，绘就了国家未来十年教育改革发展的蓝图。

2013 年　中国教育部印发《中小学生学籍管理办法》，这是我中国首部全国性的中小学生学籍管理办法。

2014 年　中国国务院正式印发《关于深化考试招生制度改革的实施意见》，标志着新一轮考试招生制度改革全面启动。

2015 年　中国国务院印发《统筹推进世界一流大学和一流学科建设总体方案》，加快建成一批世界一流大学和一流学科。

2015 年　美国颁布《每一个学生成功法案》。

主要参考文献

1. 滕大春主编:《外国教育通史》(1-6卷),山东教育出版社,1989-1994年。

2. 王天一等编著:《外国教育史》(修订本),北京师范大学出版社,1993年。

3. 戴本博主编:《外国教育史》(上、中、下卷),人民教育出版社,1989-1990年。

4. [美] E.P. 克伯雷选编:《外国教育史料》,华中师范大学出版社,1990年。

5. 王军等主编:《世界教育史大事记》,职工教育出版社,1990年。

6. 徐汝玲主编:《外国教育史资料》,教育科学出版社,1995年。

7. 张斌贤主编:《外国教育史》,人民教育出版社,2004年。

8. 诸惠芳主编:《外国教育史纲》,教育科学出版社,2008年。

9. 贺国庆等主编:《外国教育史》,人民教育出版社,2014年。

10. 吴式颖,李明德主编:《外国教育史》,人民教育出版社,2015年。

11. 单中惠主编:《西方教育学名著提要》,中国人民大学出版社,2016年。

12. 孟宪承等编:《中国古代教育史料》,人民教育出版社,1961年。

13. 毛礼锐等主编:《中国教育通史》(1-6卷),山东教育出版社,1985-1989年。

14. 邱椿著:《古代教育思想论丛》(上册),北京师范大学出版社,1985年。

15. 孙培青主编:《中国教育史》,华东师范大学出版社,2000年。

16. 陈元晖主编:《中国近代教育史资料汇编》,上海教育出版社,2007年。

17. 张传燧主编:《中国教育史》,高等教育出版社,2010年。

18. 李剑萍著:《中国现代教育史:中国教育早期现代化研究》,人民教育出版社,2011年。

19. 王炳照主编:《中国教育通史》,北京师范大学出版社,2013年。

20. 郭齐家主编:《中国教育史》,人民教育出版社,2015年。

21. 顾明远等主编:《中国教育大系》,湖北教育出版社,2015年。

22. 王道俊等编:《教育学》(新编本),人民教育出版社,1989年。

23. 鲁洁主编：《教育学》，河海大学出版社，1990年。

24. 吕渭源等主编：《中外教育百家》，群众出版社，1989年。

25. 钟启泉主编：《现代教育学基础》，上海教育出版社，2003年。

26. 胡金平主编：《人文社会科学十万个为什么：教育学分册》，东南大学出版社，2004年。

27. 扈中平著：《教育学原理》，人民教育出版社，2008年。

28. 余文森主编：《教育学》，北京大学出版社，2009年。

29. 苏春景主编：《教育学》，高等教育出版社，2010年。

30. 王炳照著：《寻找把教育学托上天空的云彩》，人民教育出版社，2010年。

31. 叶澜著：《回归与突破："生命·实践"教育学论纲》，华东师范大学出版社，2015年。

32. 吴云鹏主编：《教育学案例教学教程》，华东师范大学出版社，2015年。

33. 柳海民主编：《教育学概论》，北京师范大学出版社，2015年。

34. 张祖民主编：《教育学》，高等教育出版社，2016年。

35. 吴文侃等主编：《比较教育学》，人民教育出版社，1989年。

36. 陈时见著：《比较教学论》，江西教育出版社，1996年。

37. 阿诺夫：《比较教育学：全球化与本土化的辩证关系》，人民教育出版社，2012年。

38. 钟启泉主编：《国外课程改革透视》，陕西人民教育出版社，1993年。

39. 钟启泉编著：《现代课程论》，上海教育出版社，1989年。

40. 白月桥主编：《九年义务教育学制课程纵横比较与施教建议》，北京师范大学出版社，1993年。

41. 薛焕玉等著：《谁执牛耳——未来世界的教育》，中信出版社，1991年。

42. 鲁毅编著：《学规类纂》，湖北教育出版社，1994年。

43. 张伯行：《学规类编》，中华书局，1985年。

44. 肖非，刘全礼：《智力落后教育的理论与实践》，华夏出版社，1990年。

45. 辛厚文主编：《超常教育学》，人民教育出版社，1991年。

46. 萌芽教学编写组：《外国学生素质教育》，当代世界出版社，1998年。

47. 黄全愈著：《素质教育在美国》，广东教育出版社，1999年。

48. ［美］克劳蒂娅著：《美国人的家庭教育》，专利文献出版社，1997年。

49. 贺雄飞等著：《成功父母方案》，远方出版社，1998年。

50. 王晓萍等编著：《心理潜能》，中国城市出版社，1997年。

51. 姜晓辉编著：《智力全书》，中国城市出版社，1997年。

52. 王冬华，王非主编：《社会教育学概论》，教育科学出版社，1992年。

53. 周韫玉著：《自我教育论》，文化艺术出版社，1995年。

54. 曹恩迪主编：《学习论》，辽宁大学出版社，1989年。

55. 施良方著：《学习论》，人民教育出版社，1992年。

56. 宋国英编著：《学习成功的奥秘》，山西人民出版社，1989年。

57. 葛能全：《名人治学的故事》，知识出版社，1984年。

58. 李少元等主编：《外国科学家发明家的故事》，金盾出版社，1996年。

59. 刁纯志主编：《人才·成才》，成都电讯工程学院出版社，1987年。

60. 王通讯编著：《人才学通论》，天津人民出版社，1985年。

61. 史仲文编著：《人才学》，中国财政经济出版社，1987年。

62. 邵道生著：《使您聪明的奥秘》，北京理工大学出版社，1991年。

63. [日] 伊滕隆二著：《才能在于培养》，科学出版社，1990年。

64. 常世华著：《自学成才的故事》，山西人民出版社，1982年。

65. 叶忠海等著：《人才学概论》，湖南人民出版社，1983年。

66. 中央人民广播电台编：《成才之路》，广播出版社、中国社会科学出版社，1981年。

67. 白谦诚、曹石编：《成才之路》（续集），广播出版社、中国社会科学出版社，1983年。

68. 叶永烈著：《人才成败纵横谈》，天津人民出版社，1982年。

69. 王义炯编著：《迷人的生命世界——生物奇观》，知识出版社，1991年。

70. 黄世发编著：《心理学漫话》，科学普及出版社，1986年。

71. 王树茂编著：《心理学趣谈》，辽宁人民出版社，1985年。

72. [美] 莱蒙·凯文著：《排行学》，华岳文艺出版社，1988年。

73. 张小乔编著：《普通心理学应用教程》，中国人民大学出版社，1989年。

74. 李镜流等编著：《心理学导引》，书目文献出版社，1985年。

75. 叶亦乾主编：《普通心理学》，华东师范大学出版社，2016年。

76. [美] 劳·拉金著，王飞雪等译：《普通心理学——积极心理学的视角》，华东师范大学出版社，2016年。

77. 彭聃龄主编：《普通心理学》，北京师范大学出版社，2012年。

78. 张仲明著：《教育学生的心理策略研究》，西南师范大学出版社，2013年。

79. 黄何清主编：《家庭教育学》，华东师范大学出版社，2014年。

80. 余心言编著：《名人家庭教育故事》，上海人民出版社，1982年。

81. 胡和平主编：《金桥》，冶金工业出版社，1985年。

82. 刘全礼著：《学业不良儿童教育学：儿童学业不良的成因及对策研究》，天津教育出版社，2007年。

83. 何先友主编:《青少年发展与教育心理学》,高等教育出版社,2016年。

84. 莫雷主编:《教育心理学》,教育科学出版社,2007年。

85. 刘儒德主编:《学习心理学》,高等教育出版社,2015年。

86. [美] 戴维·迈尔斯著:《社会心理学》,人民邮电出版社,2012年。

87. 卢佩蕊编:《爱的学校》,南方出版社,1998年。

88. 罗洪铁编著:《人才学原理》,人民出版社,2013年。

89. 胡剑锋等主编: 《脑修成路——神经教育学研究进展》,人民邮电出版社,2014年。

后　记

　　本人从事教育理论的教育教学已经近30年了。曾经为成人学历教育班的专科生、本科生开设过《教育学》、《现代教育原理》、《教育哲学》、《教师专业发展》、《中外教育史》、《学校管理学》、《中外教育改革动态》等课程；也曾经为备考中小学教师资格的准教师们和准备报考硕士研究生的大学生开设过《教育学》和《教育原理》课程。为参加继续教育的校长和园长们开设过《现代教育理论》、《学校管理学》（任职资格班）和"校长（园长）领导力与执行力"、校长（园长）专业发展等专题。这些课程中多数是基础性课程，因此多数理论性比较强。而成人学生对讲课教师要求最多的从30年前强调"理论联系实际"，到今天要求"接地气"，其实都是强调培训者的讲课既要有理论高度，又要有实践指导意义。

　　本人在讲课的过程中努力做到深入浅出、通俗易懂。这样的课应该是有意思与有意义并举的课，应该是顶天与立地兼顾的课，应该是处事学识与为人道理两全的课。有意思与有意义并举的课，一方面应该是学生喜欢听、喜欢参与的课，是学生感到享受的课，是引人入胜的课，另一方面应该是对学生来说有所裨益的课；顶天与立地兼顾的课，一方面应该是观点明确、逻辑性强，反映学术的前沿成果和学术的核心精神，另一方面要使所呈现的学术观点能够解释教育现象，解决教育问题。处事学识与为人道理两全的课，一方面能够让学生得到解决问题的道理和方法，另一方面能够获得做人的启示与教益。

　　现场讲课在一定程度上能起到活化教育理论的作用，而要让读者读书则更容易觉得教育理论的书索然无味。怎样的教育理论著作才能让读者不再感到晦涩难懂，而是通俗易懂？怎样才能让读者不再对教育理论敬而远之，而是爱不释手？什么时候能不再让读者感到教育理论高高在上，而是掷地有声？于是，本人就想编写一本学生们、考生们甚至家长喜欢读愿意读、读了能立刻明白、读了能立刻有用的教育理论著作。本书从框架确立到写作出版，前后历经 10 多年的时间，期间不断修改完善，几易其稿，今日终得以付梓印刷。但愿这本书能为学生、家长以及关心教育的人们理解教育助一臂之力。

在本书写作过程中，作者参考了国内外专家、同行的研究成果，未能一一列出，在经一并致以谢意！由于作者水平有限，粗浅和遗漏之处在所难免，敬请同行、专家和广大读者批评指正。

杨秀治

2017 年 6 月